LEÇONS DE MORALE

Arts, professeur au collège d'Épinal. 1 vol. in-12, avec 55 gravures, cartonné. . . . . **1 fr. 50**

Langues vivantes

Our English comrade, *A book for all forms (Grammaire, vocabulaire, Recueil de poésies et de devoirs)*, par L. LAVAL, professeur agrégé au lycée Janson de Sailly et P. LASRANO, professeur agrégé au lycée de Marseille. 1 vol. in-18, cartonné à l'anglaise, 2ᵉ *édition revue*. . . . . **3 fr. 50**

Humorous stories, par Robert OFBY, professeur au lycée du Havre. Un vol. in-18, avec gravures cartonné à l'anglaise, 3ᵉ *édition*. . . . . . . **1 fr. »**

The Boy's and Girl's own grammar, Carnet de grammaire, par *le même*. Un vol. in-16 cartonné, 3ᵉ *édition*. . . . . **0 fr. 60**

English Snapshots. A collection of Newspaper cuttings, par L. LAVAL, professeur agr. au lycée Janson de Sailly. Un vol. in-18, cart. à l'ang., 2ᵉ *édition*. . . . . **1 fr. »**

PRÉPARATION AU BREVET SUPÉRIEUR. — **Auteurs à expliquer (1907-1908-1909).** Auteurs Anglais : *Washington Irving, Longfellow, Wordsworth, Tennyson, Charles Kingsley*, avec des notes en anglais, par Ch. BASTIDE, professeur agrégé au lycée Charlemagne. 1 broch. in-16. . . . . **0 fr. 60**

Ich Lerne Deutsch, Ein Bilder-und Lesebuch, par G. DELOBEL, professeur agr. au lycée de Versailles. Un vol. in-16 avec gravures, cartonné à l'ang., 3ᵉ *édition*. . . . . **1 fr. 80**

Ich spreche Deutsch, Ein Bilder-und Lesebuch, par *le même*. Un vol. in-18 avec gravures, cartonné à l'anglaise. . . . . **1 fr. 80**

Deutsche Sprachschule, I Teil (*Exercices de langage ; Révision et extension du vocabulaire ; Vocabulaire abstrait ; Grammaire*), par LE MÊME. 1 vol. in-18, avec gravures, cartonné à l'anglaise. . . . . **2 fr. »**

Hilfsbuch für den deutschen Unterricht. *La classe en allemand ; Étude pratique des conjugaisons forte et mixte*, par S. HIRSCH, professeur au lycée de Dijon. 1 vol. in-18 cart. à l'angl. . . . . **1 fr. 50**

Grammaire allemande (Grammaire élémentaire et syntaxe des régimes), par A. PINOCHE, docteur ès lettres, professeur au lycée Charlemagne et à l'École Polytechnique. Un vol. in-18, cartonné à l'anglaise. . . . . . . **2 fr. »**

PRÉPARATION AU BREVET SUPÉRIEUR. — **Auteurs à expliquer (1907-1908-1909).** *Onze poésies allemandes (Goethe, Schiller, Heine, Uhland)*, avec des notes en allemand, par J. FIXAR, professeur d'allemand à l'École normale de Dijon. 1 brochure in-16 couronne. . . . . **0 fr. 25**

Grammaire espagnole, par H. GAVEL, professeur agrégé au lycée de Bayonne et E. JOUICLAC, professeur au collège Sainte-Barbe. Un vol. in-12 avec une pochette contenant les *Tableaux synoptiques des trois conjugaisons*, cartonné à l'anglaise. . . . . **1 fr. 50**

PRÉPARATION AU BREVET SUPÉRIEUR. — **Auteurs à expliquer (1907-1908-1909).** Auteurs espagnols : Lecturas españolas modernas ó Trozos, escogidos de los siguientes escritores : *A. de Alarcón, E. Pardo Bazán, F. Caballero, J. Echegaray, J. Espronceda, C. Frontaura, Duque de Rivas, A. de Trueba, J. Valera*, par H. BARINE, professeur au lycée d'Albi. 1 vol. in-18 avec notes. . **1 fr. 50**

Nuestro compañero Madrileño, ó método *para aprender el castellano en los establecimientos de 2ª enseñanza*, par LE MÊME. 1 vol. in-8° écu, avec une carte de l'Espagne . . . . (Paraîtra en septembre 1908).

ÉCOLES NORMALES. ÉCOLES PRIMAIRES SUPÉRIEURES. — **Nouveau cours théorique et pratique de Musique vocale**, par Ch. DUTO, professeur de musique et E. SOURON, professeur de chant à l'École Normale et à l'École primaire supérieure de Nancy, pourvu du certificat d'aptitude spécial (degré supérieur) : Première partie : *Théorie*. — Seconde partie : *Solfège des Écoles*. Chaque volume grand in-8° jésus. . . . . **1 fr. 50**

LEÇONS DE MORALE

FONDÉES SUR L'HISTOIRE DES MŒURS ET DES INSTITUTIONS

ÉCOLES NORMALES

(3e année, programmes du 4 août 1905)

ÉCOLES PRIMAIRES SUPÉRIEURES

(1re, 2e, 3e années)

PAR

A. REY

CHARGÉ DE COURS A LA FACULTÉ
DES LETTRES DE DIJON

H. DUBUS

INSTITUTEUR ADJOINT A MARISSEL
(OISE)

DEUXIÈME ÉDITION, REVUE ET CORRIGÉE

PARIS

HENRY PAULIN ET Cie, ÉDITEURS

21, RUE HAUTEFEUILLE, 21

1909

PRÉFACE

—

Voici quelques explications, d'abord sur la disposition générale de ce livre, ensuite sur l'esprit qui l'a inspiré.

I. — Le programme de morale dans les écoles primaires supérieures s'étend sur les trois années d'études et, sauf pour la deuxième année, il est peu explicite ; il implique surtout des retours fréquents sur les mêmes questions. Ceci est loin d'être un mal dans l'enseignement moral ; il importe d'y reprendre les mêmes choses, car on doit viser non à confier des conseils à la mémoire, mais à donner au caractère une attitude générale, des habitudes durables. Seulement voilà qui rend la tâche difficile à qui veut présenter méthodiquement, *et pourtant en suivant pas à pas le programme, et dans le même ordre que lui,* les matières du cours. Nous nous sommes efforcés de vaincre cette difficulté, en procédant de la manière suivante :

Le plan d'études prévoit *« une heure de morale par semaine dans chacune des trois années pour toutes les sections. Cette heure sera autant que possible partagée en deux leçons d'une demi-heure. »*

Nous avons distribué le programme de chaque année en 37 leçons, sauf en ce qui concerne la troisième année qui, étant consacrée à la revision des deux premières et à des compléments, se trouve ainsi divisée naturellement. Ces leçons peuvent facilement être subdivisées en deux demi-leçons, pour se conformer aux désirs du programme, mais chaque leçon forme un tout par elle-même.

Nous avons toujours pris pour sommaire des leçons les indications mêmes du programme, et dans leur ordre. Pour ne pas répéter inutilement les notions qui doivent être revues plusieurs fois, nous avons, à l'endroit où elles sont énoncées par le programme, renvoyé aux leçons et paragraphes qui en traitent. *Il y a actuellement un effort d'assimilation très net entre l'enseignement des écoles primaires supérieures et celui du premier cycle des lycées, du moins pour certaines parties. La morale est tout naturellement de celles-ci. Nous sommes de fervents adeptes de cette assimilation. Aussi nous sommes nous efforcés de concilier les deux programmes, ce qui était facile, les deux programmes étant à peu près les mêmes. Celui de morale individuelle est plus précis dans l'enseignement secondaire, et l'inverse a lieu pour la morale sociale ; la disposition générale n'a donc pu que gagner à ce rapprochement.*

II. — « Faire saisir à chaque élève dans sa propre expérience et par des exemples choisis, les phénomènes de la conscience morale, lui montrer qu'il a comme d'instinct la notion de ce qui est bien et de ce qui est mal... » dit le programme. Son esprit n'est donc pas de faire un cours didactique de morale théorique, portant sur les principes généraux de la morale et sur la discussion de ces principes, mais de faire saisir intuitivement, sur le fait et par le fait en quelque sorte, les principales règles de conduite qui s'imposent envers soi-même et la société.

Nous avons suivi ces principes qui nous semblent excellents : *un cours de morale serait inutile s'il devait remplacer la parole du maître, s'il devait se substituer à l'enseignement oral, aux remarques et aux petites découvertes personnelles de l'élève, aux entretiens, aux lectures*[1]. Un cours de morale ne peut, ne doit avoir qu'un but : *exposer des faits qui susciteront les réflexions de l'élève, guidé par son maître.* Il est à l'enseignement de la morale ce qu'est un manuel d'histoire à l'enseignement de l'histoire. Nous n'avons pas voulu, nous n'aurions jamais voulu faire autre chose.

---

1. Nous renvoyons d'une façon générale aux *Lectures morales* de M. G. Chatel (H. Paulin, éditeur), à l'usage des élèves du premier cycle des lycées et collèges et des élèves des Écoles primaires supérieures.

Le livre dans l'enseignement de tous ordres, c'est le *matériel* qui aide à l'enseignement ; et ce ne peut être que cela.

Au maître de s'en servir en donnant de la vie à cette chose morte. Les questionnaires que nous avons ajoutés indiquent d'ailleurs assez l'usage que l'on peut faire d'un tel livre, tel que nous voyons nous-mêmes cet usage[1]. La plupart des questions portent sur des points qui ne sont pas traités *explicitement*, dans le texte, mais auxquelles l'élève pourra facilement répondre en réfléchissant sur lui-même et sur les faits cités dans le texte.

Trop longtemps aussi, à notre avis, les livres de morale ont été conçus d'une façon dogmatique comme des catéchismes plus ou moins laïques. L'élève n'avait pas à réfléchir, semblait-il, il n'avait qu'à obéir aux impérieuses règles, écho de la tradition ou des vues personnelles de l'auteur.

Ce livre-ci a une toute autre ambition. C'est à proprement parler, présenté dans un ordre systématique, un recueil de faits tirés de l'histoire des mœurs et des institutions ou de l'observation de la conscience et propres à faire réfléchir l'élève, à aider l'enseignement oral du maître. Celui-ci peut les discuter, les interpréter et les commenter comme il lui plaira. Certes, on propose une interprétation des faits, et on énonce les principes pratiques de conduite qui en dérivent mais cette interprétation n'est jamais une vue personnelle, c'est la doctrine qui semble rallier la plupart des aspirations du temps présent qui semble traduire les exigences de la conscience moderne ; et c'est à son tour *un fait* que le maître peut discuter ; c'est l'exposé de l'état actuel de la question et des grands courants d'idées contemporains.

Des faits donc, *tirés soit de l'observation intérieure, de l'examen de soi-même, soit de l'histoire des mœurs et des institutions et des événements contemporains,* voilà ce qui nous a paru devoir former le contenu d'un manuel de classe. A l'élève de réfléchir, au maître de provoquer, de diriger, de compléter cette réflexion. Au *livre*

1. Pour la même raison nous n'avons pas donné de *résumés* des chapitres : le cours que voici est lui-même un résumé des faits sur lesquels a roulé l'entretien moral.

de donner *les éléments nécessaires et* comme *la matière de la réflexion.*

Comment maintenant avons-nous choisi les faits, présenté les choses que nous avons mises dans ce livre ? Nous avons été guidés ici par deux principes. Le premier c'est le respect sans limites de la liberté de l'enfant. Nous n'avons jamais fait appel à l'autorité ; toujours nous nous sommes adressés à la réflexion, au libre examen, à la raison. Voilà, croyons-nous, le seul sens qui puisse être donné aux mots « neutralité et laïcité » qui sont la base même de l'enseignement public français. Nous avons voulu faire œuvre *positive* exclusivement. Le second, c'est — conséquence directe du premier — de ne pas présenter les choses comme immuables et définitives, quand l'observateur le moins perspicace les voit changer et s'améliorer sans cesse. Il y a là une question de loyauté scientifique, de loyauté morale vis-à-vis de l'enfant. Et puis n'est-ce pas le plus haut enseignement moral que l'on puisse donner, de montrer que l'homme est dans une large mesure maître de sa destinée, et que les transformations incessantes de la vie sociale et morale ouvrent à ses espérances comme à son travail, le champ sans bornes du progrès ?

H. D.   A. R.

Se sont chargés :

H. DEBUS, des leçons 3-9, 12-15, 19-21, 23-25, 27-29, 33-35, 37-51, 53-56.

A. REY, des leçons 1, 2, 10, 11, 16, 17, 18, 22, 26, 30-32, 36, 52, 57-76, et de la direction générale du travail.

PROGRAMME DE PREMIÈRE·ANNÉE

37 leçons

Faire saisir à chaque élève dans sa propre expérience, et par des exemples choisis, le phénomène de la conscience morale ; lui montrer qu'il a, comme d'instinct, la notion de ce qui est bien et de ce qui est mal ; qu'il a le sentiment de l'obligation du devoir, qu'il se sent capable de l'accomplir au prix d'un effort et que s'il s'est refusé à cet effort (par faiblesse, égoïsme, ou l'entraînement d'une passion quelconque) il a conscience de la faute qu'il a commise ; « à la honte, le regret, le remords.

De ces démonstrations, le plus souvent dialoguées, tirer la définition et l'affirmation pratique des idées de conscience, d'obligation morale, de devoir, de liberté, de responsabilité, de mérite et de démérite, de dignité personnelle.

Le résumé de l'enseignement oral prévu par le programme sur ces matières est contenu dans les leçons 1, 2, 3.

Faire observer les différences catégoriques qui distinguent la condition de l'homme, son régime de vie, des lois constantes et fatales que la nature suit en les ignorant et sans pouvoir les modifier (exemples très simples tirés des phénomènes les plus familiers à l'enfant et des parties des sciences qui lui sont enseignées). Montrer l'animal, doué de sensibilité, d'impulsions instinctives, mais dépourvu de la faculté de perfectionnement ; l'homme, au contraire, inventant, perfectionnant incessamment ses œuvres, en telle sorte qu'elles forment un héritage accumulé ; l'homme, seul maître de lui-même et responsable.

Leçons 4, 5, 6, 7.

Différents types d'hommes, le paresseux, le laborieux, l'économe, l'imprévoyant, le tempérant, l'ivrogne, le courageux, le lâche ; — les héros (exemples empruntés à l'histoire de l'humanité). Comment ces types ont leurs beautés et leurs laideurs et comment ils doiv..t nous inspirer l'émulation ou provoquer nos répugnances.

Leçons 8-29.

L'égoïsme et le désintéressement ; caractères distinctifs de l'obligation morale.

Leçons 30-35.

A mesure que l'élève aura pris une certaine habitude de la réflexion personnelle, l'amener à reconnaître que l'individu est peu de chose par lui-même, incomplet et d... ; qu'il fait partie d'un tout, que son but n'est pas la satisfacti... on orgueil, ni de ses appétits ; qu'il a une dette envers les autres ... es semblables, sans lesquels, ou il ne serait pas, ou il ne serait pas t... qu'il est ; d'où la notion de *société.*

Dans la société distinguer deux sociétés, la famille et la nation ; insister sur ce que l'individu doit à l'une et à l'autre.

Leçons 36 et 37.

Appliquer et surtout conduire l'élève à appliquer les principes précédemment acquis à sa propre conduite et en dégageant de ces principes non plus seulement l'idée générale du devoir, mais les devoirs propres à chaque condition et à chaque âge ; devoirs de l'enfant dans la famille ; — dans l'école ; — dans la société.

Pour les détails, emprunter aux programmes de l'école primaire et à ceux de la *deuxième année ci-après* les exemples les plus caractéristiques.

Révision générale.

PROGRAMME DE DEUXIÈME ANNÉE

37 LEÇONS (dont 4 de révision dans le cours de 1ʳᵉ année).

La vie humaine et ses devoirs ; l'homme dans la société, dans la famille, dans la nation.

Développer les notions qui n'ont été que sommairement exposées dans le précédent cours :

1° *La société.* — Ce qu'est la société. L'homme n'est pas né pour vivre solitaire. La société nécessaire à sa sécurité et au progrès indéfini qui est sa loi ; elle est son but, sa raison d'être.

Sociétés barbares et sociétés civilisées. Traits qui les distinguent : le droit substitué à la force : le travail, obligation commune ; plus d'esclaves et plus de supplices. La fortune intellectuelle de l'homme garantie et chaque jour complétée par voie de transmission.

Solidarité sociale, dans l'ordre économique, dans l'ordre scientifique, dans l'ordre moral.

Inégalité native des aptitudes. Diversité inévitable des fonctions. *Leçons 38-44.*

La justice sociale. Respect de la personne humaine, sur quelque degré qu'elle soit placée, et, comme conséquence de ce respect impératif, l'esclavage et le servage reconnus intolérables.

Respect de l'honneur d'autrui. La diffamation et la calomnie.

Respect des produits du travail. Principe de la propriété, sa nécessité. Le capital et le travail. Respect des contrats et de la parole donnée.

Respect des personnes dans leurs croyances, leurs opinions. Liberté religieuse et philosophique. La tolérance.

Leçons 45-51.

Leçon 51 bis : revoir leçon 2, sur la tolérance.

La fraternité sociale. Insuffisance morale et sociale de la stricte justice.

Des hasards de la naissance, les inégalités physiques et intellectuelles; les hasards de l'éducation; les accidents de la vie.

L'instruction publique.

L'assistance publique.

La bonté, l'amour du prochain, le dévouement, le désintéressement.

Leçons 52-56.

2° *La famille et l'homme privé.* — La famille, société particulière mais non exclusive dans la société. — Sa fonction dans l'ordre social auquel elle est soumise. — Son fondement moral. — Sa constitution, ses membres; solidarités qu'elle implique.

Le respect de la femme, base de la famille dans le monde moderne.

Les époux; les parents; les enfants. — Leurs devoirs réciproques.

L'esprit et les vertus de famille.

Les vertus privées : loyauté, travail, tempérance, courage, épargne, charité. (Insister particulièrement sur les conséquences du vice de l'alcoolisme au point de vue de la famille et de la vie privée.)

Effets sociaux des vertus privées.

Leçons 57-59.

Leçons 59 bis et ter: revoir les leçons 14, 24, 25 et 27, 28, 31, sur les vertus privées.

3° *La nation et la patrie.* — Comment notre société est en même temps une nation. — L'idée de nation et de patrie. — Son fondement moral.

Solidarité des générations. Unité de direction.

L'esprit national.

La défense de la patrie. — L'armée; le service obligatoire; la discipline militaire; le courage.

Leçon 60.

Leçon 60 bis: voir leçon 60 p. 314 sur l'armée. Revoir leçons 10, 12 et 13 sur le courage.

4º *L'État et les lois.* — Ce que c'est que l'État ; son origine ; son rôle. Formes diverses de cette autorité.

La forme républicaine. — Son principe et sa supériorité. Issue de notre consentement et modifiée par notre volonté elle ne peut avoir rien d'arbitraire.

La souveraineté nationale. — La démocratie (l'élite dans la démocratie).

Les lois. — Leur fondement social et national.

Devoirs du citoyen : obéissance aux lois ; impôt ; vote, etc.

La répression : légitimité sociale de la pénalité.

Droits du citoyen : *liberté individuelle ; liberté de conscience ; liberté des cultes* dans la limite du respect des lois ; *liberté du travail ; liberté d'association.*

Les *libertés publiques.*

Dangers de l'arbitraire, dangers de l'absence de gouvernement.

Leçons 61-69.

5º *Les nations entre elles.* — Devoirs et droits internationaux. — Solidarité internationale. — L'humanité. — L'amour de l'humanité et sa conciliation avec l'amour de la patrie.

Le droit des gens. — Aspiration à un idéal juridique entre les nations : l'arbitrage.

Leçon 70.

TROISIEME ANNÉE

Revision approfondie des principes de la morale ; retour sur leurs principales applications.

Le professeur suit à peu près le même ordre que dans les deux années précédentes, en insistant, d'une part, sur l'explication, la discussion et la démonstration des principaux points de doctrine ; d'autre part, sur les interprétations erronées qui pourraient se faire jour.

Cette revision des 70 leçons qui forment le contenu des deux premières années en y ajoutant les compléments qui composent la 3ᵉ partie que prévoit le programme, peut se distribuer de la façon suivante, d'après le programme de 3ᵉ année.

Envisager chez l'homme trois ordres de faits qui ne tombent pas sous les sens : faits de sentiment ou émotions ; faits intellectuels ou pensées ; faits de volonté ou actes libres.

Montrer que notre nature nous porte à aimer le *beau*, à affirmer le *vrai*, à vouloir le *bien*; faire remarquer l'analogie entre ces trois objets de notre activité spirituelle, répondant à nos inclinations naturelles et à la vie normale; montrer que le mal est un désordre, un penchant contraire à la saine nature. Le corps et l'esprit.

Pouvoir de l'homme sur lui-même, sa réalité, ses limites.

Revoir leçons 8-25.
Complément: leçon 71.

De la liberté et de la responsabilité: leurs conditions, leurs degré, leurs limites; danger de s'accoutumer à douter de la liberté et à méconnaître la responsabilité.

Revoir leçons 1-7.
Complément: leçon 72.

De la conscience: qu'elle se perfectionne par l'*éducation*. — De la personnalité morale. Des caractères.

Deux fins de la vie humaine: *l'intérêt personnel et le devoir.*

L'amour de soi et l'estime de soi.

Comment, en réalisant le devoir, chaque homme réalise, autant qu'il est en lui, *la perfection humaine*; comment, en sacrifiant le devoir à l'intérêt personnel, il diminue en lui la dignité humaine.

Autorité propre du devoir. Caractères qui le distinguent, en théorie et en pratique, de tous les autres mobiles.

Le bien, distinct de l'utile et de l'agréable. La loi morale et la loi écrite.

Revoir leçons 26-35.
Complément: leçons 73-75.

L'idéal moral, tel que l'humanité l'a successivement conçu, tel qu'elle le conçoit dans le monde moderne; il implique l'idée d'une amélioration sociale incessante.

Revoir leçons 36-59.

Montrer que c'est dans la nation que l'homme réalise pleinement sa nature, qu'il devient véritablement homme, c'est-à-dire personne morale, consciente de ses devoirs et de ses droits; que la fonction de l'individu, membre d'une nation, est de coopérer volontairement à l'œuvre de la nation dans la civilisation humaine.

Revoir leçons 60 et 70.

L'idéal social aux différents âges de l'humanité. Insister sur les traits caractéristiques de la conception propre à la France; explication approfondie de la devise républicaine: *Liberté, Égalité, Fraternité.*

Revoir leçons 61-68.

Sanctions de la morale: sanction intérieure (satisfaction morale ou remords); sanction naturelle (conséquences de notre bonne ou mauvaise conduite pour nous et pour les nôtres, quant au corps et quant à l'âme); sanction sociale (estime ou mépris public); sanctions philosophiques ou religieuses (l'idée de Dieu). — Le professeur s'attachera à ne parler des croyances religieuses qu'avec un grand respect et de manière à ne jamais froisser la conscience des enfants qui lui sont confiés.

Revoir leçon 69.

Complément : leçon 70.

PREMIÈRE ANNÉE

MORALE INDIVIDUELLE

ET

PASSAGE DE LA MORALE INDIVIDUELLE
A LA MORALE SOCIALE

AVANT-PROPOS

—

PREMIÈRE LEÇON

I. — LA MORALE.

I. — La morale **est** la *recherche des règles d'après lesquelles nous devons agir et nous conduire.*

L'homme, dit-on d'ordinaire, est doué de *raison*. On entend par ce mot une fonction qui lui permet de se demander en présence d'un fait : par quoi ce fait a été amené (ses *causes*), — quelles seront ses conséquences (ses *effets*), — et enfin, s'il a à agir à l'occasion de ce fait, *comment il doit agir.* Connaissant en effet les causes et les conséquences d'un fait, on peut prévoir ce qui peut arriver, et se conduire d'après cette prévision. Si je vois des nuages noirs au ciel, je prévois l'orage, et je cherche à me mettre à l'abri.

L'homme peut donc, parce qu'il est raisonnable, *délibérer* avant d'agir, c'est-à-dire examiner les différentes manières possibles de se conduire en présence d'une circonstance déterminée.

Les animaux, au contraire, se conduisent par *instinct* et non par raison ; ils agissent le plus souvent sans savoir pourquoi, comme poussés par une force supérieure à eux ; l'abeille continue à remplir de miel la cellule dont on a enlevé le fond ; ce qui prouve qu'elle ne se rend pas compte de ce qu'elle fait. Le petit enfant est à peu près dans le même état ; aussi dit-on qu'il n'a pas l'âge de raison.

II. — Puisque l'homme peut délibérer avant d'agir, il se demandera quelle est la meilleure façon d'agir. Comment arrivera-t-il à le déterminer ?

Nous venons de voir que les animaux qui agissent par instinct agissent sans savoir en réalité ce qu'ils font. Mais les hommes, qui agissent par raison, savent, ou tout au moins peuvent savoir, s'ils travaillent à cela, pourquoi ils agiront de telle manière plutôt que de telle autre et quelles seront les conséquences de leurs actions, puisque la raison est la faculté de chercher les causes et les conséquences. Ils pourront ainsi arriver à établir quelles sont les meilleures façons d'agir.

Or, il y a tout un ensemble de travaux effectués par l'homme depuis de longs siècles et qui sont destinés précisément à lui révéler les causes et les conséquences ou les effets de tous les phénomènes naturels aussi bien que de toutes les actions qu'il peut accomplir. L'ensemble de ces travaux, c'est la *science*, qui comprend les sciences de la nature, quand on se borne à chercher les causes et les effets des phénomènes extérieurs à nous et les sciences *morales* et *sociales* (*psychologie* et *sociologie*), lorsqu'on considère les causes et les effets des phénomènes dont nous nous sentons les auteurs, c'est-à-dire, en somme, de nos actions.

Nous conclurons donc que, pour bien agir, il faudra agir suivant toutes les données que la science a établies ; et, comme la science est loin d'être achevée, dans les cas où elle ne l'est pas, il nous faudra agir d'après ce qui nous paraîtra le plus conforme aux données scientifiques déjà établies. C'est ce que la morale se propose de nous enseigner.

III. — Pour confirmer ce que nous venons de dire, nous n'avons qu'à examiner comment agissent les gens qui n'appuient pas leur conduite sur des principes délibérément voulus et raisonnables. Ils agissent soit par mode, c'est-à-dire pour imiter un certain nombre d'autres personnes, soit par coutume, pour imiter ce que l'on a fait autrefois ou ce que l'on fait en général, soit enfin par préjugé, c'est-à-dire en réalité sans raison ; mais on voit tout de suite que toutes ces actions se rapprochent de la manière dont agissent les animaux, c'est-à-dire sont purement instinctives. L'instinct, en effet, n'est bien souvent autre chose qu'une imitation bestiale et purement mécanique [1] de ce qui se fait dans l'espèce à laquelle appartient l'animal considéré. En particulier dans les actions que l'on fait par préjugé, la ressemblance avec les actions faites par instinct est complète.

Le préjugé est un sentiment qui nous fait agir sans que nous puissions établir la raison pour laquelle nous agissons ainsi et sans que nous considérions les conséquences de notre action. Par conséquent, en agissant par préjugé, nous n'agissons pas comme un être raisonnable, mais simplement comme une brute. Nous nous ravalons à l'état des animaux, nous méprisons la faculté la plus haute qui soit en nous, la seule qui puisse nous distinguer de l'animalité.

Ainsi, pour bien agir, la Morale nous enseigne qu'il faut agir rationnellement, et, pour agir rationnellement, il faut nous inspirer de l'esprit scientifique, de ses méthodes et des résultats auxquels il est parvenu.

Nous aurons alors toujours à nous demander quels sont les conseils que la raison et la science nous apportent et comment il faut les mettre en œuvre. L'ensemble de ces conseils formera la morale pratique « rationnelle », qui, fondée sur l'observation scientifique ordinaire, juge les actes d'après les effets qu'ils produisent sur la société et sur leur auteur. Elle est le résultat de l'expérience morale et de son interprétation par une réflexion méthodiquement conduite. La morale rationnelle ne se prétend pas d'ailleurs parfaite et complète. Elle est susceptible de discussion et de perfectionnement.

IV. — Nous sommes en présence des faits de l'ordre moral, comme l'industriel est en présence des faits de l'ordre physique. La science lui fournit des lois inflexibles ; la machine qu'il crée ne pourra qu'utiliser ces lois, sans jamais les enfreindre. « La nature ne se laisse vaincre, disait Bacon, que par qui s'est asservi à elle. Et la puissance que nous avons sur elle coïncide exactement avec la mesure dans laquelle nous connaissons ses

---

1. Mécanique = absolument involontaire et irréfléchi comme les mouvements d'une machine.

lois. » Nous n'avons en effet qu'à appliquer ces lois pour provoquer les effets que nous souhaitons voir s'accomplir. Eh bien ! le moraliste est dans la même situation. Il ne peut outrepasser les lois de la nature humaine et de la vie sociale; mais il peut les utiliser pour le mieux-être de l'homme, pour réaliser un idéal moral, qui soit conciliable avec elles.

Pour cela, il lui faut connaître la marche des événements qui ont transformé et transforment aujourd'hui les mœurs humaines, leur histoire, observer la société qui nous entoure et nous observer nous-mêmes. Ensuite, et c'est ici que s'impose la *réflexion*, il faut consulter ce à quoi notre conscience aspire, ce que notre raison nous demande, pour utiliser en un sens déterminé les connaissances, les faits que nous révèlent ces observations; il faut déterminer idéalement le but que visent celles des transformations de nos mœurs qui nous paraissent nécessaires ou souhaitables, le chemin qu'elles suivent, le rectifier, s'il le faut, par l'intervention des causes qui, naturellement, peuvent réagir sur lui.

La morale est donc un art[1] qu'élabore le moraliste en utilisant, *pour les perfectionner*, ce que la science lui dit de l'homme, des mœurs et de la civilisation humaines, de même que l'ingénieur élabore et perfectionne l'art de fondre et d'employer le fer, le nickel, etc., l'art de faire des machines à vapeur, en utilisant ce que la physique ou la chimie lui apprennent des corps et des forces naturelles.

L'un et l'autre rejettent les vieilles routines, les préjugés des sots et des ignorants, pour suivre la science et la raison. Et c'est ainsi qu'ils font progresser l'humanité, sans se laisser décourager par les malheureux inconscients qui brisèrent le premier bateau à vapeur par peur superstitieuse ou qui mirent à mort Socrate pour avoir enseigné une morale plus élevée que celle des Athéniens de son temps.

---

1. On appelle *art*, l'application à des circonstances particulières des lois générales de la science, afin d'améliorer le sort de l'homme. C'est la mise en pratique des données scientifiques pour la satisfaction de nos besoins matériels (arts industriels : métallurgie, industries chimiques, par exemple), intellectuels (pédagogie, vulgarisation scientifique) et moraux (morale).

Il faut bien remarquer que la morale, pas plus qu'aucun autre art, n'est une application immédiate et en quelque sorte fatale des résultats scientifiques ; un art est toujours une *adaptation de ces résultats*, à nos besoins. Il faut donc pour l'élaborer à côté des résultats scientifiques consulter ces *besoins*. Dans 'e domaine de la morale l'ensemble des besoins ou tendances auxquels nous devons satisfaire constituent ce qu'on appelle le *sentiment moral, la conscience morale, la raison pratique*. La morale pratique les constate, les précise, les analyse par l'examen de soi-même, la réflexion, l'appel à la conscience, à la raison.

Les données scientifiques ne viennent que pour établir la façon dont nous pouvons satisfaire ces besoins et assigner les limites dans lesquelles nous devons demeurer si nous voulons faire œuvre vraiment pratique.

Les besoins moraux se résument d'ailleurs en ceci : *perfectionner en soi ce qu'il y a de proprement humain et chercher à atteindre dans la société humaine les conditions qui peuvent le mieux favoriser cette perfectibilité ; augmenter la puissance, la force*, au sens le plus large et le plus noble du mot, *la valeur de l'humanité* ; faire que tous les hommes puissent être ce qu'ils voudraient être sans se gêner en rien les uns les autres *(principe et besoin de perfectibilité)*, mais au contraire en s'aidant mutuellement le plus qu'il est possible *(principe et besoin de solidarité)*.

Les principales idées qui dérivent de ces besoins sont *les données de la conscience morale*, étudiées dans la prochaine leçon.

Questionnaire.

Quelle différence y a-t-il entre l'homme et l'animal ? — Qu'est-ce que la raison ? — Qu'est-ce que l'instinct ? — Qu'est-ce que la science ? — Est-ce que l'homme se conduit aussi à la façon des animaux, sans raisonner ? — Cela arrive-t-il souvent ? — Qu'est-ce que le préjugé ? ... la superstition ? ... la tradition ? ... la mode ? ... la coutume ? — En quoi tout cela se rapproche-t-il de l'instinct ? — Qu'est-ce que la morale ? — Qu'est-ce que la morale rationnelle ? — Que veut-on dire en disant que la morale est l'art de se bien conduire ? — Qu'est-ce qu'un art ? — Comment utilise-t-il les résultats des travaux scientifiques ?

AVANT-PROPOS *(Suite)*.

—

DEUXIÈME LEÇON

II. — DONNÉES GÉNÉRALES DE LA CONSCIENCE MORALE.

I. — La morale est un art; mais, comme tous les arts, elle repose sur la science; elle a donc commencé et elle se perfectionne avec la science, par l'étude, l'observation et l'expérience. Les sciences qui étudient l'homme individuel (psychologie) et l'homme en société (sociologie) établissent plus particulièrement les faits et les lois, fondement de la morale.

Lorsqu'on s'interroge soi-même, lorsqu'on fait, comme on dit, son examen de conscience, on s'aperçoit vite que l'on porte en soi certaines règles auxquelles on se sent obligé d'obéir. La science nous apprend que des règles de ce genre et les notions qui en dérivent existent dans toutes les sociétés que nous connaissons, même les plus rudimentaires. Ces règles sont ce qu'on appelle des *devoirs*, parce qu'une sorte de voix intérieure nous dit que nous *devons* nous efforcer de faire ce qu'elles nous ordonnent. On appelle cette voix intérieure, le *sentiment de l'obligation ou du devoir*, ou encore la *conscience morale*.

Lorsque cette voix nous commande de faire un acte, ou de nous refuser à accomplir un autre acte, nous nous apercevons encore que nous sommes capables de lui obéir ou de lui désobéir, de faire ce qu'elle nous dit ou de faire le contraire. En un mot, nous nous rendons compte que nous sommes *libres*, malgré l'ordre que nous entendons au fond de notre conscience, d'exécuter cet ordre ou de le violer. On exprime ce second fait en disant que nous possédons la *liberté morale*.

Notre conduite, au moment même où nous agissons, paraît dépendre de nous et de nous seuls. Elle ne peut pas être prévue et fixée d'avance, comme on peut prévoir et fixer d'avance qu'une pierre lancée en l'air retombera forcément sur le sol, si aucun obstacle ne se trouve sur sa route.

II. — Mais si nous nous sentons libres d'agir comme nous voulons, nous sommes *responsables* de nos actes, puisque nous en sommes les auteurs et qu'ils ne dépendent que de nous. Il serait fou de reprocher à une pierre de tomber sur le sol, et de ne pas rester en l'air, parce qu'elle ne peut pas faire autrement que de tomber. *Elle n'est pas responsable* des conséquences que peut avoir sa chute. Il serait fou de s'emporter contre une chose inanimée, une porte qui grince, une charrette qui s'est embourbée. La porte, la charrette n'ont pas fait ce qu'elles ont voulu. Ce ne sont pas elles qui ont résolu de s'embourber ou de grincer. *Elles n'en sont pas responsables.* Mais si, au lieu de rendre à son possesseur, un porte-monnaie que j'ai trouvé ou de le déposer à la mairie ou au commissariat de police, je me l'approprie, je *suis responsable* de cet acte, de ce vol, car je pouvais faire le contraire. Cela ne dépendait que de moi. *J'étais libre, donc j'étais responsable.*

Mais si je suis responsable de mes actes, tout le monde trouvera que j'ai eu du *mérite*, si j'ai accompli ma tâche, fait mon devoir. Tout le monde trouvera aussi que j'ai *démérité*, si j'ai mal fait. Et moi-même en m'examinant bien, je m'aperçois très vite que lorsque j'ai obéi à cette voix intérieure qui parle dans ma conscience, et que j'ai fait un bon usage de ma liberté, je suis joyeux, content, satisfait. *J'ai bien mérité de moi-même et des autres. Ma conscience m'approuve. Je me sens bon et honnête.* Tout au contraire ai-je refusé d'écouter l'ordre de ma conscience, me suis-je, par exemple, niaisement amusé, au lieu d'apprendre ma leçon, ai-je bâclé mon devoir, je me sens inquiet, mécontent, troublé. J'ai peur des autres ; j'ai peur aussi, si je réfléchis bien, de moi-même. Je me sens mal à l'aise. Et si je trouve ma faute grave, j'en arrive à être violemment tourmenté. *J'éprouve du remords, de la honte. J'ai démérité.*

Pourquoi d'ailleurs ai-je eu du mérite? C'est que l'acte que j'ai fait a des conséquences heureuses aux autres et à moi-même : j'aurai, par exemple, empêché un accident, secouru un malheureux, aidé un vieillard, protégé plus faible que moi, empêché de maltraiter un animal, etc. *J'ai fait du bien aux autres et j'en ai fait à moi-même.* Dans le cas contraire j'ai démérité si j'ai fait du *mal*. Le *bien et le mal*, voilà de nouvelles idées que nous trouvons dans l'examen que nous faisons de nous-même. *Est bien ce qui augmente le bonheur de tous, ce qui accroît notre mérite, ce qui répond à l'ordre de notre conscience.* Est mal tout ce qui suit la direction inverse.

III. — Si j'ai mérité, et si j'ai fait le bien, la satisfaction que je ressens, le bien que je me suis fait à moi-même, voilà ma *récompense*; si j'ai démérité, le remords que j'éprouve et le mal que je me suis fait sont une *punition* dont je ressens les effets et qui doit m'inciter à m'améliorer moi-même et à réparer les désagréments que j'ai causés aux autres. *Récompense et peine* sont ce qu'on appelle les *sanctions* de la loi morale. Ces sanctions sont toujours un bonheur, une satisfaction, si l'on a fait le bien, une souffrance qui vous avertit de mieux faire, une invitation à s'améliorer si l'on a fait le mal.

Plus on fait le bien, plus on a de mérite, et plus on se sent élevé à ses propres yeux. Cette idée de la valeur que l'on a, parce qu'on ne cède pas aux mauvais penchants, aux idées irréfléchies ou malsaines, aux préjugés et aux sottises qui, comme des voix opposées à la voix de la conscience, nous appellent du côté du mal, c'est l'idée de la *dignité personnelle*. Chaque individu est devant deux routes, celle de la vertu ou du bien et celle du vice ou du mal. Il est libre de choisir entre les deux, et il est responsable de son choix. Le devoir, le sentiment de l'obligation, la conscience morale l'invitent à suivre la route de la vertu et du bien. Les mauvais penchants, la paresse, la mollesse l'invitent au contraire à parcourir la route du vice et du mal. Chaque fois qu'il s'engage sur cette route néfaste, il se sent honteux, *indigne*. Il comprend qu'il a diminué sa valeur, qu'il a démérité ; il en souffre et en est puni. Chaque fois, au contraire, qu'il » obéi aux ordres de sa conscience, il se sent plus digne de vivre, il se reconnaît, sans orgueil, mais aussi sans fausse modestie, plus de valeur. Il a le droit d'être fier de cette valeur morale, car il la doit à ses efforts vers le bien, vers tout ce qui rend plus heureux les hommes. La bassesse est le lot de celui qui est indigne et qui fait le mal. La noble fierté de la vertu doit animer l'homme bon parce qu'il a conscience de la *dignité* qui lui empêchera de commettre des actions vilaines et mauvaises.

IV. — En résumé, les expériences que nous pouvons faire sur nous-mêmes, en nous observant avec attention, et les observations que nous avons pu faire sur les autres hommes à quelque époque et dans quelque pays qu'ils aient vécu, nous enseignent que tous les hommes jugent que certains actes *valent mieux* que d'autres, qu'ils sont bons : les hommes portent, comme on dit, des *jugements de valeur*. Ces expériences et ces observations sur nous-mêmes et sur les autres nous apprennent encore que partout et toujours il y a des règles qui obligent à faire ce qui est estimé *valoir mieux (le bien)*, à éviter ce qui est estimé *valoir moins (le mal)* : que ceux qui font ce qui vaut le plus et s'abstiennent de ce qui vaut le moins sont considérés comme *valant eux-mêmes mieux*, comme plus dignes et plus méritants que ceux qui font l'inverse. Aussi *punit-on* ces derniers qui font le *mal*, et qui sont des *méchants*, et *honore-t-on* les premiers qui font le *bien* et sont les *bons*.

Questionnaire.

Quels sont les principaux faits qui fondent la morale ? — Qu'est ce que le devoir ? — la conscience morale ? — le sentiment de l'obligation ? — la liberté morale ? — la responsabilité ? — le mérite ? — le bien et le mal ? — les sanctions (récompenses et peines) ? — la dignité personnelle ? la valeur morale ? — Résumer les principaux faits, base de la morale, en les ramenant à la notion de valeur morale.

———————

LEÇONS DE MORALE

PREMIÈRE PARTIE

MORALE INDIVIDUELLE

—

TROISIÈME LEÇON

DÉFINITION ET DIVISIONS DE LA MORALE INDIVIDUELLE.

1. Définition de la morale individuelle. — Nous verrons que l'existence sociale est conditionnée par des règles appelées droits, que ces droits, communs à tous les individus, déterminent en chacun d'eux des devoirs.

La morale sociale a pour objet précis d'établir ces droits et ces devoirs, d'exprimer les relations justes et fraternelles qui doivent unir tous les membres de la société. La morale individuelle, au contraire, ne s'occupe que de l'individu ; elle trace les règles qu'il doit suivre pour son propre progrès sans considérer d'une façon spéciale la société dont il fait partie. Est-ce à dire que la morale individuelle ait pour objet de déterminer des obligations particulières à l'individu, isolé du milieu social, retranché de la vie collective ? On conçoit facilement qu'une pareille morale n'aurait pas de sens. Que penseriez-vous d'un zoologiste qui, pour mieux étudier la vie d'un oiseau, le placerait sous le récipient d'une machine pneumatique, qui, pour mieux étudier la vie chez son sujet, mettrait celui-ci en dehors même des conditions de la vie ?

Comment donner des règles de conduite à un individu isolé de la société, quand la société est l'atmosphère indispensable à la vie et au développement humains. La sociologie, science qui étudie les sociétés humaines, ne nous offre point l'exemple d'un homme ayant vécu autrement qu'avec ses semblables. — La morale n'a pas à se préoccuper de ce qui n'existe pas. Elle prend l'homme tel qu'il existe dans son milieu indispensable, la société, et, soit qu'elle étudie l'homme au point de vue de la collectivité[1], soit qu'elle l'étudie dans son développement propre, elle a toujours pour objet l'individu social.

II. **Être un caractère.** — Si l'individu dépend de la société dont il fait partie, s'il en est pour ainsi dire le produit et la résultante, si par l'éducation et la vie en commun il reçoit de son milieu idées, sentiments, sensations, il n'en est pas moins vrai qu'il ne se contente pas de refléter comme un miroir les choses qui l'entourent. La sociologie nous apprend que de plus en plus l'homme a pris conscience de son milieu pour réagir ensuite sur lui selon ses forces autonomes[2], ses qualités originales. Elle nous montre d'une part le milieu social façonnant l'individu, d'autre part l'individu réformant ce milieu social, la perfection individuelle et la perfection sociale étant inséparables. Il est donc intéressant pour la collectivité comme pour chacun des membres de la société que chaque unité puisse atteindre son maximum de développement et de perfection.

Le progrès social, toute la civilisation en dépendent ; ils seront en définitive ce que vaudra la conscience morale des individus. Il importe assurément que tous suivent certaines règles de développement physique et moral, deviennent des hommes vigoureux et réfléchis, utiles à l'association. De ce point de vue on aperçoit

1. Collectivité = ensemble d'individus. On emploie ce mot quand on néglige de considérer les individus pour ne s'intéresser qu'à l'ensemble, qu'au groupe social qu'ils forment.
2. Autonome = qui se gouverne par ses propres lois, selon sa volonté, son initiative personnelles = qui n'agit point sous l'influence d'une consigne extérieure ; qui est et reste soi-même.

le sens et l'utilité de la morale individuelle, aspect particulier de la morale sociale.

L'individu, dans le milieu social, doit acquérir sa valeur propre. Appelé à la vie, il doit vivre, affirmer, réaliser son développement autonome, donner à ses facultés leur maximum de puissance, donner à sa vie le plus d'énergie, de profondeur, d'étendue. Cette première partie de la morale individuelle comprendra la conservation de soi, l'empire sur soi-même et l'indépendance.

III. Se perfectionner pour être utile aux autres. — Mais là n'est pas seulement toute la morale individuelle. Assurément l'individu a ses façons de penser, de sentir, d'agir, spéciales; mais il n'est pas un égoïste qui rapporte tout à soi. Au contraire la vie individuelle n'a toute sa puissance et sa supériorité que quand elle se relie à la vie de tous, qu'elle se dépasse elle-même pour se dévouer aux autres. « L'égoïsme, on l'a dit, est un arrêt de croissance. »

L'individu qui se donne découvre aussitôt le sens profond des liens qui le rattachent à ses semblables. Il vit d'une vie plus complète et plus vraie. Il a la vision large du mouvement qui entraîne tous les hommes vers un idéal supérieur, c'est-à-dire vers une société meilleure, plus juste et plus morale, où certaines des misères actuelles, des souffrances imméritées, des fautes que l'on voit commettre à présent, n'existeraient plus. Il trouve des raisons pressantes de se dévouer au bien, au vrai, au beau, à la lutte contre l'injustice, au progrès social. Il veut énergiquement son progrès pour le faire servir au progrès des autres. Et quand il lui arrive de rencontrer autour de lui des modèles de force et de bonté, il les admire et s'efforce de les imiter.

De ce point de vue supérieur, l'affirmation de soi et le dévouement à autrui se confondent; la beauté du but que nous poursuivons pour nous-même, de notre *fin*, comme on dit, s'harmonise avec la beauté du devoir social, des buts poursuivis par la société, des *fins* sociales.

IV. — En résumé nous devrons déterminer successivement

les règles à suivre pour fortifier notre énergie physique et morale, et les fins supérieures qui doivent solliciter notre dévouement.

L'émancipation corporelle, intellectuelle et morale, l'acquisition et la conservation de la santé, la maîtrise de soi, l'amour éclairé de la justice et de la vérité, la conscience du devoir social, voilà le domaine de la morale individuelle.

Questionnaire.

Quel est l'objet de la morale sociale?
Quel est l'objet de la morale individuelle?
La morale individuelle étudie-t-elle l'individu isolé du milieu social? — Quelles sont les divisions de la morale individuelle? — Qu'entend-on par développement autonome, original? par égoïsme, par dévouement? — A quoi devons-nous dévouer notre énergie physique et morale?

QUATRIÈME LEÇON

L'HOMME MAITRE DE LUI-MÊME, RESPONSABLE ET PERFECTIBLE.

I. Lois naturelles et lois morales.

I. — Examinons successivement les conditions d'existence des êtres et des choses que nous rencontrons sur la terre. Observons comment ils se comportent, comment ils sont régis ou comment ils se régissent, dans quelle mesure ils subissent l'action de certaines lois ou réagissent contre les influences du milieu. Nous pourrons ainsi préciser les différences fondamentales qui distinguent la condition de l'homme de celle des animaux et de celle des choses.

II. **Le régime des choses. Les lois naturelles.** — Si nous lançons une pierre en l'air, nous constatons que cette pierre retombe sur le sol ; si nous répétons cette action plusieurs fois, nous constaterons que toujours la pierre, quelles que soient la hauteur, la vitesse, la longueur de son trajet, finira par retomber sur le sol ; si nous faisons la même expérience avec un autre objet, une balle, une bille, par exemple, la balle, la bille se retrouvent sur le sol au bout d'un instant. Il en serait de même, on pourrait le vérifier, avec tous les objets abandonnés à eux-mêmes d'une certaine hauteur ; des faits nous prouvent qu'il en a été de même toujours et qu'il en est de même partout.

Nous en tirerons la conclusion suivante : Chaque fois qu'un corps est abandonné à lui-même d'une certaine hauteur au-dessus du sol ou est lancé à une certaine hauteur au-dessus du sol, il retombe invariablement sur ce sol.

De même on peut se rendre compte que le corps abandonné à lui-même tombe toujours et partout suivant une ligne droite. L'expérience montre encore que les espaces parcourus par un corps tombant librement dans le vide, et partant du repos, son proportionnels aux carrés des temps employés à les parcourir

Les sciences physiques qui étudient les circonstances dans lesquelles les corps se modifient, se déplacent et se transforment nous renseignent précisément sur les rapports constants et invariables qui régissent les choses de la nature. Ces rapports sont appelés *lois naturelles*.

Les choses obéissent fatalement à ces lois. La pomme qui se détache de l'arbre ne peut d'elle-même dévier de la ligne droite suivant laquelle elle tombe sur le sol. Le ruisseau ne peut de lui-même arrêter son cours. L'eau que l'on chauffe sur un foyer n'a pas la liberté de bouillir ou non à 100°. Le soufre qui brûle n'est pas libre de devenir ou de ne pas devenir de l'acide sulfureux, de se combiner avec l'oxygène de l'air. La pomme, l'eau, le ruisseau, le soufre, se déplacent ou se transforment suivant des lois fatales qu'ils suivent en les ignorant et sans pouvoir les modifier. Les choses ne sont ni conscientes, ni responsables, ni susceptibles de perfection volontaire.

III. L'animal et l'Instinct. — L'animal, l'être vivant, es doué d'une certaine activité ; le chien, par exemple, exécute toute une série de mouvements et d'actions destinés à lui assurer la vie, à lui procurer la nourriture, à le préserver du froid, à le défendre contre un ennemi. Mais on ne saurait dire que le chien a vraiment conscience des besoins divers de sa nature, qu'il réfléchit sur les meilleurs moyens de conserver et de fortifier sa santé et qu'il agit *volontairement* et en *connaissance de cause*. Il est mût plus qu'il ne se meut. Il est conduit par ses appétits : il est l'esclave de ses instincts. A-t-il faim, il se jette sur la première proie venue ; il vole un os au chien voisin, plus faible que lui. Il n'est pas libre d'agir autrement. Pas plus que les autres animaux le chien n'a conscience de sa vie, du développement dont elle est susceptible, du sens et du but qu'elle pourrait avoir.

Les animaux ne sauraient être rendus responsables du mal

qu'ils peuvent nous causer. Ils ne sont pas davantage capables de perfection réfléchie. Ils subissent les conditions du milieu auquel ils s'adaptent. Ils se transforment, ils évoluent, comme toutes les espèces, mais ils n'ont pas en eux-mêmes un principe de perfectibilité. Les expériences faites ou plutôt subies par toutes les générations de chiens qui ont vécu jusqu'alors n'ont en rien servi à la génération des chiens actuels. Ils reçoivent en naissant certaines aptitudes à la vie, certains instincts, une certaine sensibilité, mais on n'a pas encore constaté qu'ils réfléchissent ces instincts et qu'ils améliorent ces aptitudes d'une façon délibérée et voulue.

IV. Les hommes perfectibles et solidaires. — L'homme, au contraire, est conscient. Il est capable de réfléchir sur son existence, sur ses besoins, sur les moyens les mieux appropriés à la satisfaction de ces besoins. Sans doute il subit l'action du milieu, l'action des forces naturelles qui peuvent être pour lui une aide ou un obstacle ; mais sa raison lui permet de dominer sa vie, d'observer en quelle mesure il pourra neutraliser les influences nuisibles et utiliser les lois naturelles. Par la raison, par la conscience, il peut non seulement adapter à son usage le milieu dans lequel il vit mais encore opérer en lui les transformations, les corrections que l'expérience humaine et la réflexion lui présentent comme nécessaires. La preuve que l'homme est susceptible de perfection, c'est qu'il s'est acheminé peu à peu par une série d'efforts persévérants, de l'animalité primitive à plus d'humanité. L'histoire de la civilisation nous montre tour à tour le milieu, les conditions d'existence sociale améliorant l'individu, et l'individu, par sa réaction personnelle, améliorant son milieu. La perfection individuelle, et la perfection sociale corollaire, par une suite d'actions et de réactions successives ont amené l'humanité en général et chaque individu en particulier au point où ils en sont aujourd'hui. C'est ce désir de perfection, de mieux-être, qui est l'aiguillon du progrès ; c'est cette faculté de perfectibilité qui a permis aux hommes de profiter successivement des efforts et des résultats de leurs devanciers, qui leur permet ensuite de poursuivre leur œuvre et d'ajouter au fonds de la civilisation humaine tout ce qui peut concourir à donner aux individus plus de vie, de bien-être et de liberté.

Questionnaire

Qu'entend-on par loi naturelle ? — Donner des exemples. — Peut-il être question de liberté, de conscience, de responsabilité, de perfection, lorsqu'il s'agit de choses ? Parler de l'instinct chez les animaux. — Les animaux sont-ils responsables et perfectibles ? — L'homme est-il maître de lui-même ? — Les faits prouvent-ils qu'il est perfectible ?

CINQUIÈME LEÇON

L'HOMME MAITRE DE LUI-MÊME, RESPONSABLE ET PERFECTIBLE (*Suite*).

II. La Perfectibilité de l'homme ; L'Homme primitif et l'homme moderne.

L'histoire des faits sociaux nous montre que l'individualité humaine n'a pas cessé de se transformer et de se perfectionner au cours des âges. Il suffit d'examiner les différences considérables qui existent entre l'homme primitif (ou l'enfant, qui rappelle aujourd'hui encore par beaucoup de traits l'homme primitif), et l'homme moderne, pour s'en rendre compte d'une façon précise.

I. L'homme primitif. Sa vie sociale. — Les renseignements scientifiques que nous avons sur les hommes primitifs et sur les sauvages de l'époque actuelle s'accordent à marquer dans l'instinct, dans l'activité irréfléchie, impulsive, le caractère de toute vie humaine rudimentaire.

La vie du sauvage ou du primitif n'est pas distincte de celle du milieu social dont il fait partie ; tous ses actes sont des actes purement *passifs* et automatiques, une suite d'impulsions mécaniques incohérentes. Jamais un acte personnel ne vient briser le cadre des habitudes traditionnelles, des rites consacrés, des gestes courants, des démarches accoutumées. La vie individuelle semble être le résultat d'une succession de chocs qui déterminent en chacun des membres du groupement le même geste passif et inconscient. A l'origine, les formes sociales sont le produit du milieu naturel et les formes de la vie individuelle sont le produit des formes sociales. L'individu, la société, le milieu naturel forment une sorte de bloc où toutes les énergies sont liées indissolublement, d'où la conscience, l'activité réfléchie sont absentes. L'histoire sociale n'est que la répétition d'événements auxquels la volonté de l'individu ne prend aucune part, une série de faits plus ou moins bizarres ou fantastiques, déterminés par des impulsions diverses subies par les membres du groupe.

Les sauvages, dont la vie est comme figée dans le présent, ne sauraient avoir *aucune notion de l'avenir* ni prendre aucune précaution en vue de cet avenir. Ils vivent au jour le jour, consommant leurs richesses au fur et à mesure qu'ils les créent ou les recueillent. Il n'est pas question chez eux de prévoyance, d'épargne, d'accumulation, d'organisation méthodique du travail, de constitution d'un capital de réserve.

L'homme primitif et le sauvage ne distinguent pas leur vie de la vie sociale et de la vie du groupement. Ils ne savent pas qu'ils ont une vie propre, distincte de celle de leurs voisins. Aussi ne comprennent-ils pas le prix de la vie physique individuelle ; ils ne trouvent en eux-mêmes aucune raison de conserver et d'améliorer cette vie. Par suite ils la méprisent parfaitement et l'abandonnent pour ainsi dire instinctivement à l'activité du corps social dont l'existence est primordiale et pour lequel les unités individuelles du groupe se sacrifient inconsciemment.

II. **La vie psychologique et morale** des premiers hommes ou des sauvages présente à peu près les mêmes caractères que la vie animale et que la vie enfantine. Il n'y a *pas de volonté consciente*, autonome, qui dirige l'individu ; celui-ci réagit spontanément, automatiquement, au contact des chocs extérieurs ; son existence n'est qu'une suite d'impulsions fantasques, d'émotions violentes mais courtes, de perceptions confuses et sans lien entre elles. Il n'y a pas dans la dépense de leur activité d'idée maîtresse, de vue méthodique. Les forces s'éparpillent en des objets multiples ; les efforts sont parfois violents, mais de courte durée ; c'est de l'énergie qui est gaspillée, non canalisée en vue d'un résultat précis. Ce n'est point du travail. Il en résulte que leurs productions, au point de vue artistique, sont excessivement nombreuses, mais jamais originales : l'originalité n'est que la marque d'une personnalité traduisant par un effort méthodique et approprié sa conception bien distincte. Le sauvage se plaira à imiter, non à créer.

Au point de vue *intellectuel* proprement dit, la compréhension de l'homme primitif est tout à fait restreinte ; il ne saisit ni l'enchaînement ni l'unité ni les lois des choses, ni les caractères ni les conditions de la vie sociale. Son esprit se perd dans la multiplicité, dans le chaos des impressions extérieures ; il n'est capable ni d'observation, ni d'expérimentation, ni de classement, ni de généralisation ; il est en un mot dépourvu de toute méthode, de tout esprit scientifique, susceptibles de mettre de l'ordre et de la clarté dans ses perceptions.

Le sauvage est *crédule*, comme tous les ignorants ; aucune affirmation n'est contredite par lui. Il n'a point d'idée nette et originale sur quoi que ce soit, il n'aperçoit pas de contradiction entre ce qu'il croit et ce qui existe réellement. Mais encore faut-il que cette affirmation soit conforme aux notions traditionnelles, à l'ensemble des idées toutes faites, des dogmes formalistes qui ont cours dans son groupement. Toute idée nouvelle le choque violemment et le met instinctivement en courroux. Comme l'ignorant, le faible d'esprit et le superstitieux, il considère comme un individu criminel et dangereux le moindre novateur et il repousse comme funeste tout progrès. Il ne comprend pas et il a peur. Il rejette automatiquement tout ce qu'on propose de nouveau à sa compréhension. Il reste figé dans le présent, qui lui apparaît comme immuable.

Un tel homme, effacé, perdu dans le milieu social, fermé à toute pensée originale, ne saurait avoir de *morale* personnelle. En effet, il n'a pas la notion d'une individualité à cultiver, d'une intelligence à développer, d'une sensibilité à épurer, d'une vie à mettre au service d'autres vies, d'une coopération solidaire et fraternelle à établir entre tous les hommes. Sa destinée se confond avec celle du corps social, et il n'a pas conscience d'une existence propre dont il aurait à prendre en main la direction.

Le caractère automatique qui marque tous les actes du primitif se retrouve dans la conception de la faute et de la punition.

Il ne s'agit pas pour des individus qui ne sont pas libres, qui ne sont pas conscients d'une morale à observer, d'obligations à suivre, de responsabilités à encourir, d'établir un système de récompenses ou de punitions propres à faire réfléchir l'individu sur des actes qu'il aurait commis volontairement. Ce ne sont point la peine, le châtiment qui importent aux yeux du sauvage, c'est le dommage causé au clan. Le crime n'existe pas en tant que défaillance individuelle ; il n'est considéré que par rapport à la perte sociale occasionnée. On répare ainsi le dommage causé mais on ne fait rien pour prévenir un nouveau dommage ; on n'a pas l'idée d'attribuer à l'individu la responsabilité d'un fait qui n'est pas une faute, un délit ou un crime, et qu'on se borne à considérer comme un accident inéluctable, dont il faut simplement réparer le mauvais effet.

L'enfant. — De même que l'homme primitif et le sauvage, l'enfant n'a pas d'individualité ; l'éducation, le milieu ont sur lui une influence exclusive ; il est prédisposé à l'imitation, son caractère est très faible, il n'a pas de volonté.

La loi de l'évolution psychologique est exactement la même que celle de l'évolution physiologique. Physiologiquement l'embryon passe par tous les états ancestraux par lesquels l'espèce elle-même a passé ; de même au point de vue psychologique l'individu repasse par les états de civilisation antérieurs et un enfant nous représente un homme peu civilisé.

III. L'homme moderne. — L'homme moderne, au degré de culture et de civilisation que nous voyons autour de nous, présente tous les caractères opposés à ceux qui définissent le sauvage ou l'homme primitif. Plus il est cultivé, plus ces caractères s'accusent.

L'homme moderne tend à devenir de plus conscient et raisonnable, à réduire en lui la part de la vie impulsive, à être toujours et partout *lui-même*, en dépit des cadres traditionnels et des entraves routinières.

Il est un être essentiellement actif, un être d'initiative. Loin de céder aux influences du milieu, il domine ces influences, les utilise ou les combat. Loin de vivre suivant un certain formalisme, un certain rituel de vie, il crée de nouveaux modes d'action; il corrige ses mœurs, par sa propre volonté, par sa propre raison. Lorsque par discipline il fait bloc avec ses semblables en vue de l'amélioration sociale, sa discipline est consentie; sa liaison est volontaire, consciente et prévoyante.

L'homme moderne a la notion de son individualité propre, d'une valeur propre à acquérir, d'une dignité à conserver et à accroître, d'une morale à se donner, qu'il dégagera de l'expérience à la lueur de sa raison. Il se sait libre dans une certaine mesure, libre et par conséquent perfectible et responsable. Il a conscience d'une œuvre à accomplir, d'une œuvre à laquelle il devra apporter sa part de bonne volonté. Ce n'est plus au nom d'une puissance extérieure qu'il agit, mais en son nom propre, avec sa raison personnelle, pour son bonheur individuel inséparable du bonheur des autres individus.

Son intelligence est développée, souple et prévoyante; sa sensibilité, épurée et élargie, et sa volonté, ferme et raisonnée. Son activité ne s'éparpille pas en de multiples efforts : elle se concentre sur des objets bien définis ; elle s'organise pour un maximum de résultats par un minimum d'efforts. L'art n'est plus une imitation enfantine, mais une création, la création personnelle d'un esprit original. Au point de vue juridique, la punition est conçue comme un moyen préventif, non comme une réparation de dommage. Bref l'homme moderne tend à s'affirmer de plus en plus comme distinct de son voisin. C'est en lui-même qu'il trouve les raisons d'un développement autonome qui fera de lui non point un individu confondu dans l'ensemble, mais une personnalité, un caractère.

IV. En résumé l'individualité se caractérise par une activité libre qui est le contraire de l'instinct. Il en résulte que les peuples civilisés « seront capables de grands desseins et de vastes pensées » ; ils ne s'arrêteront pas dès que l'impulsion du dehors aura cessé d'agir. Leur histoire dépendra de leur volonté et leur volonté est tenace parce qu'elle est raisonnée. Le souci de l'avenir est le criterium le plus sûr de la civilisation, et il ne peut exister qu'en des âmes soustraites aux impulsions de l'instinct. « Assurément ce souci de l'avenir n'est pas sans inconvénient : partout la civilisation amène avec elle de l'inquiétude ; mais malgré ce pessimisme la civilisation n'est pas inféconde ; c'est cette inquiétude qui est le facteur du progrès et qui nous apprend à discerner d'une façon plus sûre et plus complète l'utile du nuisible. Organisée, l'activité des civilisés est moins gaspillée que l'activité désordonnée du sauvage : ils obtiennent beaucoup plus de résultats par beaucoup moins d'efforts. »

Que l'on examine en général le rôle de l'individu dans la société ou plus particulièrement l'évolution de certaines idées morales, l'apparition et le développement de certaines vertus, on arrive à cette conclusion : c'est que l'individu qui dans l'humanité primitive n'a que peu d'importance prend une importance croissante. Non pas que les liens sociaux diminuent ; mais ils se transforment, au lieu de rester des règles qui ne se critiquent jamais, suivies aveuglément à peu près comme l'animal suit son instinct. Les liens sociaux deviennent la résultante des volontés de plus en plus conscientes des individus. La solidarité, au lieu d'être instinctive devient contractuelle, c'est-à-dire qu'elle résulte des engagements que prennent les individus les uns vis-à-vis des autres. Aussi la société, tout en se fortifiant, puisqu'elle est l'effet d'un accord de volontés, n'existe et ne progresse que parce que la volonté individuelle prend de jour en jour un rôle prédominant. Si à l'origine on peut dire que l'individu est ce que le fait la société, il faut reconnaître qu'actuellement la société tend à être ce que la font les individus. De là l'importance croissante de la morale individuelle et de l'éducation de soi-même. L'autorité intérieure de la conscience qui caractérise l'homme énergiquement honnête, l'homme de devoir, exprime toute la part que l'individu se donne dans le progrès social. C'est parce que son initiative, sa liberté augmentent sans cesse, parce qu'il devient de plus en plus conscient, qu'il acquiert ce sentiment de dignité morale que l'on rencontre seulement dans les civilisations les plus élevées et les caractères les mieux trempés, qu'il devient et qu'il est capable de devenir le centre de la vie morale et sociale: de la société celui-ci tend à se transporter dans l'individu.

Questionnaire.

Qu'entend-on par homme primitif, par sauvage et par civilisé ? — Quels sont les caractères de l'homme primitif, aux points de vue moral, physique, intellectuel, artistique et social ? — Quels sont les caractères de l'homme dit civilisé aux mêmes points de vue ? Quels sont les signes d'une civilisation plus haute ? — Qu'est-ce qu'une personnalité ? — Quand est-on soi-même ? — Quels sont les rapports de la morale — de l'idéal moral — de la conscience du devoir — avec la civilisation ? — La liberté individuelle, l'initiative et le progrès de la civilisation.

SIXIÈME LEÇON

L'HOMME MAITRE DE LUI-MÊME, RESPONSABLE ET PERFECTIBLE (*Suite*).

III. L'Éducation. — Le Perfectionnement humain.

1. **Influences sociales sur la formation de l'individu.** — L'histoire des civilisations nous montre comment l'homme et les peuples sont sortis de l'état brut primitif et de la barbarie, dans quels sens ils se sont développés, et à quels facteurs est dû ce développement à peu près ininterrompu dans ses grandes lignes. On peut conclure de là dans quel sens et comment nous devons travailler nous-mêmes pour servir le mieux la cause du progrès social, et empêcher peut-être des arrêts ou même des retours momentanés en arrière, comme l'histoire nous en montre parfois, dans les périodes de décadence. Il est vrai que jusqu'ici les décadences n'ont jamais été que partielles et celle que l'on cite toujours comme la plus complète et la plus désastreuse, la décadence du monde latin, a été un progrès considérable par certains côtés, en particulier par certains côtés de la morale individuelle. L'humanité tout entière peut être comparée à une personne qui ne cesse de développer et de perfectionner ses facultés.

Chacun de nous naît et vit au milieu de forces qui agissent sur lui en sens divers. De ces forces, les unes sont en nous-mêmes, comme nos besoins et nos inclinations natives, les autres sont hors de nous, comme celles de la nature extérieure et celles qui naissent de l'activité de nos semblables.

Nos inclinations innées, nos *instincts,* et les forces de la nature extérieure sont invariables ou ne subissent que des variations difficiles à constater, dont la morale ne s'occupe guère. Les forces résultant de l'activité de nos semblables varient au contraire sans cesse, et les variations qu'on y peut constater servent à mesurer leur influence. Elles agissent sur chacun de nous par l'éducation, qui est en quelque sorte l'œuf dans lequel se développe notre personnalité.

II. — Notre éducation vient de l'enseignement réfléchi qui nous est donné ; elle vient aussi de l'enseignement inconscient qui résulte pour nous du contact de nos semblables. Nul ne vit isolé, ne croît seul. Nous recevons de nos aïeux et de nos contemporains tout un enseignement qui nous inspire certaines idées sur le monde et la vie, nous prescrit certaines façons d'agir et de nous abstenir, modifie nos penchants natifs et nous crée, par l'habitude, des penchants artificiels. Jusqu'à l'adolescence, l'individu, moins formé d'âme que de corps, ne s'appartient pas encore, autant dire ; il est surtout le produit passif de la société dans laquelle il a été élevé. A mesure que sa volonté se développe, il agit davantage par lui-même et sur lui-même ; il apporte une personnalité nouvelle, une force propre dans ce faisceau de forces qui constitue le genre humain.

L'individu est le tributaire de la société, et d'abord de sa famille, puisqu'il tient d'elle les biens les plus précieux, la santé, le bien-être, la moralité même, dans la mesure où celle-ci est le produit de l'éducation et des influences héréditaires, ensuite de l'humanité tout entière, puisqu'il lui est redevable de ces bienfaits généraux de la civilisation, dont il jouit comme de biens naturels.

III. Influence de l'individu sur lui-même. — Cependant nous ne sommes pas absolument le produit du milieu social, des traditions et des mœurs courantes. Ils ne sauraient atteindre notre pouvoir original de réagir sur eux selon notre impulsion propre. Si nous sommes d'abord, pendant l'enfance, ce que nous ont fait nos parents, nos éducateurs, l'état social, nous arrivons ensuite à prendre conscience du milieu extérieur et de ses rapports avec nous, à dominer les influences du dehors, à nous servir d'elles dans la mesure où notre raison les jugera favorables à notre développement ; c'est l'éducation qui permettra l'épanouissement de nos qualités personnelles, d'une pensée, d'une sensibilité et d'une volonté autonomes.

On peut dire « que l'éducation bien comprise dure toute la vie, qu'elle se continue après que les maîtres de l'enfance ont fini leur tâche ; ils ne l'ont finie que s'ils ont mis l'enfant en état de se gouverner lui-même et de poursuivre son propre perfectionnement ; par conséquent s'ils ont formé non une machine mais une conscience guidée par le sentiment de la responsabilité et la vue claire d'un idéal à atteindre[1]. »

IV. — Mais il en est de la culture des énergies humaines comme de la culture des plantes ; il ne suffit pas de choisir la semence et de semer en temps voulu ; il faut aussi débarrasser le champ des mauvaises herbes qui auront pu l'encombrer antérieurement. Pour se développer normalement, notre individualité devra être libérée de la brutalité et de la sauvagerie de nos plus lointains ancêtres. Il nous faudra tout à la fois détruire et édifier : d'une part, combattre l'erreur, le préjugé, la croyance toute faite, refouler les poussées de l'égoïsme, de la haine et de l'intolérance, affranchir notre volonté de la lâcheté et de la résignation ; d'autre part, fortifier notre esprit dans l'amour, la recherche et l'assimilation de la vérité ; grâce à la science et à la science morale nous pourrons nous diriger sûrement ; nous trouverons dans une volonté ferme et bien trempée l'instrument efficace d'une conscience droite et résolue ; nous entretiendrons notre vigueur corporelle pour mettre au service de la vie consciente toute l'énergie dont nous sommes capables. Science et conscience, raison et volonté, santé physique et morale, voilà la formule générale de toute éducation normale et féconde.

Les éléments de l'éducation morale doivent dériver de l'expérience personnelle, l'expérience seule instruit les hommes, et seule aussi elle peut instruire la jeunesse. L'expérience lui in-

1. Marion.

dique les conséquences avantageuses ou fâcheuses de certaines actions et les nécessités qu'entraînent les rapports avec ses semblables. L'éducation morale doit surtout apprendre à l'individu à se gouverner lui-même et à avoir un respect inviolable du droit et du devoir.

« Nous nous proposons de faire en sorte que nos enfants se développent comme le veulent la nature et la raison ; nous nous préoccupons de faire des consciences droites et des esprits libres, des hommes... Et pour cela nous leur disons :

« On n'est complètement homme et citoyen que si on use par soi-même, en tout lieu, de la raison et de la conscience que la nature nous a données.

« Nous leur disons encore que nous ne sommes que des hommes faillibles, pouvant nous tromper ; que nous avons fait de notre mieux pour nous instruire ; que nous avons recueilli ce que les siècles précédents nous ont apporté de meilleur. Nous leur transmettons le patrimoine sacré et commun de notre civilisation et de la science, et nous leur disons : « Voilà l'humanité ! Voilà ce « que le génie humain a trouvé et reconnu ; peut-être n'est-ce « pas le dernier mot de la science et de la vérité. Il reste encore « une longue route à parcourir. D'autres viendront après nous, « mais en attendant inclinez-vous devant la seule autorité à « laquelle le monde est obligé de se soumettre, l'autorité de la « raison et de la justice »... L'âme humaine doit être rendue libre et capable de se façonner elle-même[1]. »

Questionnaire.

Quel est le but de l'éducation ? — L'éducation ne comprend-elle pas une partie négative et une partie positive ? — Sommes-nous absolument le produit du milieu social ? — Ne pouvons-nous pas au contraire réagir sur ce milieu social selon notre impulsion personnelle ? — Qu'entend-on par vie consciente et par vie inconsciente ? par inclinations naturelles, instinctives ? — éducation expérimentale, sociale ? — Du point de vue de la conscience, parlez de l'enfant et de l'adulte, de l'homme primitif et de l'homme actuel ?

1. Ferdinand Buisson.

SEPTIÈME LEÇON

L'HOMME MAITRE DE LUI-MÊME, RESPONSABLE ET PERFECTIBLE (*Suite*).

IV. L'Effort est a la base de l'éducation.

I. — La morale de la vie est la morale de l'action, la morale de l'action méthodique et efficace, la morale du travail. L'éducation est une sorte de gymnastique rationnelle de notre activité, la culture morale une résultante[1] d'efforts persévérants. L'homme qui s'est proposé pour fin la perfection de lui-même, la vie morale la plus large et la plus haute dans le milieu social où il évolue[2], doit, pour atteindre ce but, discipliner ses forces et les exercer continuellement.

Il n'est pas besoin de se créer artificiellement des occasions d'exer-

[1]. Résultante = somme des effets produits par des causes multiples, ce qui résulte d'un concours de circonstances ; par exemple le mouvement d'un bateau sur un fleuve est la *résultante* du mouvement de l'eau du fleuve et des mouvements des rameurs.

[2]. Évoluer signifie se déplacer (Ex. : une escadre *évolue*), par suite, se transformer par degrés, progressivement. Ex. : une graine *évolue* en germant et en devenant une plante. Un homme *évolue* depuis sa naissance jusqu'à sa mort. La nation française a *évolué* depuis sa formation avec les mérovingiens jusqu'à notre époque ; elle continuera à *évoluer* jusqu'à ce qu'elle disparaisse, comme ont disparu la nation romaine, la nation égyptienne, etc. La société n'a pas cessé d'*évoluer* depuis les âges primitifs où l'homme ressemblait à une bête, et elle continuera son *évolution*, les mœurs se transformant sans cesse.

Évolution = l'acte d'évoluer, c'est-à-dire la transformation incessante et progressive d'un être ou d'une qualité.

cice moral. L'effort doit s'appliquer naturellement à la matière même dont la vie est faite, à notre existence journalière et normale. Le tout est de bien mesurer ses forces, de procéder graduellement du plus facile au plus difficile. Nous acquerrons dans la pratique même de notre fonction cette maîtrise qui récompense amplement l'effort librement accepté pour notre perfection professionnelle et notre plus grande utilité sociale. Ainsi notre tâche ne nous apparaîtra plus comme une corvée monotone et fastidieuse ; nous dominerons notre besogne, nous en saisirons la portée ; nous en découvrirons l'âme et la poésie. Notre travail personnel, nos repos, nos distractions, toute notre activité ou notre manière d'être quotidiennes doivent être empreints de notre désir actif de progrès continu. C'est donc dans la vie intérieure que s'élaborera le mieux notre force morale.

Il faut constamment aspirer au bien, au mieux, à la perfection, s'il est possible. Mais nous sommes sollicités à l'action par nos penchants natifs : les uns, qui tendent à la conservation et au développement de la vie du corps ou à la propagation de l'espèce, se manifestent par des appétits impérieux ; les autres, qui ont pour fondement l'amour de nos semblables, se font sentir avec une grande force. Les uns et les autres doivent être réglés par le penchant supérieur, par la soif de l'ordre et du bien, qui est le besoin de notre raison. C'est la raison qui doit gouverner nos actes au mieux des lumières qu'elle possède.

Pour gouverner nos penchants et utiliser toutes nos forces, il est indispensable d'exercer un travail de domptage, qui consiste à prendre de bonnes *habitudes* et à effacer les mauvaises.

II. — C'est par la méditation, c'est-à-dire la réflexion méthodique et recueillie que nous arrivons à dominer les impressions extérieures et à concentrer notre attention sur les problèmes qui nous pressent. C'est par cet effort intime de la pensée travaillant sur certaines données suggérées par notre esprit que nous formons notre jugement, que nous nous construisons notre caractère et que nous arrivons à faire régner en nous une pensée et une sensibilité maîtresses d'elles-mêmes. C'est dans cette lutte, qui échappe à autrui et qui se passe au plus profond de nous-mêmes, que se conquiert la maîtrise de soi et que se forme l'éducation de notre personnalité.

Comme l'a dit La Fontaine : « la plus belle victoire est de vaincre son cœur ». C'est donc nous qui devons être les principaux ouvriers de notre perfectionnement moral, si nous voulons acquérir et développer les solides qualités qui constituent le « caractère ». Et on trouve, dès le jeune âge, dans les moindres incidents de la vie quotidienne, matière à y travailler constamment. Pesez tous vos actes devant votre conscience, déterminez-vous toujours par le sentiment du devoir, résistez à vos désirs irréfléchis, à vos passions.

III. — L'examen de soi-même. — Connais-toi toi-même, voilà une bonne règle pour juger de ses qualités, de ses défauts, pour voir le chemin parcouru et le trajet à parcourir. Il est utile à certains moments de se recueillir, de faire son examen de conscience. Nous devons veiller sur notre conduite avec la plus grande vigilance, analyser nos motifs d'action, faire le départ de ce que nous avons voulu ou de ce que notre nature nous a imposé, réduire au minimum la part de vie inconsciente. Ainsi nous surprendrons en flagrant délit notre faiblesse, notre égoïsme ou notre inertie fondamentale. Ainsi nous nous habituerons à la maîtrise de nous-mêmes. A une condition pourtant : cet examen devra être loyal et sincère. Prenons garde que notre paresse ou notre intérêt ne nous entraînent pas à justifier nos fautes par de soi-disant bonnes raisons. Craignons qu'une philosophie [1] inventée après coup pour les besoins de la cause ne vienne pas légitimer des actes foncièrement mauvais au regard d'une conscience avertie et sévère pour elle-même. La pureté morale naîtra de cette projection lumineuse dirigée hardiment sur les replis de notre conscience ; tous les mensonges honteux et toutes les illusions complaisantes ne sauraient plus s'y dissimuler

---

1. Philosophie = manière de voir générale reposant sur le libre examen : le philosophe est celui qui cherche à comprendre et à critiquer toutes les idées au nom de sa seule raison, qui n'accepte rien que ne lui ait dicté cette raison. Il se fait ainsi librement une conception générale de l'univers et du rôle qu'il a à y jouer.

Rappelons-nous les exemples du sage et pratique Franklin, qui se guérit de ses principaux défauts par un traitement méthodique, comme on fait d'une maladie; des stoïciens, Sénèque, Sextus. « appelant tous les jours leur âme à rendre ses comptes ».

Les mauvaises inspirations, les passions funestes, les tentations, les maladies de l'âme ne se développent que dans l'ombre, à notre insu. Il est impossible de vivre dans l'intimité de soi-même sans se fortifier et se purifier. De toutes les conditions de la moralité, le sentiment intérieur est la plus essentielle, il a plus de prix même que les plus utiles actions; car il est plus près de notre être que l'action, ou plutôt, il est notre être même.

IV. — La doctrine de la solidarité nous demande, elle aussi, d'agir; elle nous appelle aux œuvres sociales, à l'action publique. La doctrine de la conscience, elle, nous entretient de la vie intérieure. Elle parle à l'âme, elle la presse de sentir son mal, de reconnaître sa faiblesse, de faire avant tout effort pour se réformer. Elle la détourne d'attendre son bonheur de la société, ni d'espérer une heureuse transformation de l'ordre social, tant que les cœurs ne seront pas plus généreux et les volontés plus fortes. Elle lui demande de veiller, d'être attentive à briser la glace que l'habitude reforme en elle à mesure; elle lui enseigne le sens de ces mots : sincérité, volonté, liberté.

Un homme doit se gouverner lui-même. Mais quelle illusion de croire qu'il suffit d'être indépendant des autres pour se gouverner soi-même! Car il y a un esclavage intérieur non moins difficile à briser que l'esclavage extérieur.

Notre volonté est contrariée, contrainte par une force intérieure, celle de désirs et de tentations jugées déraisonnables. L'alcoolique, le joueur, maudissent leur vie, souvent, mais chaque fois que la sollicitation obsédante revient, ils succombent. Elles sont très rares les fautes que nous avons voulues; le plus souvent nous avons été entraînés malgré nous; et ces défaites nous laissent des humiliations, des regrets, des révoltes qui nous rendent la vie amère.

Il a fallu aux hommes de longues et d'âpres luttes pour

s'affranchir des servitudes extérieures : la marche de l'humanité vers la liberté n'est qu'un long combat. Mais, pour s'affranchir intérieurement, l'individu ne doit pas moins lutter. Le gouvernement de soi-même n'est pas donné en naissant ; il se conquiert, il est le résultat d'une patiente éducation de la volonté.

Dans les relations sociales, celui qui cherche la perfection défend ses droits avec énergie, même au prix de grands sacrifices, et ne connaîtra jamais l'indolence égoïste qui préfère à toutes choses quelques jours de tranquillité. Il sacrifiera jusqu'à sa vie, s'il le faut, mais il ne supportera pas une oppression qui attente en sa personne à la dignité humaine.

« Sois une conscience », a écrit Edgar Quinet, exilé au coup d'État de 1851, et qui n'accepta pas en 1859 l'amnistie que lui offrait le gouvernement impérial, jugeant qu'il n'appartenait pas « au crime d'amnistier le droit ».

Questionnaire.

Comment acquerrons-nous, fortifierons-nous et conserverons-nous notre énergie morale ? — A quoi devra s'appliquer notre effort ? — Dans quelles conditions cet effort devra-t-il s'exercer ? — Qu'entend-on par vie intérieure, par méditation, par examen de conscience ? — Comment un esprit critique exercé et sincère peut-il assurer la victoire à notre raison ? Citez quelques exemples historiques et autres d'hommes qui ont lutté sur eux-mêmes et autour d'eux, pour conquérir la « maîtrise de soi » et la liberté morale.

HUITIÈME LEÇON

LA CONSERVATION PERSONNELLE.

I. Le Suicide.

I. — Le suicide est une violation des lois de la morale, c'est un crime aussi bien envers la société qu'envers nous-mêmes.

Le suicide est coupable pour la même raison et au même degré que l'homicide ; car pourquoi est-ce un crime d'ôter la vie à son semblable quand il y a profit à le faire, non seulement pour soi, mais pour d'autres ? Parce que la vie humaine a un but moral supérieur ; cette vie, la nôtre comme celle de tous les hommes, est inviolable et sacrée. On a donc eu raison de dire que la condamnation du suicide est comprise dans cette loi générale : « Tu ne tueras point. »

La morale qui a pour objet de donner à l'homme des règles de vie exige évidemment de l'individu, comme première obligation, la conservation de cette vie.

L'homme, appelé à la vie par la nature, a une destinée à remplir, une œuvre à parfaire.

Il se doit tout entier à son propre perfectionnement, il se doit à l'amélioration du milieu social, il se doit aussi aux autres hommes. En supprimant sa vie, il s'ôte tout moyen de travailler à cette tâche stricte ; il se dérobe à l'œuvre de justice et de vérité, il manque à ses devoirs individuels et sociaux. La morale con damne la mort volontaire comme une désertion à l'humanité.

Si le suicide provient de la folie, d'une maladie mentale par conséquent, la médecine intervient ; la morale n'est plus en cause.

Mais le plus souvent le suicide est accompli par lâcheté ; c'est l'acte de désespoir d'un homme qui a reculé devant les efforts nécessaires à sa conservation ou à la protection des siens.

Certes, en face de certaines détresses causées par les inégalités sociales, fatales ou injustes, le désespoir s'explique parfaitement ; le suicide pourtant n'est point admissible : tant qu'il nous reste un souffle de vie, il faut donner aux autres l'exemple du courage dans l'adversité. Il conviendrait aussi de se demander si l'individu en question n'est pas responsable en une certaine part de sa situation lamentable, si la débauche, les excès, l'oisiveté, les passions, le jeu, ne l'ont pas amené fatalement à capituler.

Pour admettre le suicide, il faudrait admettre que chaque individu eût à remplir un rôle spécial ; ce rôle, une fois impossible à tenir, il ne lui resterait plus rien à effectuer. Mais si l'on considère le lien étroit qui rattache l'individu à l'espèce humaine, on se trouve en droit de réclamer à l'individu pour l'espèce ce qu'il semblait exagéré de lui demander pour lui-même. Il n'est pas en ce monde de petites actions inutiles. C'est rail par rail qu'a pu se prolonger parmi les immenses plaines glacées de l'Asie du Nord le chemin de fer transsibérien. C'est de menus efforts accumulés que se constitue notre moralité. De même tout homme, dans n'importe quelle situation, peut accomplir quelque chose pour l'humanité. L'exemple d'un homme qui, au milieu de difficultés sans nombre, de souffrances et d'angoisses incalculables, conserve intact le sentiment moral et continue d'être l'agent irréductible de son évolution, l'exemple d'un héros, n'est pas sans exercer une influence féconde sur tous ceux qui peinent et s'efforcent autour de lui. Le courage dont aurait eu besoin l'individu pour se suicider doit s'appliquer non pas à une œuvre immorale mais à l'édification collective.

II. Comment la morale peut lutter contre le suicide. — Le rôle de la morale d'ailleurs est surtout préventif. Il lui sied mieux de donner des règles d'hygiène morale que d'avoir à condamner des maladies mentales relevant de la médecine.

Il est certain que dans la vie moderne, les facultés intellectuelles sont développées chez quelques individus au détriment de l'activité musculaire. L'harmonie générale de l'individu souffre vivement de cette anomalie. Les générations actuelles abusent de leur cerveau, surmènent leur tête, épuisent leur énergie nerveuse. Le domaine de la science est si vaste, les problèmes philosophiques ou sociaux si nombreux et si pressants que les esprits s'adonnent à l'étude avec une ardeur intempérante. Leur curiosité fiévreuse éparpillée sur des sujets si divers ne trouve en fin de compte, au lieu de la quiétude morale, que l'angoisse, la mélancolie et la faiblesse nerveuse.

D'autre part l'individu qui, par ses efforts soutenus, par une méditation constante, sera parvenu à un degré de perfection relative, se trouvera comme isolé de la masse des hommes ; il sera malheureux peut-être par sa vertu même au milieu des préjugés, des hypocrisies, de la servilité ambiantes.

Peut-être l'imperfection de la multitude déterminant en lui des réflexions pessimistes le poussera-t-elle à déserter un monde qu'il ne pourra plus supporter.

Quelle règle bienfaisante et saine pourra donner la morale à ces esprits inquiets et malades ?

Aux premiers, elle recommandera le travail précis, réglé, limité. Elle leur fera un devoir de respecter leur cerveau, de ne lui demander qu'une tâche correspondant à ses forces : elle leur prescrira le repos, l'exercice physique.

Aux seconds, elle fera une obligation de traduire en devoirs sociaux l'originalité, la maîtrise qu'ils ont conquise sur eux-mêmes. La vie intérieure doit se continuer par l'action quotidienne, qui rattache la pensée à sa réalisation, l'individu à la collectivité. Ainsi la vie individuelle, se mêlant à la vie totale, y trouvera son support et sa raison d'être finale. Il ne viendra pas à l'idée de retrancher une vie qui se rattache aux autres par tant de fils.

On peut toutefois accorder que dans certains cas historiques le suicide pouvait être considéré comme un devoir social. Le stoïcien déclare, par exemple, qu'il vaut mieux quitter la vie que d'abdiquer sa personnalité devant la tyrannie. Il lui était impossible d'accomplir son devoir social dans la société où il vivait ; à la corruption, à la lâcheté universelle, il pouvait répondre par un exemple de courage, pouvant déterminer chez certains une régénération morale.

Mais à notre époque le régime est tel que tout individu émancipé et conscient peut travailler au triomphe du bien, qu'il y a mille et mille obligations de rester à son poste pour tous les individus solidaires.

Aussi la morale fait-elle un devoir absolu à tout homme de remplir sa tâche humaine.

Questionnaire.

En quoi consiste le suicide? — Est-il des cas où l'on puisse justifier le suicide? — Montrer comment l'individu peut être utile à l'humanité, par l'exemple même de son énergie morale? — Comment peut-on prévenir chez les individus l'inquiétude et le désespoir? — Qu'est ce que le surmenage? La société actuelle nous permet-elle d'accomplir notre tâche humaine?

NEUVIÈME LEÇON

LA CONSERVATION PERSONNELLE (*Suite*).

II. Santé et vigueur corporelles.

I. — Tout le monde reconnaît que la santé est le premier de tous
les biens, la force physique et la vigueur nerveuse, la condition
indispensable de tout effort puissant et continu. La vie psychologique et consciente, l'activité de nos facultés supérieures ont
pour base l'accomplissement normal des fonctions de notre organisme. C'est en ce sens qu'on a pu dire : « La première condition
du succès en ce monde est d'être un bon animal ; la première
vertu de l'homme et du citoyen, c'est la santé. »

« L'âme et le corps, comme dit Montaigne, sont unis par une
étroite couture et s'entre-communiquent leur fortune. »

C'est évidemment le premier et le plus impérieux des devoirs
pour chacun de nous, de conserver et de développer notre santé
physique, morale et intellectuelle, de déployer et de fortifier
toutes les énergies de l'homme libre. Ces énergies sont d'abord
les énergies vitales, la santé, la force, qui sont en quelque sorte
la vie elle-même.

La culture physique formant un corps sain et vigoureux doit
être le souci constant de celui qui veut travailler à son développement intellectuel et moral. Toute œuvre sérieuse et de longue
haleine, toute tâche méthodique et continue exigent de nous une
dépense de force considérable, une consommation importante
d'énergie vitale. Comme nous ne disposons, à un moment donné,
que d'une certaine quantité limitée d'énergie, il est indispensable que nous économisions cette énergie, que nous en augmen-
tions sans cesse la somme, pour la faire servir aux fins rai-

sonnables que nous nous sommes proposées. Aucun excès, aucune débauche, aucune sensualité déréglée ne devront atténuer et appauvrir en nous ce capital de vigueur physique.

Et ce n'est pas là un luxe grossier ; c'est une nécessité morale, parce que c'est une des conditions des vertus mâles et généreuses ; les bonnes mœurs n'ont pas de plus sûre garantie qu'une hygiène parfaite et une grande activité musculaire. Chacun doit donc s'appliquer à connaître et à observer les règles d'hygiène physique et morale les plus propres à développer les forces de toutes sortes qui sont en lui : c'est la matière d'une étude et d'une pratique continues.

L'activité individuelle est en raison directe du bon état de nos organes : le système nerveux est dans l'étroite dépendance de l'estomac ; la vivacité de notre esprit, la souplesse et la ténacité de notre mémoire sont liées aux fonctions de notre cerveau, à la richesse de notre sang, à sa circulation normale, à l'assimilation parfaite d'aliments bien dosés.

Ceci dit, nous comprenons que le bon fonctionnement de la machine corporelle doit être le souci de toute notre existence, du berceau à la vieillesse. C'est pour les parents un devoir primordial de donner aux nouveau-nés des soins constants et éclairés, de ne rien négliger pour que leur croissance physique soit régulière et parfaite. Il ne faudrait pas que des gens, experts dans l'art d'élever un veau ou un poulain, ignorent complètement celui d'élever un jeune enfant. L'hygiène du premier âge comporte une série de règles spéciales que tout père ou toute mère de famille, soucieux de l'avenir de leurs enfants aussi bien que de l'avenir de la société, se feront un devoir de connaître et d'appliquer exactement.

II. **La morale de la vie physique.** — Quant aux règles générales s'adressant à tous les âges, à l'un et l'autre sexe, elles peuvent se résumer dans ces trois mots : Propreté, Tempérance, Exercice.

On sait l'insistance qu'a mise J.-J. Rousseau à condamner les pratiques défectueuses de la première éducation des nouveau-nés ; l'emploi du maillot, des nourrices « mercenaires » ;

l'inaction, la contrainte où l'on retient les membres des enfants, lesquelles ne peuvent que gêner la circulation du sang, empêcher l'enfant de se fortifier, de croître, et altérer sa constitution. « Nous ne nous sommes pas encore avisés de mettre au maillot les petits des chiens ni des chats ; voit-on qu'il résulte pour eux quelque inconvénient de cette négligence ? »

Fort heureusement l'éducation des enfants est en progrès, et elle sera bientôt enseignée, comme partie de l'éducation ménagère, aux grandes fillettes de nos écoles. « Il serait indispensable que les jeunes filles de douze à quatorze ans, dans toutes nos écoles, fussent instruites de leurs futurs devoirs de mères. Absurdes sont les préjugés qui font rejeter de l'éducation des filles ce qui fait allusion au rôle principal de la femme, à la maternité. Il faut armer nos filles contre les dangers qu'elles rencontreront et qu'elles ne pourront vaincre qu'avec une saine éducation[1]. »

Les Mutuelles maternelles commencent également à se propager, à l'avantage de l'assistance aux enfants du premier âge et de la repopulation.

Nous devons être propres, dans notre corps, dans nos vêtements, dans nos appartements. L'eau pure et l'air, a-t-on dit, sont les deux meilleurs médecins. Ne laissons jamais s'obstruer les pores de notre peau : expulsons de nos yeux, de nos oreilles, de notre nez, de nos ongles, ces poussières infectieuses, chargées de microbes, qui s'y accumulent et s'y nichent. Respirons un air largement oxygéné, non souillé par les poussières ou les gaz délétères. Dans l'atmosphère pure des plaines, des champs et des bois, le sang s'enrichit et se vivifie. Renouvelons fréquemment l'air confiné de nos appartements ; pratiquons les exercices respiratoires qui inonderont les moindres vésicules de nos poumons de l'oxygène réparateur.

Il n'est point de meilleur moyen pour maintenir notre corps dispos et vigoureux que le travail et l'exercice. Mais les exercices auxquels on se livrera devront être relativement modérés, d'intensité graduée, sous peine d'épuisement nerveux. Il faut substi-

1. J. Payot, Cours de morale.

tuer à la gymnastique acrobatique et athlétique qui est dangereuse, qui exige des efforts excessifs de volonté, la gymnastique hygiénique, l'assouplissement rationnel et harmonique de tous les groupes de muscles. Ainsi tous les organes verront leur activité se régulariser ou s'activer; la respiration, la nutrition, la circulation, l'élimination se feront normalement. La marche ordinaire, la marche rapide et la course sont excellentes à ce point de vue. Les différents sports, la bicyclette, le canotage, la natation, le law-tennis, la paume, le foot-ball, donnent des résultats satisfaisants à ceux qui les pratiquent sagement, qui s'arrêtent en deçà de la fatigue et du surmenage.

La modération dans les exercices, la tempérance dans le boire et le manger, l'abstention absolue de tout excès, sont les conditions essentielles d'une bonne hygiène.

Toutes les règles dont nous venons de parler sont l'objet de livres d'hygiène très bien faits. Le devoir pratique de tout homme conscient est de se procurer un de ces manuels et d'en appliquer journellement les recommandations. Les mères de famille auront un intérêt pressant à se pourvoir de brochures excellemment faites sur les soins dus aux enfants du premier âge. Ainsi éviteront-elles de tuer leurs enfants par un allaitement meurtrier, dont le mode est transmis par la routine absurde.

Tous comprendront que l'hygiène sauvegarde les forces du présent et celles de l'avenir, que le devoir corporel est à la base de tous les devoirs, qu'avant de philosopher, il faut vivre, que les facultés de l'homme ne sont rien sans l'énergie qui alimente leur activité. L'hygiène, indispensable à notre développement complet, est encore un des secrets du bonheur.

Questionnaire.

Quelle est la condition indispensable de l'effort personnel vigoureux et persévérant? N'existe-t-il pas des rapports étroits entre l'état du corps et celui de nos facultés? — Quelles sont les règles principales à suivre pour maintenir notre corps en bonne santé? — Qu'est-ce que la puériculture? Les Mutuelles maternelles? — Quels sont les exercices reconnus bienfaisants? — Dans quelle mesure doit-on les pratiquer? — Qu'est-ce que l'hygiène?

DIXIÈME LEÇON

LE COURAGE

I. La Leçon des faits : Le courage physique et le courage moral.

I. Le courage physique. — C'est un des préjugés les plus répandus que le courage et la bravoure, de même que la force physique, se rencontrent surtout chez les primitifs. Tout le monde dit que le sauvage n'a pas peur de la mort, ni même de la souffrance ; on cite chez les peuples les plus arriérés les traits d'un héroïsme véritablement stoïque.

Tout cela repose sur des faits que l'on comprend mal et qu'on interprète faussement. L'enfance de l'humanité, là encore, ressemble à l'enfance de l'individu ; on ne peut pas dire qu'un enfant ou un animal soit vraiment courageux ; on ne peut pas dire non plus que les sauvages ou les barbares sont vraiment courageux. Nous allons voir pourquoi.

Remarquons d'abord que la sensibilité du sauvage, comme la sensibilité de l'enfant, est beaucoup moins développée que la sensibilité d'un homme très affiné et très cultivé. Le sauvage, comme l'enfant, ont beaucoup moins de causes de souffrances ; leurs nerfs réagissent avec beaucoup moins de force et tous les médecins ont remarqué que les enfants pouvaient mieux supporter une opération qu'une grande personne, non parce qu'ils sont plus courageux, mais parce que leur souffrance est moins grande et qu'ils se rendent beaucoup moins compte des conséquences de la souffrance et des dangers qu'ils courent.

En réalité, pour une souffrance contre laquelle un homme cultivé sait lutter et qu'il arrive à dompter, nous voyons souvent un enfant ou un sauvage entrer dans une crise de désespoir. Les moindres bobos mettent l'enfant ou le sauvage dans un état pitoyable, alors que des lésions graves sont supportées beaucoup mieux, parce que l'organisme réagit d'une façon insuffisante et surtout qu'ils ne se représentent pas exactement le mal qu'ils subissent. Quant à la peur de la mort, il est évident qu'elle n'existe pas chez eux, car ils ne se font pas une idée exacte de ce qu'est la mort, ou du péril de mort dans lequel ils se trouvent. Par suite, le prétendu courage du sauvage ou du barbare contre la mort ou la souffrance se réduit en grande partie à l'ignorance du danger de mort ou de ce qu'est la mort, et au peu de sensibilité de leur organisme. Ce n'est pas du courage, c'est l'absence d'un motif de crainte.

Au contraire, à mesure que l'on devient conscient des dangers courus, à mesure que l'on se fait une idée plus exacte de la vie et de ses avantages et de l'inconnu qu'est la mort, l'individu a véritablement peur de la souffrance et de la mort. La crainte qu'il avait des souffrances peu importantes, mais fréquentes et bien connues de lui, comme les écorchures ou les brûlures légères, devient moins grande: il réserve sa crainte pour des motifs plus importants. On ne peut donc pas dire qu'il devient moins courageux; il le devient au contraire davantage, puisqu'il résiste mieux à des douleurs infinies et qu'il n'est plus désespéré que pour des causes vraiment graves. Et alors tout ce que nous savons des peuples barbares et demi-civilisés, à mesure qu'ils prennent conscience des dangers graves, nous montre qu'ils essaient aussi de plus en plus, en cherchant à dominer leur sensibilité par leur raison, de vaincre la peur inconsciente. Le courage véritable apparaît, c'est-à-dire la lutte contre un danger connu, et il ne fait que se développer. La preuve en est que toutes les superstitions extrêmement nombreuses, engendrées chez les peuples peu cultivés par la crainte de la mort, tendent progressivement à diminuer; chez les gens peu cultivés la mort est un mot qu'on ne doit pas prononcer; on évite tout ce qui la concerne;

il n'y a qu'à voir la terreur que causent les épidémies et la mort
chez les gens peu instruits, même dans les pays civilisés. Par
contre, à mesure que l'instruction se répand, que la culture
augmente, on voit moins de paniques et de frayeurs irraisonnées,
on voit plus de courage. Ainsi le véritable courage est celui qui
connaît le danger, le regarde et le regarde froidement, pour
essayer de le surmonter ; ce courage-là, d'abord nul chez les
primitifs ou chez l'enfant, ne fait que s'accroître avec la civilisation et à mesure que l'homme atteint sa maturité.

II. Le courage moral. — Mais le courage physique contre
la souffrance, contre le danger et contre la mort, n'est qu'une
espèce très inférieure de courage. Le courage, au sens véritable
du mot, est beaucoup plus large et nous allons voir que ce véritable courage est encore plus ignoré des hommes peu cultivés et
des sauvages que le courage physique. C'est seulement à mesure
que la civilisation grandit qu'il apparaît et se développe.

Le courage en face du danger physique n'a à se montrer que
dans des circonstances exceptionnelles, tout à fait rares, et, si on
l'analyse d'un peu près, on voit qu'il n'est pas la manifestation
d'une force soudaine de l'individu, mais la résultante d'une longue
et patiente éducation de la volonté. Cette éducation se fait constamment et l'on apprend à être courageux comme l'on apprend
un métier ou une science. Il s'agit en effet, pour être courageux
dans les circonstances exceptionnelles où la vie est menacée et où
la souffrance physique nous étreint, d'être assez maître de soi,
assez énergique pour ne pas se laisser aller à un désespoir aveugle ;
on doit, dans les moments critiques, remplacer la crainte, la
peur, par l'examen aussi réfléchi que possible du danger et des
moyens d'en sortir. Or, cela ne se donne pas, mais cela s'apprend
et c'est le courage moral que nous pouvons acquérir et fortifier
à tous les instants de notre vie qui fait en nous cet apprentissage.
Il n'y a point de véritable courage sans un courage moral, sans
une énergie opiniâtre que l'on acquiert dans toutes les circonstances où l'on est placé, même les plus banales. Il est faux de
croire qu'il y a des individus qui sont moins éprouvés par la
souffrance ou par le danger que d'autres, lorsqu'ils connaissent

aussi bien cette souffrance ou ce danger. Ce qui est vrai, c'est qu'il y a des hommes qui ont plus d'énergie, plus de force morale, plus de sang-froid que d'autres. Cette énergie, c'est dans l'accomplissement quotidien de sa tâche, dans les efforts continuels pour acquérir par le travail une vie plus heureuse et meilleure qu'on l'acquiert. Le contraire du véritable courage, ce n'est pas la peur, c'est la mollesse, mère de la lâcheté.

A ce point de vue, il n'est même pas besoin d'insister pour montrer que l'énergie, l'initiative, l'amour du travail réfléchi et tenace, n'apparaissent que dans les civilisations très hautes et encore seulement dans une élite parmi les hommes qui appartiennent à ces civilisations. Tout le monde sait que le sauvage est indolent, paresseux et mou, qu'il est lâche devant tout effort qu'il prévoit. Tout le monde sait que le barbare, qui est d'un degré plus élevé que le sauvage, n'est brave que par à-coup, ne fait d'efforts que dans des circonstances exceptionnelles. Ce courage intermittent, cette énergie momentanée disparaît aussi vite qu'elle apparaît. Tout le monde sait encore que l'enfant qui, là comme ailleurs, nous présente en raccourci l'évolution de l'humanité, est incapable d'efforts suivis, d'énergie véritable ; il a tout au plus des caprices, comme le barbare a des moments de volonté. Ce n'est qu'en grandissant, et encore si son éducation est bien dirigée, que peu à peu il devient capable d'efforts suivis, d'énergie et d'initiative, que peu à peu il acquiert cette force morale qui est le véritable courage et qui le rend capable d'être maître de soi et de triompher dans les dangers exceptionnels qu'il pourra rencontrer. Ainsi le courage physique n'est qu'une manifestation dans certains cas exceptionnels d'une volonté énergique et de la force morale. Il dépend directement du courage moral. Le développement de l'humanité, comme la croissance morale d'un individu dans notre civilisation actuelle, nous montre toujours que cette force morale, cette énergie, nulle ou très faible à l'origine, tend incessamment à s'accroître. On accorde de plus en plus de prix à l'énergie et à l'initiative. Le travail, les efforts ininterrompus que la vie actuelle nécessite chaque jour davantage, sont aussi estimés chaque jour davantage. La marche de l'humanité, comme la croissance de l'individu, nous indiquent donc aussi nettement qu'il est possible l'idéal moral auquel nous devons tendre; le courage moral, dont le courage physique est une conséquence, c'est-à-dire la force de volonté, l'énergie tenace, l'esprit d'initiative sont les qualités qu'il est nécessaire que l'individu cherche de plus en plus à acquérir dans la vie moderne et qui se développent au fur et à mesure du progrès de la civilisation.

Questionnaire

Qu'est-ce que le courage physique ? — Est-il vrai que le sauvage est plus courageux que l'homme civilisé ? — Montrez que l'ignorance du danger ne saurait en aucun cas être appelée courage ou fermeté d'âme. — Quelle est la condition nécessaire du vrai courage ? — Qu'entendez-vous par courage moral ? — Quelles qualités suppose-t-il ? — Comment peut-on l'acquérir ? — Montrez la grandeur et la nécessité du courage ?

ONZIÈME LEÇON

LE COURAGE (*Suite*).

II. LA LEÇON DES FAITS (*suite*): LES FORMES DIVERSES DU COURAGE
MORAL. — LE COURAGE CONTRE LE PLAISIR. — LE COURAGE
DE RÉSISTER A L'OPINION. — LE COURAGE DE RECONNAITRE SES
TORTS. — LE COURAGE AU TRAVAIL.

Le courage moral revêt à son tour les formes les plus diverses. Parmi les plus élevées citons le *courage* non point contre la souffrance, mais *contre le plaisir, le courage de résister* à *l'opinion, le courage de reconnaître ses torts*.

1. **Courage contre le plaisir.** — Le barbare, s'il est capable d'un acte d'héroïsme, ne sait pas résister, dès que le danger est passé, aux attraits du plaisir ; on connaît l'histoire de l'armée d'Hannibal s'amollissant dans les délices de Capoue, y perdant toute énergie, tout courage et préparant sa propre défaite. On sait combien les civilisations anciennes, les civilisations égyptienne, perse, médique, dès qu'elles atteignaient un certain degré de prospérité entraient par là même en décadence, car les individus perdaient dans ce bonheur facile toute énergie et tout courage ; et ce qui prouve que le courage dans le danger n'est qu'une conséquence de l'énergie de tous les jours, c'est que, n'ayant plus à faire d'efforts constants, ils ne retrouvaient plus leur ancien courage le jour du danger. Aussi tout pays prospère dans l'antiquité a-t-il été une proie facile pour le voisin plus rude. Aujourd'hui au contraire la prospérité d'une nation apparaît à tous comme une condition de sa force ; si jadis les peuples

heureux n'avaient pas d'histoire, aujourd'hui il n'y a que les peuples heureux qui peuvent avoir une histoire. C'est que la prospérité, au lieu d'amollir, de rendre indolent et lâche comme autrefois, n'est aujourd'hui que le fruit d'un travail ininterrompu et d'efforts constants. Un peuple n'est prospère que parce que les individus qui le composent sont travailleurs, énergiques et que le courage moral y est plus développé qu'ailleurs. Les nécessités de la vie moderne, loin de porter les hommes à se laisser aller à tous les plaisirs, quels qu'ils soient, les forcent, pour être heureux et pour goûter une véritable joie, à être courageux contre le plaisir lui-même : il faut savoir ne prendre du plaisir que ce qui est capable de rendre la vie heureuse et sereine ; mais il est impossible de s'abandonner sans résistance à tout plaisir, sous peine de voir bientôt disparaître la prospérité et la joie saine et durable qu'elle entraîne. Ainsi, tout en cherchant à être heureux, l'homme de notre temps doit voir qu'il est forcé, dans l'intérêt même de son bonheur, de ne pas se laisser aller sans réflexion au plaisir : il doit comprendre qu'il lui faut être courageux, non seulement pour avoir ensuite, grâce à son travail, de la joie, mais encore pour lutter contre le plaisir et ses abus.

II. Courage de résister à l'opinion d'autrui. — Autrefois encore l'opinion publique, la tradition, la coutume étaient la règle suprême de la vie sociale. Chez les sauvages et chez les barbares, tous les individus s'attachent à faire exactement comme les autres. Celui qui s'écarte de la règle commune est considéré comme un sacrilège, et les légendes antiques nous montrent tous les inventeurs sans exception, tous ceux qui ont essayé d'introduire quelque chose de nouveau, comme des impies que les dieux condamnent et que la société rejette : c'est Prométhée enchaîné sur un rocher par Zeus pour avoir découvert les moyens de faire du feu ; c'est Socrate condamné à mort pour avoir prouvé que certaines lois de son pays étaient injustes ; c'est Jésus crucifié, etc., etc... Le sauvage et le barbare sont comme l'enfant : ils ne réagissent pas, ils subissent, ils acceptent tout ce qu'ils voient faire autour d'eux et ne pensent pas que l'on puisse faire autrement. C'est ce qui rend la question de l'éducation de l'enfant si grave, car il est livré sans défense à toutes les influences qui s'exercent sur lui.

A mesure que la civilisation progresse, ce tableau change complètement. L'inventeur, le novateur commencent à être respectés, honorés. A la Renaissance, qui marque l'essor des civilisations modernes, les rois s'inclinent devant les grands savants et les grands artistes, et alors on considère comme médiocre quelqu'un qui n'est que le reflet des influences sociales, on considère que sa vie est fautive au point de vue moral, s'il se borne à suivre les coutumes, les traditions, les préjugés, à refléter les influences d'autrui ; on ne lui trouve ni énergie, ni courage : c'est un mauvais ouvrier de l'œuvre sociale. Timide d'abord, cet état d'esprit s'accentue, et aujourd'hui, sauf de rares exceptions, et que l'on rencontre en général chez les peuples qui ne tiennent plus le premier rang parmi les peuples civilisés, c'est un honneur, une vertu très haute de lutter courageusement pour son opinion, pour ses idées, quand bien même elles contrecarrent l'opinion ou les idées du plus grand nombre. Il faut, pour être courageux, dit-on, non seulement accepter sa tâche quotidienne, mais encore s'efforcer de la dépasser et d'ajouter au patrimoine social son œuvre propre. En général il faudra pour cela heurter de front l'opinion ; peu importe, on doit le faire, si la conscience l'exige. Ainsi le courage de résister à l'opinion par respect pour sa conscience est devenu une des plus hautes parmi les vertus morales, alors qu'il était autrefois considéré comme un crime, et il n'est pas besoin d'avoir une érudition historique très grande pour voir qu'avec le progrès des idées de tolérance et de respect pour l'opinion d'autrui, de l'idée de liberté absolue pour la conscience de chacun, résister à l'opinion et proclamer ce que la conscience dicte, tend à devenir une règle morale de plus en plus suivie.

III. **Courage de reconnaître ses torts.** — Le courage de résister à l'opinion d'autrui ne peut se développer évidemment que si l'individu a le courage de résister à sa propre opinion sur lui-même et s'il n'hésite jamais à reconnaître ses torts, quand il en a. On ne peut en effet se proposer de lutter contre l'opinion d'autrui qu'en sachant lutter contre la sienne propre et qu'en sachant reconnaître que son opinion est mauvaise quand on est persuadé qu'elle l'est. Là encore c'est une vertu toute nouvelle, infiniment plus rare d'ailleurs que toutes celles dont nous venons de parler et qui ne peut s'allier qu'avec un développement de la force morale plus grande encore que celui qui a été atteint jusqu'à présent. L'homme est en effet porté tout naturellement d'abord à s'illusionner sur lui-même et à se donner plus d'importance qu'il n'en a; aussi reconnaîtra-t-il difficilement qu'il a tort. Lorsque des échecs successifs et l'enseignement même des faits viennent lui montrer qu'effectivement il se trompait, il est porté à croire plutôt à sa mauvaise chance, au hasard qu'à une erreur ou à des torts sciemment commis par lui. Mais l'énergie et la force morale, en se développant, lui montrent de plus en plus que le véritable moyen de triompher des obstacles, ce n'est pas de paraître autre que l'on est, d'essayer de duper les autres et de se faire illusion sur soi-même. De plus en plus, la victoire dans le domaine moral et social appartient à celui qui sait d'une façon certaine ce dont il est capable, qui sait mesurer ses forces et agir en conséquence. Or, pour savoir ce dont on est capable, il faut avoir le courage de reconnaître ses erreurs et ses torts. L'avenir appartient donc dans l'humanité aux peuples énergiques et véritablement courageux, et ces peuples sont ceux qui seront composés d'individus courageux dans toute l'acception morale de ce mot, c'est-à-dire courageux au travail, à la tâche quotidienne, courageux pour ajouter quelque chose au patrimoine commun, pour faire triompher leurs idées quand ils les voient bonnes et pour résister à l'opinion commune, courageux contre le plaisir et la joie faciles et vulgaires, courageux enfin contre eux-mêmes pour reconnaître leurs torts et leurs erreurs. La marche ininterrompue de l'évolution humaine vers cet idéal de la volonté individuelle nous montre clairement quelles sont les règles morales que nous devons nous proposer pour l'éducation de cette volonté.

IV. Le travail. — C'est aujourd'hui une règle traditionnelle de la morale que l'obligation au travail; l'oisiveté est considérée avec raison comme « la mère de tous les vices », ainsi que le dit le proverbe. Elle est une tare chez l'individu. Et qu'il puisse exister des oisifs est considéré comme une injustice sociale à laquelle il importe de remédier.

Cette règle, bien qu'elle fasse actuellement partie de notre patrimoine moral, est très loin d'avoir été toujours posée et acceptée. Dans les sociétés primitives, le travail est partout considéré comme déshonorant. Le travail aujourd'hui est considéré comme un honneur. Si nous suivons la marche des sociétés humaines, nous voyons que c'est au moment où elles arrivent à leur plus grand développement que cette règle tend à s'imposer, et surtout à notre époque c'est une nécessité primordiale. Le goût du travail n'est qu'une forme du courage ou, si l'on préfère, en est une conséquence. C'est la condition nécessaire de l'éducation de l'énergie, de la volonté. Pour être courageux, il faut être énergique : et l'énergie s'acquiert surtout par l'habitude du travail si par travail on entend production de quelque chose d'utile. Il ne faut pas en effet gaspiller ses efforts, comme le fait le sauvage ou l'enfant, mais se proposer un but et tâcher de l'atteindre.

Questionnaire.

Que pensez-vous de cette expression : « Il faut avoir le courage du bonheur ? » — Montrez en quoi elle est juste? — Dans quelle mesure et à quelles conditions doit-on se soucier de l'opinion d'autrui? — A-t-on toujours compris la beauté du courage d'être soi-même malgré l'opinion commune? — Les héros, les grands inventeurs se sont-ils soumis à cette opinion? — Doit-on craindre de s'avouer ses fautes, et éviter de se juger tel qu'on est? — Montrez que l'individu gagne en force et en noblesse chaque fois qu'il convient loyalement de ses fautes. — Comment peut-on acquérir l'énergie?

DOUZIÈME LEÇON

LE COURAGE (*Suite*).

III. L'Homme courageux.

I. — Il y a deux moments dans l'accomplissement de l'acte volontaire : la délibération et l'exécution.

La délibération est l'examen des mobiles et des motifs par notre conscience morale ; elle conclut à la détermination de notre devoir dans le cas examiné. Une fois que la décision est prise, il convient d'en assurer l'exécution. Il est alors important que chacun trouve en soi l'énergie nécessaire pour réaliser son devoir, qu'aucune corruption de la peur, de l'intérêt, de la paresse, de la vanité ou de telle ou telle passion ne nous fasse dévier de la droite raison. C'est le courage qui assurera l'exécution fidèle d'actes consciemment voulus. C'est lui qui, trempant notre caractère et fortifiant notre volonté, fera de ces actes des manifestations de notre liberté.

Le courage est la vertu même de la volonté ; il est la maîtrise de soi en action, la ténacité dans l'exécution de notre devoir. C'est lui qui nous permet d'éloigner la meute des mauvaises raisons, complices de nos passions ; c'est lui qui assure la victoire de l'humanité sur l'animalité, de ce qu'il y a de meilleur en nous sur ce qu'il y a de plus asservissant, qui nous permet de résister à toutes les difficultés, prévues ou imprévues, de rester fidèle à notre conception du juste et du vrai, de ne pas mentir à nos convictions. Celui qui est courageux se tient fermement dans le devoir, une fois que sa conscience morale lui en a donné la claire vision. Rien ne l'entame, ni la peur de l'opinion publique, ni la grandeur de l'effort, ni les mauvaises raisons de son intérêt ou de ses passions. Il traduit en actes tout ce que sa raison éclairée lui a désigné.

Il ose être *lui-même* dans toutes les circonstances, heureuses ou malheureuses, sans crainte ni ostentation, simplement. Toujours il est le serviteur énergique d'une volonté libre. L'instinct, l'habitude, le préjugé, la superstition n'ont pas plus de prise sur lui pour exécuter une décision qu'ils n'en ont eu lors de sa délibération.

Les deux aspects particuliers du courage. — La *patience* est la qualité de celui qui sait attendre longtemps le résultat désiré, qui n'est pas découragé, rebuté par un obstacle, un ennui, une contrariété, qui ne jette pas, comme on dit vulgairement, le manche après la cognée, qui sait perdre du temps pour en gagner, mais n'abandonne pas la partie.

La persévérance est la continuité de l'effort qui ne se laisse pas abattre[1]. Tout dans la nature et dans le progrès humain nous montre la puissance de la persévérance. La science, les arts, les industries, tous les progrès, toutes les évolutions, les évolutions géologiques, végétales et animales, sont le résultat d'un travail continu, de milliers de petites actions, de phénomènes en apparence minimes qui ont un résultat prodigieux. Des gouttes d'eau tombant sur une pierre la creusent ; les fleuves ont formé leurs vallées par un travail d'érosion de milliers d'années. Il faut cette persévérance pour travailler à sa perfection individuelle et au progrès social. La grandeur de l'ouvrage et ses difficultés ne sont pas une raison de se croiser les bras. Il faut courageusement entamer le travail, persuadé qu'aucun effort n'est jamais perdu.

Et quelle patiente persévérance ne faut-il pas aux maîtres de la jeunesse pour supporter et redresser les défauts, stimuler la paresse ou l'indifférence, recommencer périodiquement les mêmes

---

1. A la volonté *persévérante* il faut opposer la volonté *capricieuse.* Agir par *caprice,* c'est agir sans esprit de suite, par secousse, dans des directions soudainement différentes ; ce n'est pas exécuter des décisions raisonnables et méthodiques, mais céder aux poussées d'une humeur fantasque et déconcertante.

exercices plus ou moins fastidieux. Mais c'est pour l'éducateur un double devoir, celui de la fonction et celui de l'exemple.

II. Les diverses manifestations du courage. — Le courage n'est pas le monopole d'une classe spéciale. Il n'exige pas non plus des occasions exceptionnelles, d'illustres matières pour s'exercer. La vie normale et quotidienne peut en être tissée. Le courage est un devoir de tous les instants pour tous les hommes. A chaque instant il y a un devoir à accomplir et un effort à faire pour accomplir ce devoir, si minime soit-il.

Beaucoup de gens s'imaginent que le vrai courage, le seul même, est le courage militaire. Il faut bien dire que ce genre de courage n'exclut pas les autres, qu'il n'est parfois lui-même qu'une forme imparfaite de la fermeté d'âme. Certes il faut de l'énergie pour affronter le danger de sang-froid, supporter toutes sortes de fatigues et sacrifier à chaque instant sa vie dans la lutte. Mais la guerre, heureusement, n'est pas la seule occasion de courage à manifester. La vie normale et quotidienne, la paix laborieuse fournit une ample matière à l'exercice de notre fermeté.

Il faut du courage pour travailler à sa perfection morale, pour résister aux impulsions de la paresse, pour défendre la justice, pour détruire en nous l'erreur, la superstition, l'esprit formaliste et routinier, pour discipliner notre intelligence à la méthode scientifique de libre discussion.

Il faut de l'énergie pour assigner au plaisir, indispensable à la vie, des limites normales. Jouissons avec mesure des plaisirs intellectuels et des émotions élevées. Ne cédons pas à l'attrait des plaisirs matériels vulgaires, des plaisirs du boire et du manger, par exemple ; ces plaisirs factices entraînent vite à la débauche, à l'excès malsain, ceux qui n'ont pas la fermeté de régler la satisfaction de leurs besoins légitimes. Ayons le courage de ne pas abuser, dans un but de jouissance absolument personnelle, de notre cerveau, de notre corps, de notre pensée, de nos sens. Celui qui se considère comme une machine à plaisir dont il doit tirer en égoïste des satisfactions multiples et raffinées sombre bientôt dans le vice, la maladie, l'hébétude, ou la folie. Des jeunes gens doivent trouver dans leur espérance, dans leur désir d'une vie normale et féconde, la volonté de ne pas gâcher leur existence dans l'abus de misérables plaisirs.

Chacun de nous a besoin de volonté pour gagner son pain, continuer sa tâche et conserver sa conviction sans fléchir dans des circonstances difficiles, au milieu des souffrances physiques ou des angoisses morales, au milieu des accidents, de la misère, des deuils, des doutes, des calomnies, des persécutions.

Il faut du courage au pompier, au marin, au médecin, au chimiste, au travailleur d'usine, à certains instants où leur vie est plus particulièrement en danger. Ce courage est le courage professionnel.

Ce n'est pas non plus sans une grande force de résolution que les père et mère, chargés d'une nombreuse famille et en général tous ceux qui à n'importe quel titre, par amitié, parenté, ou humanité, se sacrifient pour la vie des autres, acceptent délibérément ce sacrifice.

Il y a un courage particulier qu'il est bon de signaler à la jeunesse actuelle : le *courage des convictions*, le courage d'être *soi-même* dans l'exercice du devoir social.

Nous avons parfois en mains la vie et l'honneur de notre semblable, il importe de les proclamer, de dénoncer les calomnies, même en bravant l'opinion, même en sacrifiant notre tranquillité et notre intérêt.

Dans les assemblées politiques, le bon citoyen ne flatte pas la masse; il ne se soucie pas si la mesure qu'il propose plaît; il en soutient énergiquement l'adoption quand même, parce qu'il la croit utile au bien public; ce n'est pas à sa popularité qu'il travaille, c'est à l'intérêt commun.

Questionnaire.

Quels sont les différents moments dans l'accomplissement d'un acte volontaire ? — En quoi consiste le courage ? — Quelles mauvaises raisons pourraient enchaîner notre volonté ? — Le courage est-il le privilège de certaines castes ? — Exige-t-il pour s'exercer des circonstances exceptionnelles ? — Énumérez les différentes formes du courage. Qu'entend-on par patience, persévérance ?

TREIZIÈME LEÇON

LE COURAGE (*Suite*).

IV. Le Lache.

I. — Le contraire du courage est la *lâcheté*, *la veulerie*. Être veule, c'est manquer de cette énergie morale nécessaire pour traduire en actes ce que nous croyons juste et vrai, pour suivre la ligne de conduite que nous nous sommes tracée, quels que soient les obstacles qui puissent se dresser sur notre chemin, quelles que soient les conséquences de notre loyauté.

Être lâche, c'est se dérober sciemment à un devoir déterminé, par crainte des conséquences que peut avoir son accomplissement ou des difficultés, des dangers qu'il entraîne. C'est encore abuser sans motifs moraux d'une situation privilégiée, de sa force.

Il n'est pas de défaut, pas de faiblesse humaine plus méprisée que la lâcheté, et on peut ajouter la mollesse. Le lâche ressemble à une corde non tendue que le moindre effort courbe. On dit : un homme mou comme une loque. Au contraire l'homme courageux est résistant, sa volonté ne fléchit pas, et quand il a pris un parti, il s'y tient fortement.

Nous reculons devant l'effort continu, parce que l'effort est une peine, et nous saisissons toutes les occasions d'éviter cet effort.

La mauvaise fortune nous aigrit, nous décourage, nous rend insupportables aux autres, injustes et envieux.

Nous sommes même lâches devant le plaisir, ne sachant nous arracher, quand il le faut, au bien-être, à la sensualité.

Les occasions de lâcheté sont aussi nombreuses que les occasions de courage.

Est lâche celui qui laisse au physique une influence trop grande sur le moral, celui à qui une maladie enlève toute énergie, celui qui gémit de la moindre souffrance et a peur sans raison. L'enfant qui, passant dans un bois, siffle à tue-tête pour se faire croire à lui-même qu'il n'a pas peur commet déjà une petite lâcheté. Combien plus importantes sont celles que commettent journellement les hommes! Ayons le courage de regarder la réalité en face, de porter bien haut la tête devant l'ennemi, ce sera pour nous le meilleur moyen de sortir du combat vainqueurs. Ne faisons pas comme les fatalistes qui se contentent de dire: *c'était écrit*, et qui s'abandonnent à la résignation paresseuse, trop voisine de la démoralisation complète. Il est encore des malheurs, des catastrophes inévitables, mais elles se font de moins en moins fréquentes. « *Savoir, c'est prévoir* », dit un philosophe anglais; les progrès de la science nous font découvrir de jour en jour les moyens d'éviter ce qui autrefois paraissait devoir arriver nécessairement. Ce n'est pas le moment, quand nous voyons de toutes façons s'augmenter notre bien-être physique, quand nous voyons la plupart des maux combattus avec succès, ce n'est pas le moment d'accepter un pis-aller moral.

N'oublions jamais que l'habitude est un chemin que nous traçons, et que nous tendons de toutes nos forces à repasser par là où nous avons déjà tracé notre voie. Il importe pour nous que ce chemin soit un sillon d'où surgiront des moissons fécondes, non une ornière où pousseront trop vivaces de mauvaises herbes. Poursuivons donc l'œuvre de notre éducation, faisons-la de plus en plus consciente et raisonnable.

II. **Examinons maintenant les formes diverses que peut revêtir la lâcheté.** — Il se rencontre dans la société des personnes égoïstes qui ont la faiblesse d'abuser de leur situation privilégiée, du pouvoir qu'elle leur confère, des richesses qu'elle leur procure, pour asservir à leurs besoins des gens moins favorisés ou des humbles, pour faire d'autres hommes les instruments commodes de leur ambition ou de leur cupidité.

Des esprits justes, qui ont conscience de l'équivalence des individus dans la société, n'ont pas toujours assez d'énergie pour agir selon cette conviction, pour fraterniser avec les travailleurs collaborant avec eux pour dompter leur orgueil et pour combattre le privilège.

On rencontre d'autre part dans les rangs des subordonnés des caractères faibles qui n'ont pas assez de virilité pour défendre leur dignité, des consciences molles qui abdiquent aisément devant les préjugés, la coutume et la morale conventionnelle.

C'est par manque de courage que bien des gens préfèrent une vie médiocre, mais relativement tranquille, à une vie plus riche, mais plus rude. Ces personnes prudentes et timorées se contentent de mener sans bruit une existence routinière et comme automatique: elles respectent tous les usages, sans examen, s'efforcent d'être neutres et impersonnelles dans leurs paroles et dans leurs actes, ne prennent parti dans aucun cas ni pour ni contre, et ne craignent rien tant que de compromettre leur sécurité ou leur avancement.

Une conséquence grave de la lâcheté, c'est la servilité. Il faut avoir une âme d'esclave pour se ranger toujours du côté du plus fort, pour composer son visage sur celui du maître, applaudir à son regard, à son geste, à ses paroles. Le coquin de marque est toujours un coquin; le tyran, fût-il roi, est toujours un tyran. Nous ne devons pas nous faire leurs complices en nous courbant hypocritement devant leur puissance immorale.

Il n'est point que les individus qui puissent être serviles : la foule, l'opinion publique est capable de lâcheté; on la voit parfois aduler le puissant du jour, écraser le faible ou le novateur, applaudir un ambitieux bruyant et mépriser un honnête homme ignoré, abdiquer devant le faux mérite, la fausse gloire et l'argent.

Dans toutes les classes de la société, indistinctement, se presse la foule des « arrivistes », c'est-à-dire d'ambitieux intrigants qui, pour acquérir situations, fortune, distinctions, popularité, n'ont pas le courage de respecter la dignité humaine. chez eux comme chez les autres.

Aussi devant tant de lâchetés, certaines personnes arrivent-elles à hausser les épaules devant tout, sourient ironiquement devant les efforts intrépides des hommes d'action. Elles font comme Montaigne pour qui le doute était « un mol oreiller », elles ne trouvent comme réponse à toutes les questions, à tous les nombreux *pourquoi?* que nous nous posons à chaque instant, que leur éternel : *Que sais-je?* On dit de ces personnes qu'elles sont des sceptiques.

Or le scepticisme est à la mode; les jeunes gens en particulier, désabusés déjà avant d'avoir vécu, veulent avoir la prétention de pouvoir formuler sur toutes choses des jugements sans appel. « Ce n'est pas à nous, disent-ils, qu'il faut venir raconter des balivernes! Nous n'écoutons pas ces radoteurs de morale qui viennent prononcer gravement devant nous des sentences que pour leur propre compte ils se gardent bien de suivre. A d'autres ! » Pauvres ignorants qui connaissent d'autant moins qu'ils ont la vaine prétention de tout connaître! Ils se font illusion à eux-mêmes; leur scepticisme dénigrant et stérile n'est qu'une *position*, non une *conviction*; ils sont à un âge où l'on a, quoi qu'on en dise, tous les enthousiasmes, où l'on est capable de tous les dévouements. Le scepticisme, lui aussi, est une lâcheté.

Cultivons donc en nous l'énergie morale qui est la base de l'éducation personnelle et du progrès social; soyons courageux.

Questionnaire.

Qu'est-ce que la veulerie? — Qu'est-ce que la lâcheté? — Donnez des exemples de lâcheté, de lâcheté individuelle, sociale, familiale, professionnelle, civique. Montrez en particulier qu'il y a autant de lâcheté dans l'âme d'un tyran que dans l'âme d'un courtisan ou d'un valet? — En quoi l'arriviste, l'hypocrite, le sceptique, sont-ils des lâches ? — En quoi sont-ils des agents de retard ou de recul social?

QUATORZIÈME LEÇON

LE TRAVAIL.

I. Le Travailleur.

1. — L'obligation de vivre des produits de son travail est imposée au genre humain par la nature même. L'homme ne peut étendre ni même conserver sa vie qu'à la condition de s'approprier sans cesse une quantité plus ou moins considérable d'objets matériels qu'un travail humain a rendus propres à satisfaire nos besoins : tels sont aliments, vêtements, habitation, outils, armes ; etc.

Et le travail n'est pas moins nécessaire au perfectionnement de notre âme, puisque sans lui il nous est impossible de nous instruire, ni de nous procurer les loisirs, la sécurité, le repos de l'esprit dont nous avons besoin pour cultiver notre cœur et notre raison.

Le travail n'est pas seulement un de nos plus impérieux devoirs, il peut être considéré comme un moyen assuré de les remplir tous ; par les habitudes d'ordre, de régularité, d'activité qu'il apporte avec lui, et la paix intérieure qui en est la conséquence, il devient un des plus solides fondements de la moralité humaine, et aussi la plus sûre garantie de son indépendance, de sa dignité, lorsqu'il joint à l'activité qui crée la prévoyance qui conserve.

Longtemps le travail, quel qu'il soit, fut considéré comme une déchéance, la chasse et la guerre comme les seules occupations véritablement nobles ; puis les travaux de l'esprit furent réhabilités ; seul le travail des bras conserve aux yeux de certaines gens.

ignorants et peu civilisés, un caractère d'infériorité et de roture. Or la morale moderne considère tous les travaux comme également utiles, tous les travailleurs comme également indispensables, toutes les fonctions comme également honorables, « *Il n'y a pas de sots métiers*, dit un proverbe populaire bien juste, *il n'y a que de sottes gens* », — et sous cette dernière expression la maxime vise les orgueilleux qui méprisent certains métiers et certains travaux[1]. Seuls, les oisifs parasites, riches ou vagabonds, déshonorent l'association.

II. Examinons maintenant comment le travail, nécessité impérieuse pour l'homme, peut conférer au travailleur l'empire sur soi-même. — Le travail a été de tous temps le grand émancipateur et le grand artisan de progrès. Grâce à lui, grâce à la collaboration des individus et des générations, se sont créés les sciences, les arts, les métiers, les industries. C'est l'effort constant et intelligent qui nous a libérés des fatalités naturelles, du froid, de la faim, de la misère physique, intellectuelle et morale.

C'est lui qui nous affranchit des maladies en nous préservant des vices qu'engendre l'oisiveté : intempérance, débauche, inertie, mélancolie, dégoût morbide d'une vie sans occupation. Le travail seul remplit vraiment le cadre de notre vie ; il maintient toujours vives les sources de notre activité. C'est lui qui discipline notre sensibilité, canalise notre énergie vers des fins raisonnables, nous éloigne des plaisirs grossiers et vulgaires, nous apprend à estimer au contraire ces joies de la science, ces plaisirs artistiques qui relient l'homme à l'humanité et rapprochent toutes les âmes dans la communion des joies sereines et fécondes.

On en peut dire autant de la volonté ; le travailleur sent sa volonté s'accroître de jour en jour, sa ténacité, son esprit d'initiative lui donner une puissance croissante contre les obstacles. En concentrant son attention vigoureusement sur certains points,

---

1. Dans l'organisation d'une société *toutes* les besognes sont *également* utiles. Dans une locomotive, telle ou telle vis est aussi indispensable que la chaudière : de même, dans la cité. Les aptitudes des citoyens sont différentes, mais les services sont égaux.

il arrive à se posséder de plus en plus, à diriger nettement sa pensée et son effort.

N'est-ce pas aussi le libérateur de l'intelligence ? C'est à force de méditation, de réflexion, de travail assidu dans la compagnie des grands écrivains ou des gens vraiment instruits que l'on dissipe cette brume de légendes, d'erreurs, de préjugés, de mensonges qui voile la clarté de l'esprit. C'est par le travail de contrôle incessant sur soi-même, de libre examen sur la vie, c'est par l'étude des grandes découvertes scientifiques que l'on prend conscience de l'univers et de ses lois, de l'homme, de sa nature et de son évolution.

C'est le travail qui donne les joies les plus vives, les plus savoureuses, le sentiment d'une vie bien remplie, d'un rôle accompli dans le concert universel.

La question sociale, dit-on avec raison, peut se résoudre par une question d'éducation — et d'association.

Quand il s'agit de la puissante phalange des travailleurs qui représente l'activité industrielle et agricole, qui est la force vive du pays, cette parole devient une vérité frappante. Seule l'éducation peut faire disparaître des démarcations que rien ne justifie.

Mais il faut beaucoup d'écoles ouvrières, où l'on présente au futur travailleur la constante coopération intellectuelle et corporelle qu'il donne, comme étant ce qu'il y a de plus sain pour entretenir sa puissance morale et sa vigueur physique. On cultivera en lui la noblesse des sentiments, la bonté, la droiture, la franchise ; on lui inculquera l'amour du bien, du beau, et ce perpétuel besoin du perfectionnement moral qui lui fera repousser la bassesse, dédaigner les banalités, détester le vice et fuir l'abjection. On cultiverait dans ces écoles la volonté, l'énergie, l'initiative et le courage ; elles propageraient la science, mettraient enfin l'éducation dans les cœurs et la raison dans les esprits.

Et c'est ainsi que le travail des champs et de l'atelier sera aussi honoré que celui même de la science dont il est une constante application.

Questionnaire.

Qu'appelle-t-on travail? — Il y a-t-il plusieurs formes de travail?
— Est-ce que tous les travaux sont honorables et également honorables?
— Qu'y a-t-il de déshonorant? — Le travail n'est-il pas une dette sociale?
— Qui est dispensé de payer cette dette? — En quoi le travail est-il
émancipateur? — N'est-il pas à la fois le secret de notre santé physique
et de notre santé morale? — Pourquoi? — Ne procure-t-il pas l'indépendance, la quiétude, le bien-être et la joie? — Distinguez le travail du
surmenage. Faut-il travailler à améliorer les conditions actue'les du travail?

QUINZIÈME LEÇON

LE TRAVAIL (*Suite*).

II. Le Paresseux.

I. — Si le travailleur se libère en une certaine mesure, le paresseux n'est qu'un esclave à tous points de vue.

L'oisiveté, on l'a dit, est la mère de tous les vices, c'est-à-dire de toutes les servitudes : « Tu ne veux pas être ouvrier, a dit V. Hugo, tu seras esclave. »

En effet, si l'homme laborieux trouve dans l'effort joyeusement et librement accompli le secret de son indépendance, l'énergie tenace, la poitrine robuste, les muscles vigoureux, le caractère viril, qui font la vie large, noble et bien remplie, le paresseux enlise dans l'oisiveté toute sa conscience ; il est à la merci de toutes les mauvaises habitudes où s'est dévoyée son énergie ; l'inertie, l'engourdissement moral et physique anéantissent peu à peu toutes ses facultés. Celui qui n'accepte pas de lutter sans relâche pour un idéal que sa raison a conçu, recule un peu chaque jour. De même qu'une clef dont on ne se sert point finit par se rouiller et devient inutile, de même un homme qui n'exerce point ses aptitudes et ne travaille point à leur développement finit par devenir un être inutile, un poids mort à la charge de la société.

Examinons les différentes servitudes qui sont dues à la paresse, servitudes individuelles, servitudes sociales.

II. Servitudes individuelles. — La paresse est nuisible à la santé ; faute d'un exercice convenable, d'une occupation réglée facilitant le jeu des différents organes, le corps perd de sa souplesse, de sa vigueur et de son entrain ; les membres s'alourdissent, le corps épaissit ; qu'une alimentation copieuse s'ajoute à l'oisiveté, nous aurons des hommes incapables d'efforts et de mouvements, comme embarrassés dans leur démarche pesante.

Au point de vue intellectuel, le paresseux a l'esprit indolent et mou ; son attention faible s'éparpille sur dix sujets qu'elle effleure tour à tour ; il n'a point le courage de maintenir sa pensée sur un point fixe ; au lieu de trouver dans une méditation bien ordonnée la joie savoureuse et la quiétude, il ne rencontre dans l'inertie ou le travail superficiel que dégoût et tristesse. Son oisiveté se nourrit d'ennuis, de préoccupations déprimantes ; sa mémoire faiblit ; son imagination se flétrit ; son jugement devient grossier ; sa raison déchoit progressivement. L'indifférence et l'hébétement apparaissent.

Le paresseux laisse toute sa volonté se briser en lui. Toute initiative lui pèse ; tout effort lui coûte.

Il en arrive peu à peu à ne plus rien faire par lui-même, à pratiquer le principe du moindre effort, à devenir un mendiant, si c'est un ouvrier pauvre, un parasite et un absolu fainéant, si c'est un homme riche.

Cet homme sera naturellement l'esclave de toutes les passions, de tous les vices, une marionnette au service de tous ceux qui voudront bien en tirer les fils.

III. Servitudes sociales. — Examinons maintenant les funestes effets de la paresse au point de vue social.

Tout paresseux est un déserteur du chantier social où tous doivent collaborer aux besoins de tous, un parasite de la société dans laquelle il vit, qu'il appartienne à n'importe quelle classe de la société.

Le riche qui devient oisif rassemble autour de lui tout un monde de serviteurs qu'il traite comme des esclaves, indignement. Le spectacle de son oisiveté est immoral au premier chef. Il exerce sur les gens du peuple ou l'envie ou le dégoût du travail. Il fait naître toutes sortes d'arrivistes, qui, pour conquérir rapidement la fortune, l'argent, l'oisiveté, useront d'intrigues malhonnêtes, et même s'ils sont industriels ou commerçants, de vols et de fraudes plus ou moins criminels. Si tous ces aventuriers avaient une fois goûté la joie pleine du travail honnête, ils n'envieraient pas le bonheur illusoire des riches oisifs. Quelle vie plus monotone en effet, plus vide et plus insignifiante que celle du monde où l'on ne fait rien, du monde où l'on s'ennuie? La moralité au fond n'est pas autre chose que l'amour de l'effort, que le respect de tous les efforts qui peuvent améliorer la vie humaine. L'immoralité au contraire c'est le désordre né de l'ennui, qui lui-même a sa principale cause dans l'oisiveté. Quand notre pensée n'est fixée à rien, quand nos facultés restent sans emploi, tout les tente et les entraîne; elles sont livrées à la merci de tous les caprices de l'imagination et des sens. Le travail, même quand il ne s'applique qu'à des œuvres matérielles, est, par la volonté soutenue qu'il exige, une sorte de gymnastique de l'âme qui entretient le cours des idées et des sentiments, comme la gymnastique du corps entretient le cours régulier du sang.

IV. — Il faut montrer que dans tous les cas la paresse est la misère même, que le travail, si peu rémunéré soit-il, est encore le meilleur remède à la misère, aux tristes préoccupations qui envahissent l'esprit. Que le déshérité qui se laisserait aller à être paresseux songe qu'avec un peu de courage et de solidarité il arriverait à préparer pour les autres, pour ses enfants, sinon pour lui, une cité plus juste et plus humaine. Le suicide moral qu'est la paresse n'est ni plus utile ni plus justifiable que le suicide physique.

Le travail qui a créé la science, le travail qui a libéré l'humanité de bien des servitudes et jeté dans les cerveaux bien des lumières nouvelles, le travail, qui est la vie même, ne sera vraisemblablement pas déserté, si les conditions sociales s'améliorent et si tous, dans une organisation solidaire, ont à cœur de mettre toute leur conscience dans leur besogne, persuadés que la loi du travail, étendue à tous, est la loi même du bonheur.

Questionnaire.

Montrez que le paresseux est un esclave à tous les points de vue ; qu'il est inutile à lui-même et aux autres. — Que devient l'intelligence chez le paresseux ? — Que devient la volonté ? — Comment a-t-on pu dire que la paresse est la mère de tous les vices ? — Est-il vrai que le paresseux soit un déserteur du chantier social ? — Tristes effets de la paresse sur le riche oisif et sur le pauvre fainéant. Démoralisation produite par la paresse. Le remède : le travail modéré et consciencieux.

SEIZIÈME LEÇON

LE TRAVAIL (*Suite*).

III. Le Travail professionnel.

I. Le travail professionnel, nécessité sociale. — Il ne suffit pas de dire que l'homme doit exercer ses forces, que l'homme doit travailler, il faut encore dire comment il doit travailler. Nous avons vu que pour être sain et utile, l'exercice des forces humaines doit être régulier, méthodique, normal, appliqué à une fin sociale. De l'obligation sociale du travail, il résulte, en effet, qu'on ne travaille pas seulement pour soi, mais qu'on travaille encore pour payer une dette sociale. En travaillant, on doit aussi songer au fruit que son labeur peut apporter à la société toute entière. Celui qui exercerait ses forces simplement pour les exercer, sans songer à l'utilisation de ses forces, sans poursuivre un but, dont la société pourrait retirer certains bénéfices ; celui qui travaillerait à peu près comme une bête brute dépense ses forces, pour le seul plaisir de les dépenser, celui-là en réalité ne travaillerait pas. Il s'agiterait, il se fatiguerait, il se dépenserait en pure perte.

Que faut-il donc pour que l'exercice des forces intellectuelles et physiques constitue un véritable travail ?

Il faut que le travail soit considéré comme une fonction sociale, autrement dit qu'il ait un but social ; que les autres en puissent retirer quelques avantages. Le travail qui est une fonction sociale, le travail qui peut rendre des services aux autres, c'est ce qu'on appelle le travail professionnel.

Exercer une profession, travailler dans un but précis qui est un but social, qui sert à la société, voilà quel est le travail que la morale nous demande d'accomplir. C'est une loi morale qu'a imposée le développement de la société et qui n'est générale et précise que dans nos sociétés modernes.

II. Historique du travail professionnel et de l'obligation morale qui en dérive : le travail servile. — Que nous considérions l'esclavage surtout florissant dans les sociétés antiques ou le servage dans l'Europe du moyen âge, nous constatons un état social constitué par deux grandes classes d'individus :

1° L'une, de beaucoup la plus nombreuse, est constituée par les travailleurs, esclaves ou serfs selon les pays.

2° L'autre, qui vit exclusivement du produit du travail des autres, en général petite minorité, mais qui se maintient parce que, seule, elle est armée et sait se battre ; l'aristocratie.

A cet état de la civilisation, il n'y a pas d'industrie proprement dite ; les hommes vivent surtout du produit de la terre ; aussi la plupart des esclaves ou des serfs sont-ils des cultivateurs ou des serviteurs.

L'aristocratie est seule propriétaire de la terre ; les esclaves et les serfs font partie de la propriété foncière, ils ne s'appartiennent pas eux-mêmes. Ils ne peuvent vivre qu'à la condition de cultiver pour le maître. Dans tous les pays dont nous connaissons l'histoire, les esclaves ou les serfs, lorsqu'ils commencent à sortir sous les influences les plus diverses de l'état presque animal où ils étaient maintenus par l'obligation de l'organisation sociale, essayent de se révolter et de conquérir quelque peu de liberté ; en général, ces révoltes sont suscitées ou appuyées par des membres de la classe privilégiée, de la classe des hommes libres. Si bien qu'à la fin, lambeaux par lambeaux, la liberté est conquise après des échecs sans nombre ; nous sortons alors d'une période historique (époque de travail servile) pour entrer dans une autre où le travail est libre, mais entre ces deux époques on peut noter une multitude de formes de transition, de degrés divers de liberté du travail. On comprend facilement que les hommes ne s'affranchissent pas du jour au lendemain, qu'il faut du temps pour apprendre à se servir de la liberté et à l'organiser. Peut-être sommes-nous encore à ce point de vue dans la période de transition ; en tous cas il faut nous arrêter avec quelques détails sur cette période si nous voulons comprendre les conditions et l'organisation du travail actuel.

III. Période intermédiaire entre le travail servile et le travail libre. — Dès que les travailleurs se sont affranchis des liens de l'esclavage ou du servage, il est certain que le travail commence à être moins méprisé ; car ce n'était pas l'effort, la peine qui étaient considérés comme une honte, puisque souvent à la chasse ou à la guerre le seigneur se fatiguait plus que le serf à la charrue. On méprisait le travail parce qu'on était habitué à le voir faire par des hommes qu'on estimait inférieurs ; aussi, à mesure que le travail fut fait par des hommes libres, commença-t-il à se réhabiliter. Et ceci arriva forcément avec les progrès des arts et des sciences qui ne pouvaient être et ne furent cultivés que par les hommes libres. L'affranchissement du travail coïncide en effet avec l'extension considérable des arts et des sciences et par conséquent avec l'extension du commerce et de l'industrie. Les artisans dans toute l'Europe occidentale, les banquiers de Florence, les orfèvres, les tisseurs, formèrent une classe très honorée, intermédiaire entre l'ancienne noblesse purement guerrière et parasite dont la décadence fut rapide et des gens qui rappelaient par beaucoup de points les anciens serfs.

Mais tous les artisans ne furent pas émancipés d'un seul coup et immédiatement. Bien loin de là. L'affranchissement du travail ne libéra pas tous les travailleurs ; il n'en libéra qu'une partie, qui par son intelligence ou sa chance se substitua en partie à la noblesse guerrière ; ce furent les grands marchands, ou maîtres qui correspondent à nos commerçants ou à nos industriels d'aujourd'hui ; les autres travailleurs, nommés compagnons ou apprentis, ne bénéficièrent pas au même titre de la révolution qui s'était produite ; ils furent certes plus libres qu'avant, mais leur liberté était limitée par des règlements faits au profit des maîtres, et qui les maintenaient entre leurs mains. Cette institution fut appelée le régime corporatif.

Elle fut d'ailleurs nécessaire, malgré ses défauts, les contraintes qu'elle fit peser sur les individus et les privilèges qu'elle créa. Il faut bien se représenter en effet que si l'esclave était bien malheureux, si surtout il était, lui et ses enfants, à la disposition d'un maître qui pouvait les tuer selon son bon plaisir, du moins tant qu'il vivait, il n'avait pas à se préoccuper de sa vie matérielle, sauf dans les crises et la famine : sa nourriture lui était assurée.

Il n'en était pas de même pour les premiers hommes libres qui se mirent à travailler. Ils travaillaient pour leurs risques et plaisirs. Ceux qui pâtirent de cet état de choses, ce furent ceux qui, n'ayant aucune avance, furent obligés de travailler pour le compte des autres. Si, par hasard, ils ne trouvaient pas du travail (il était difficile d'en trouver à cette époque où l'industrie n'avait pas le développement d'aujourd'hui, où le travail servile existait encore dans beaucoup d'endroits à côté du travail libre), ils étaient exposés à mourir de faim. C'est à ce danger que le système corporatif remédiait, et c'est une des raisons qui lui donna tant de force et de vigueur : au prix de la plus grande partie de sa liberté, le travailleur libre avait quelque assurance contre le lendemain.

IV. Le travail libre. — On comprendra facilement que les travailleurs libres, les artisans firent tout ce qu'ils purent pour étendre leur liberté au sein de la corporation. Ils furent aidés en cela au xviiie siècle par les économistes comme Smith en Angleterre, Turgot, Necker en France, par les philosophes, par les commerçants ou industriels qui voulaient appliquer les progrès de la science à la fabrication des marchandises. Le régime des corporations empêchait toute invention, toute initiative ; il fut brisé par la Révolution et disparut dans toute l'Europe. Ce qui rendit possible et nécessaire cette disparition, c'est d'abord que, le progrès des sciences s'accentuant chaque jour, l'industrie avait besoin de toute la liberté possible, pour profiter des inventions nouvelles. Ce fut ensuite la multiplication des entreprises industrielles et commerciales, et l'accroissement du bien-être. Il fallait un nombre d'ouvriers considérable ; aussi les chances de ne pas trouver de travail devenaient rares, la corporation devenait inutile, le travailleur libre étant à peu près sûr du lendemain sous les règlements corporatifs. Pendant la première moitié du xix° siècle il y eut même la plupart du temps manque d'ouvriers dans l'essor gigantesque que prit l'industrie.

Mais lorsque, par suite même des progrès de l'industrie, la période active de production qui marqua le commencement du siècle se fut ralentie, il n'y eut plus toujours du travail pour tous ceux qui en demandaient, et c'est alors que se fit sentir durement l'isolement où était l'ouvrier depuis que le régime corporatif avait été aboli.

Les périodes de chômage forcé deviennent de plus en plus nombreuses et s'étendent dans toute l'Europe à un plus grand nombre d'ouvriers. D'autre part, les bras étant plus nombreux qu'il ne le faut, les salaires, par suite de la concurrence, n'atteignent pas le taux qu'ils pourraient atteindre. Trop souvent enfin l'armée des sans-travail voisine avec l'armée du crime.

Il résulte donc de là une période critique dans laquelle tous les pays civilisés se trouvent actuellement engagés. Précisons les caractères de cette période.

Le travail est considéré comme un devoir, comme un honneur, du moins par la très grande majorité des gens civilisés. De plus en plus il tend à être considéré comme la conséquence directe de la dignité que l'on reconnaît à la personne humaine. Tout le monde s'accorde à voir dars l'oisif un coupable, et dans le travail une condition nécessaire de santé physique et morale.

Seulement si le travail d'une façon générale est complètement réhabilité dans les esprits civilisés, les conditions du travail ne sont pas toujours d'accord avec la haute opinion que l'on a de ce travail.

Questionnaire.

Qu'est-ce que le travail professionnel? — Montrez que c'est une obligation sociale. — Quelles sont les différentes phases par lesquelles a passé le travail professionnel? — Quelles sont les causes qui ont contribué à réhabiliter le travail? — Parlez du système corporatif; ses avantages, ses inconvénients. — Qu'est-ce qui a favorisé la liberté du travail? montrez qu'elle est nécessaire à la dignité de l'homme, et au progrès de l'humanité? quelles conditions devrait-elle entraîner?

DIX-SEPTIÈME LEÇON

LE TRAVAIL (*Suite*).

IV. LE TRAVAIL LIBRE, CONDITION DE LA LIBERTÉ ET DE LA DIGNITÉ DE L'INDIVIDU : ESPRIT D'ASSOCIATION ET D'INITIATIVE.

I. Les préjugés relatifs à l'association. — C'est par l'organisation inévitable d'un système d'associations que l'on arrivera à assurer la liberté, à respecter la solidarité naturelle qu'imposent les conditions ordinaires du travail dans les sociétés actuelles et à sortir des conflits et des crises douloureuses et redoutables qui menacent constamment notre société. Il ne faut pas oublier que le travail libre est lié à la dignité de la personne humaine. Accepter, tolérer une contrainte plus ou moins déguisée, plus ou moins violente dans le domaine du travail, c'est retourner plus ou moins près de l'esclavage, c'est abaisser la dignité de l'homme, l'avilir moralement et préparer son malheur au point de vue matériel. On voit l'importance qu'il y a à rendre le travail vraiment libre et à émanciper les travailleurs de toutes contraintes, d'où qu'elles viennent, surtout des contraintes dues au hasard. On voit par suite l'importance de l'association, qui est la condition première de cette émancipation.

Mais il y a plusieurs préjugés à dissiper à propos de l'association.

Le premier est relatif aux souvenirs du système corporatif. On sait que le système corporatif est tombé parce qu'il entravait la liberté individuelle et l'initiative privée. On a, depuis lors, pris trop souvent l'habitude de dire que l'association a pour effet de diminuer la liberté et l'initiative. Dans toute association, dit-on, les individus sont liés par des contrats, ils sont engagés les uns vis-à-vis des autres et ces engagements restreignent successivement leur liberté.

D'autre part on s'habitue trop souvent dans une association à compter sur les autres plus que sur soi-même. Les associations deviennent facilement routinières, car c'est la majorité qui y fait loi, tandis que ce sont les individus isolés ou tout au plus d'infimes minorités qui cherchent à innover. Une découverte est presque toujours le fait d'un homme ou en général d'un petit nombre de contemporains.

Ces critiques que l'on fait à l'association sont mal fondées. Elles porteraient si elles avaient aujourd'hui les mêmes défauts que dans les corporations du moyen âge. Mais, avec nos idées modernes sur la liberté individuelle, l'association ne peut être évidemment qu'un contrat libre où chacun entre volontairement en sachant à quoi il s'engage, et d'où chacun peut sortir quand il veut. L'association laisse intacte la liberté individuelle; au contraire elle protège, grâce à la force collective, les libertés des plus faibles contre les forts. Par suite, l'initiative de personne ne peut être entravée par l'association dont il fait partie, puisqu'on peut toujours en sortir et se retrouver dans les mêmes conditions que si elle n'était pas. D'ailleurs l'association ne s'occupe que de la protection matérielle de ses membres; elle ne prétend pas, comme la corporation ancienne, réglementer les esprits et entraver le libre exercice de l'intelligence; l'association moderne est un contrat consenti et pour des buts déterminés. Elle laisse une liberté absolue pour tout le reste.

II. — D'après un second préjugé, l'association serait une chose exceptionnelle dans l'histoire, et le régime normal serait l'isolement, la liberté sans réglementation, l'absence totale d'organisation dans le fonctionnement du travail. Or, cela est absolument faux. C'est tout à fait exceptionnellement, au contraire, dans les pays où se sont fait sentir très vivement les inconvénients du régime corporatif et la révolution qui les détruisit, que pendant trois quarts de siècle seulement le droit d'association fut suspendu. Encore la loi tolérait-elle des associations véritables à l'aide de certaines dérogations. Ceci prouve que le régime normal et naturel au contraire c'est, en ce qui concerne le travail comme en ce qui concerne la vie privée ou la vie publique, le régime associatif. L'homme est essentiellement un être sociable. Nous ne le connaissons que vivant dans la société ou plutôt dans de multiples sociétés qui, seules, lui permettent de se développer librement et convenablement (tribu, familles, cité, religion, état, associations d'ordres très divers).

On peut donc dire que l'association est nécessaire pour l'exercice de toute activité humaine. Elle doit donc l'être pour l'exercice de cette activité que l'on appelle le travail. C'est du reste un lieu commun que de montrer que l'homme ne peut produire qu'en unissant ses efforts à ceux d'autres hommes (division du travail, solidarité dans le domaine de la production ou domaine économique).

III. L'histoire très rapide de l'organisation du travail, dès que celui-ci s'émancipe de l'esclavage ou du servage, va nous montrer que le régime normal de cette organisation est l'association.

A Rome et en Grèce, mais surtout à Rome, un très petit nombre de travaux minutieux sont effectués par des artisans ou travailleurs libres, alors que l'esclavage reste cependant le régime le plus ordinaire du travail, le seul qui s'applique aux gros travaux.

Ces artisans occupés à ces travaux minutieux forment tous des associations ou collèges. Ces associations leur donnaient plus de force pour sauvegarder leurs intérêts communs. Elles étaient d'ailleurs très étroites. C'était avant tout des collèges religieux qui avaient leurs prêtres, leurs chefs, leurs dieux, leur cimetière, leurs doctrines. Les individus n'y jouissaient que d'une liberté restreinte.

Dans les Indes, à peu près au même moment, se développe le régime des castes qui se différencient également par métier. Là aussi le groupe est très oppressif de l'individu.

Au moyen âge, les corporations sont encore des sociétés religieuses, elles ont des saints et des jours de fête spéciaux.

Il faut conclure de cette existence, partout constatée, d'associations entre travailleurs, dès que le travailleur n'est plus un esclave, que l'association a toujours été un contrepoids nécessaire dans l'organisation du travail aux dangers que la liberté mal comprise peut amener par l'isolement des individus : l'émiettement des forces, l'écrasement des faibles par les forts. La société ne peut pas se désintéresser des conditions d'organisation du travail, car la société vit essentiellement de la production de tous et cette production dépend de la façon dont le travail est organisé. Cette production est la plus grande possible avec le moindre effort possible, si l'organisation est bonne ; elle est insuffisante, malgré beaucoup de peines et de misères, si cette organisation est mauvaise.

Si la société veut vivre, vivre convenablement, si elle veut progresser, il faut de toute nécessité qu'elle consacre la plus grande partie de ses efforts à organiser le travail de tous : ce n'est pas sa seule condition d'existence, mais c'est peut-être la plus importante des conditions d'existence.

Or, organiser le travail, nous venons de le voir, ce n'est pas autre chose, malgré les insuffisances de la législation depuis un siècle sur ce point, qu'organiser un régime d'association susceptible d'englober tous les travailleurs.

L'histoire nous montre qu'une société n'a jamai vécu, dès qu'il y a des travailleurs libres, sans des associations de ce genre. Le malaise social vient en grande partie de la mauvaise organisation des associations qui concernent le travail.

D'ailleurs, tout ce qui se passe dans la société est l'effet de l'association comme le mot même de société l'indique. Il est chimérique de concevoir une société où les individus vivraient isolés les uns des autres et ne seraient pas associés et solidaires. Chercher à isoler les travailleurs, c'est aller au rebours de la nature et des lois de la vie humaine.

Seul un régime d'association peut tracer à chacun sa tâche respective, créer un milieu moral, fonder un droit véritable qui ne soit plus un effet de la volonté des plus forts, mais l'expression de toutes les volontés. Seule l'association peut subordonner l'utilité privée, égoïste, à l'utilité générale.

IV. Esprit d'initiative. — Seulement, l'association que la société a à instituer entre tous les éléments du travail devra être conforme à nos besoins modernes, à notre conception de l'homme et du droit. Il faut qu'elle soit aussi conforme aux données historiques, aux transformations qu'a subies la société humaine. L'histoire nous montre que les associations étroites telles que les anciennes corporations n'ont pu résister à la destruction.

Il s'est passé à propos du travail ce qui s'est passé à propos de l'État, à propos de la famille, à propos du droit, etc. La liberté individuelle a grandi ; l'oppression du groupe a diminué. Autrefois l'individu subissait, sans même avoir l'idée de critiquer, la contrainte du groupe. Aujourd'hui l'individu n'accepte d'autorité que celle qu'il a consentie.

Le régime contractuel, c'est-à-dire celui où la société est formée d'associés qui s'engagent librement en discutant les conditions de leurs engagements, remplacera le régime autoritaire et oppressif ; on tient de plus en plus à se gouverner soi-même, à être maître de soi. Autrement dit, la solidarité naturelle, qui impose ses liens sans qu'on le veuille, malgré soi, tend à être remplacée par la solidarité morale, celle dont les liens sont librement voulus et consentis dans un but de progrès général.

C'est dans ce sens que les associations relatives au travail doivent se former. De même que les liens qui créent l'état, la nation, la loi, la famille, dépendent aujourd'hui, de plus en plus, de la volonté ou du sentiment individuels, ainsi les liens qui créeront la société de travail doivent dépendre de la volonté des contractants. Famille, état, nation, régime juridique sont des contrats collectifs fondés sur le consentement mutuel. L'association du travail, l'association professionnelle, doit être de même un contrat collectif.

Dès à présent la loi sur les syndicats, qui permet aux patrons et aux ouvriers de se grouper pour arrêter les termes de ce contrat collectif est un pas heureux fait en ce sens, mais elle a beaucoup de lacunes : elle est souvent vague, elle laisse énormément à l'arbitraire. C'est à réformer cette loi, à l'améliorer, que la morale doit travailler.

L'association professionnelle sera sans doute une des grandes forces sociales et peut-être le rouage le plus important de la société de demain.

Questionnaire.

Montrez l'importance de l'association et comment elle respecte la liberté individuelle. — Rappelez comment le principe d'association de tout temps a présidé à l'organisation du travail. — Qu'est-ce que l'esprit d'initiative ? — Comment doit être conçu le système d'association pour ne pas l'entraver ?

DIX-HUITIÈME LEÇON

LA SINCÉRITÉ.

I. La Leçon des faits.

I. La sincérité. — On a remarqué que le sauvage dit rarement la vérité et se soucie peu de la dire. On fait la même remarque à propos des enfants. Interrogez un enfant sur un même fait à des moments même rapprochés, il est rare d'avoir la même réponse; il en est de même dans les récits des missionnaires concernant les primitifs. Si on cherche l'intention qui commande cette altération de la vérité, le plus souvent il est à peu près impossible de la trouver, et, si on la trouve, il est impossible en général de la considérer comme bonne ou comme mauvaise. On aurait tort de croire que le primitif ou l'enfant ont voulu tromper, au sens propre du terme, et c'est une des plus graves erreurs de la psychologie de l'enfant, une des plus graves sources de méprise pour l'éducateur et le père de famille de croire que l'enfant, toutes les fois qu'il altère la vérité, a *voulu* tromper. Sauf quelques rares exceptions (pour éviter une punition, un danger vaguement senti), l'altération de la vérité a été spontanée, causée par une impression extérieure, indéfinissable; c'est une fiction, non un mensonge.

La psychologie nous apprend du reste que nos images mentales se transforment sans cesse; la mémoire n'est fidèle que par suite d'un effort réfléchi, qui nécessite un développement assez élevé de l'intelligence. Sans cela il en est des images réelles comme de celles du rêve. Nous ne nous étonnons pas en rêve de

voir les choses les plus absurdes se succéder les unes aux autres;
le primitif et l'enfant ont une imagination analogue, à l'état
de veille. Au point de vue de la sincérité, l'enfant et le primitif
vivent donc dans une atmosphère de fiction, et le mensonge leur
st aussi naturel qu'inconscient.

Si l'on suit maintenant l'évolution de la sincérité, on voit que
l'effort constant de la morale et de la civilisation a été de faire le
départ du faux et du vrai et de donner à la sincérité une haute
valeur morale en faisant haïr et mépriser toute altération de la
vérité. Le progrès moral a consisté nettement à nous mettre en
garde contre le manque de sincérité. Mais le progrès a été lent
et les efforts ont dû être et doivent être aujourd'hui encore considérables.

Lorsqu'on a commencé à avoir quelque souci de la franchise,
on l'a d'abord subordonné à l'utilité. Les mœurs dispensaient
d'être francs lorsque cela était nuisible. Chez les Grecs du temps
d'Homère, le mensonge utile, l'artifice habile ont encore certainement le pas sur la sincérité. C'est ainsi que le caractère
d'Ulysse qui ne perd jamais une occasion de tromper et de ruser,
dès qu'il y voit avantage, excite l'admiration des hommes et des
dieux, puisque Minerve le loue d'avoir essayé de la tromper si
habilement. Chez tous les demi-civilisés, où l'on commence à
faire le départ très net de la vérité et de ses altérations, on rencontre le même état d'esprit. Peu à peu on considère cependant
que la lutte entre les hommes doit être franche, à visage découvert, et que l'habileté, la ruse, le mensonge sont des moyens de
victoire méprisables. Il faut d'ailleurs remarquer que pendant
longtemps, c'est seulement entre gens qui font partie de la même
société que la sincérité est exigée comme une vertu morale;
mais, en guerre avec des individus de patrie différente, ruse,
mensonge et habileté sont encore un mérite : la féodalité, la
chevalerie nous montrent un état moral de ce genre. Aujour-
d'hui encore, si deux individus ne doivent pas user de ruse
quand ils se battent en duel, la ruse est acceptable dans la lutte
entre nations.

Dans la société actuelle les qualités de franchise et de sincérité sont certainement tenues plus en honneur qu'elles ne l'ont jamais été. Si l'on considère encore malheureusement que les hommes ont à lutter entre eux pour gagner leur vie, on considère aussi que le facteur le plus important de cette émulation, c'est l'énergie, la volonté qui s'affirme. Or l'énergie et la volonté qui s'affirme ne peuvent s'allier qu'avec la sincérité et la franchise. L'esprit de ruse, l'hypocrisie sont des moyens, dont on se sert encore trop souvent sans doute, mais que l'on n'avoue plus parce qu'ils sont méprisés universellement. Si l'on compare ces faits aux temps, pas très anciens encore, où ils étaient en honneur, il est certain que l'on ne peut nier un progrès constant dans le sens d'un départ net entre la vérité et la fiction et d'une réprobation grandissante pour le mensonge, c'est-à-dire pour la fiction consciente. Ainsi, d'un état indéterminé où l'on ne pense même pas à chercher et à dire la vérité, on a passé progressivement à un état où l'on a distingué la vérité de la fiction, mais où la fiction utile, la ruse habile, le mensonge qui sert, sont tenus en honneur. Au XVIIᵉ siècle encore les moralistes contre lesquels Pascal s'élève avec tant de force dans les Provinciales, admettent parfaitement la dissimulation utile sous le nom de restriction mentale : « La fin, c'est-à-dire le but que l'on poursuit, justifierait tous les moyens qu'on emploie, et en particulier le mensonge. » Comme ces moralistes étaient des jésuites, ce mot est resté dans le langage vulgaire, par une généralisation trop prompte, pour désigner l'hypocrite et le menteur intéressé. Puis, de plus en plus, dans l'intérieur de la société dont on fait partie (clan, famille, tribu, cité), la sincérité, la franchise ont été considérées comme des vertus morales. Enfin, de nos jours, ce sont des vertus morales que nous devons exercer vis-à-vis de tout individu, quel qu'il soit, même des criminels les plus haïssables. On est répugné par un enquêteur, ou policier, qui se sert du mensonge pour découvrir la vérité. Le mensonge et l'hypocrisie sont donc de plus en plus sujets à la réprobation universelle.

II. **Être et paraître.** — On noterait la même évolution dans la sincérité et la franchise vis-à-vis de soi-même. Dès que l'individu commence à prendre conscience de lui-même, il se fait illusion sur soi-même et par suite cherche à faire illusion aux autres. Il cherche peu à *être*, il cherche surtout à *paraître*, car il se prend naïvement pour le centre du monde ; il s'accorde une importance qu'il n'a pas et cherche à se donner vis-à-vis des autres une fausse importance. Nous n'avons qu'à recueillir nos souvenirs d'enfance pour constater combien une humiliation nous était pénible et comme nous cherchions à nous faire prendre au sérieux. L'enfant se considère souvent comme sur une scène, et, plus ou moins délibérément, il veut jouer un rôle. Tout le monde a remarqué que les jeunes enfants et même les jeunes gens étaient portés au cabotinisme, à la fanfaronnade, à la vantardise, etc... Tout ce que nous savons des sauvages ou des barbares nous montre un esprit analogue. Le sauvage, lorsqu'il part en guerre, se peint, se met souvent un masque et s'affuble d'oripeaux pour se rendre effrayant. Il cherche beaucoup plus à *paraître* terrible qu'à être lui-même fort et courageux. Et chez tous les peuples que nous considérons comme d'une civilisation moins avancée que la nôtre, chez les peuples qui, même civilisés, ne paraissent pas capables de grandes choses et sont plutôt entraînés vers le progrès qu'ils ne l'activent, on peut faire la même remarque : paraître a plus d'importance qu'être. Dans toutes les civilisations, c'est un signe d'arrêt de développement, de décadence ou d'infériorité que le souci de paraître plus ou autrement que l'on est en réalité.

Ici encore donc l'évolution de la civilisation en général et de chaque civilisation en particulier, l'évolution de chaque individu, c'est de faire passer le désir de paraître au second plan et de chercher à *être vraiment* sans se soucier de l'effet que l'on produit sur les autres. La sincérité vis-à-vis de soi-même suit la même marche ascendante que la sincérité vis-à-vis des autres ; et les caractères pour lesquels nous avons le plus de respect, ceux qui sont les meilleurs agents du progrès moral et social sont les plus francs et les plus sincères.

Questionnaire.

Pourquoi les enfants et les sauvages mentent-ils sans raison apparente ? — Le mensonge a-t-il toujours été condamné, comme il l'est actuellement ? — Doit-on chercher à paraître autre que l'on est réellement ? — Quelle faiblesse morale indique cette préoccupation ? — Expliquez ce que vous entendez par ces mots : « une personne *vraie* ».

DIX-NEUVIÈME LEÇON

LA SINCÉRITÉ (*Suite*).

II LA FRANCHISE. — L'AMOUR DE LA VÉRITÉ. — LA VÉRACITÉ.

I. — L'amour de l'humanité contient l'amour de la vérité, seule capable d'élaborer pour les individus associés plus de justice et plus de joie. La vérité est à la fois l'expression des rapports constants entre les phénomènes extérieurs et la formule toujours plus parfaite des conditions sociales. L'homme a besoin de connaître les forces physiques, pour les asservir et les utiliser, le sens de l'évolution psychologique et sociale pour en être l'agent éclairé et réglé. Nous avons vu que la *science* et la *science sociale* lui fournissaient les *données* dont *l'application pratique* constitue *l'organisation de la société*. On ne peut pas aimer activement ses semblables sans rechercher précisément la vérité dans tous les domaines, scientifique, social, politique, artistique, sans exiger pour soi comme pour les autres la sincérité des paroles et des actes.

II. — Celui qui aime la vérité se passionne pour cette vaste et prodigieuse enquête poursuivie par la science dans tous les domaines, avec le concours de tous les siècles, de toutes les races et de toutes les générations; il découvre dans une vue d'ensemble cette unité fondamentale de l'évolution humaine vers la paix et le bonheur par la solidarité consciente. Il trouve des raisons sérieuses de se dévouer âme et corps à cette œuvre immense dont les individus recueillent tour à tour les fruits.

L'amour de la vérité comporte la vulgarisation du vrai, un

zèle ardent, pour l'œuvre d'émancipation individuelle et sociale. Nous devons à l'enfant une éducation loyale et progressive, ébauchant en lui l'*esprit critique*, un enseignement *actif*[1], qui lui fasse tenir pour provisoires les propositions du maître et lui donne l'habitude de la *vérification personnelle*, un enseignement laïque, antidogmatique, qui lui montre le monde moral en perpétuelle évolution, la formule sociale en perpétuel devenir. Il faut à tout homme et à toute femme adultes la vérité complète dans tous les domaines, scientifique, littéraire, politique, social et artistique, la vérité énergique, virile, capable d'anéantir l'erreur et de susciter partout des agents résolus d'amélioration sociale. Il est indispensable de cultiver cet esprit de libre examen qui se révolte contre les idées, les phrases et les institutions toutes faites, pour les analyser et les réformer dans le sens de la justice, qui n'est que la vérité dans les rapports humains.

N'admettons comme vrai, selon la formule de Descartes, que ce qui paraît évidemment tel à notre raison, à notre observation et à notre expérience personnelles.

III. — A un autre point de vue, l'art n'est autre chose que la vérité dans l'expression des formes de la vie ; l'idéal esthétique comme l'idéal social est la conception raisonnable d'une réalité achevée en perfection, au terme de sa transformation logique. Nous aimerons dans une œuvre belle les manifestations vraies, pures et harmonieuses de la commune humanité, ses joies, ses tendresses, ses rêves, ses douleurs et ses angoisses, ses efforts et ses aspirations, ses visions inquiètes ou sereines de perfection dans la cité. Nous nous efforcerons de vouloir pour tous ces joies élevées et profondément humaines, de donner au peuple, selon le mot

---

[1]. Il ne s'agit pas d'imposer à la seule mémoire des vérités toutes faites, des formules infaillibles, qui affaiblissent la raison, brisent toute initiative. Il faut s'habituer à penser, à voir, à agir *par soi-même*, à ne pas laisser penser les autres pour soi ; il faut éveiller en soi le besoin impérieux de connaître toute la vérité, ne pas se contenter des mots, mais analyser les idées, se mettre en face des réalités elles-mêmes, faire une enquête méthodique et minutieuse sur les faits, dont on dégagera les lois, les principes ou les conclusions.

de Heine, du pain et des roses, de quoi vivre et de quoi vivre en noblesse et en beauté. La coupe de l'idéal doit être offerte à toutes les âmes éprises de vérité[1].

IV. — Celui qui aime la vérité, la veut et l'admire aussi dans la vie quotidienne ; il goûtera la sincérité, la loyauté des sentiments, des paroles *et des actes*, cette probité qui fait que les yeux sont les miroirs de l'âme, les lèvres l'expression de la pensée, la conduite la traduction fidèle d'une conviction. Il prisera cette cordialité des mœurs, cette simplicité des rapports, où chacun se donne pour ce qu'il est, vient aux autres avec toute sa bonne volonté et se met bravement à leur service, sans arrière-pensée. Il y a dans cette sincérité une fraîcheur d'âme, qui touche et réconforte.

Aimer la vérité, c'est la défendre toujours et partout, malgré les malhonnêtes gens, malgré l'opinion publique égarée, malgré tous ceux qui consciemment ou inconsciemment s'élèvent contre elle ; c'est répudier toute erreur, toute superstition, toute phrase conventionnelle, aussitôt qu'on en a reconnu la non-valeur. C'est être prêt à reconnaître ses torts, à accepter une nouvelle formule, si on la considère meilleure, à se mettre toujours en corrélation avec le progrès.

Aimer la vérité, c'est enfin n'user que de la raison pour persuader ceux que l'on croit être dans l'erreur. C'est les amener peu à peu, par des arguments pacifiques, à reconnaître eux-mêmes leur erreur. Mais, dans les limites que nous venons d'in-

---

1. *La franchise* est précisément la qualité de celui qui dit librement tout ce qu'il pense, qui laisse lire dans son âme ses pensées, ses sentiments, ses convictions.

La sincérité n'est autre chose que la probité morale. L'homme sincère se donne pour ce qu'il est, exactement ; ses paroles, ses gestes, ses actes sont l'expression droite et fidèle de ce qu'il éprouve réellement, de ce qu'il pense réellement. Être sincère, être « vrai », sont des expressions synonymes.

La véracité est la qualité de celui qui, par amour et respect de la vérité, s'attache constamment à l'exprimer et à donner à ses témoignages un caractère de probité scrupuleuse.

La franchise, la sincérité, la véracité sont les plus hautes qualités morales, les plus fécondes au point de vue social.

diquer, c'est se vouer à la vulgarisation de tout ce que l'on croit vrai et de tout ce que la science moderne a découvert et propose au libre acquiescement des hommes de bonne foi. C'est l'amour de la vérité qui a soulevé le monde, créé la science et amélioré les sociétés.

Questionnaire.

Qu'est ce que la vérité? — Parlez du dévouement à la science, de la vérité dans l'éducation, dans l'art, dans les rapports sociaux. — Est-il loyal de subordonner, d'asservir la vérité, atténuée ou mutilée, aux intérêts d'un parti, dans un but égoïste et sectaire? — Tous les adultes, hommes ou femmes, ont-ils droit à la vérité totale, intégrale, dans tous les domaines? — Montrez que la recherche et la vulgarisation de la vérité sont à la base de tout progrès, individuel ou social. — Comment donnerez-vous des preuves de votre amour profond de la vérité?

VINGTIÈME LEÇON

LA SINCÉRITÉ (*Suite*).

III. Le Mensonge. — L'Esprit de ruse. — L'Hypocrisie.
— Être et paraître.

1. — A l'amour de la vérité doit correspondre la haine du mensonge, *la haine du faux*, sous toutes ses formes. La parole doit être
l'expression fidèle de nos pensées ; nos actes l'expression *fidèle*, la
traduction loyale de nos convictions. Tous ceux qui *sciemment*
dans leurs discours, leurs gestes, leurs attitudes, leurs actes, trahissent ce qu'ils considèrent intérieurement comme juste et vrai
sont des menteurs.

Bien des gens, dans le but de tromper leurs semblables, de les
mettre en défaut sur certains points, se donnent pour ce qu'ils
ne sont pas ; par esprit de ruse, ils volent la confiance d'autrui.
Ce qu'ils présentent à la vue du public n'est pas leur individualité réelle, mais le masque commode et menteur dont ils
voilent cette individualité, pour la satisfaction d'intérêts inavouables. L'hypocrite, au sens étymologique du mot, est précisément le comédien qui joue son rôle sous le masque, qui feint
des gestes et des sentiments sur la sincérité desquels il veut donner illusion à la galerie. L'hypocrisie n'est en quelque sorte que
le déguisement de ceux qui veulent *paraître* ce qu'ils *ne sont pas*.
Examinons donc les masques sous lesquels l'esprit de ruse dissimule les convoitises les plus viles et les passions les plus funestes ;
faisons la guerre à l'hypocrisie, poison des rapports sociaux.

.. — Le mensonge revêt toutes les formes et sert toutes les passions ou tous les intérêts. On ment pour rire, on ment pour voler, on ment pour exploiter, pour intimider; on ment par crainte, par lâcheté, on ment pour servir son intérêt, sa sensualité, son vice.

On se ment d'abord à soi-même. Nous nous laissons conduire tout entier par notre sensibilité; l'intelligence se fait sa complice; la volonté qui devrait porter un remède énergique au mal ne résiste pas mieux. Notre lâcheté nous fait inventer des sophismes; l'écolier paresseux trouve de bonnes raisons pour s'excuser d'un devoir non fait, d'une leçon non apprise. Le peureux se persuade à soi-même qu'il est courageux, l'ignorant qu'il est un savant, le méchant qu'il est bon. Nous faisons taire à notre gré les remords qui rongent notre conscience; nous leur imposons silence pour écouter d'une oreille complaisante les arguments que nous dicte notre soif d'une vie exempte d'efforts et de luttes. Notre immoralité est un vilain spectacle; nous en éloignons notre vue, comme nous détachons nos yeux d'un tableau repoussant, comme nous fuyons une mauvaise odeur, des sons qui choquent nos oreilles amoureuses d'harmonie.

On ment aux autres par intérêt: le commerçant ment lorsqu'il vend de la mauvaise marchandise et la déclare bonne: l'industriel ment lorsqu'il fabrique ses produits avec des substances frelatées. Le cultivateur qui passe l'octroi sans déclarer ce qu'il a de soumis à la taxe dans sa voiture, ou qui fait une fausse déclaration est un menteur.

On ment dans le but de nuire à quelqu'un, par malveillance préméditée; cette forme de mensonge s'appelle la calomnie; elle consiste en affirmations ou en réticences hypocrites et mensongères; c'est le poison qui tue les réputations les mieux établies.

On ment par lâcheté pour éviter un reproche et faire retomber le châtiment sur quelque innocent.

Celui qui dépose en justice contre un innocent, ayant conscience de cette innocence, celui qui charge le prévenu avec des témoignages ou des documents inventés ou fabriqués de toutes pièces est un faussaire, un sinistre personnage.

Celui qui par son attitude, son geste, sa démarche, ses actes, fait croire qu'il éprouve des sentiments qu'il n'a pas, est un hypocrite ou un charlatan.

Les hypocrites mentent avec toute leur personne ; ils se servent de leurs habits, de leur belle parole, pour mieux amadouer leurs victimes ; ils trafiquent de la politesse, des coups de chapeau, des poignées de main, pour mieux vous assurer de leur parfaite bonté d'âme. « Trop polis pour être honnêtes. »

III. — Il est certaines catégories de menteurs qu'il faut surtout démasquer :

Les tartufes qui prennent le masque de la religion pour cacher leurs vices et leur sensualité.

Les politiciens arrivistes qui trafiquent de leur mandat et dupent leurs électeurs.

Les personnes austères qui font ostentation de pruderie et de puritanisme pour mieux cacher leur immoralité.

Les imposteurs de toutes sortes qui, pour mieux déguiser leurs intérêts particuliers ou leurs intérêts de caste, persuadent à leurs victimes que la résignation et la docilité sont les premières des vertus.

Les privilégiés qui sous couleur d'intérêt national, patriotique ou économique, veulent perpétuer les privilèges de leur caste.

Les prétendus démocrates, qui méprisent le peuple et le flattent pour s'en servir.

Les prétendus philanthropes qui n'exercent pas même dans leur cercle familier la bienfaisance qu'ils proclament.

En général tous ceux qui déclarent avoir des convictions sincères, affirment leurs opinions avec grand fracas, et, dans leur conduite quotidienne, agissent contrairement à leurs principes.

C'est dans une certaine mesure par le *mensonge* que l'*oppression* s'est perpétuée à travers les siècles.

Ainsi des moralistes de mauvais aloi ont persuadé aux esprits crédules que, l'ordre social étant fondé sur l'inégalité des richesses, inéluctablement, éternellement, le premier devoir du déshérité était la soumission aux privilégiés, sa première vertu la résignation. L'ignorance était naturellement à la base de tout le système : qui dupe-t-on plus facilement que l'inconscient ?

IV. — Heureusement une éducation largement scientifique, saine et loyale dissipera de plus en plus les mensonges intéressés des malfaiteurs ou des égoïstes.

Dans une société où la solidarité rendra les rapports pacifiques et fraternels, la vérité ne sera plus amoindrie ni souillée par des faussaires.

Quoi qu'il en soit, c'est un devoir absolu pour nous d'être sincère avec nous-même et avec les autres, de dénoncer le mensonge, d'où qu'il vienne, de démasquer les imposteurs, quels qu'ils soient. La santé publique y gagnera d'autant.

Questionnaire.

En quoi consiste le mensonge ? — Comment peut-on se mentir à soi-même ? — Parlez du mensonge intéressé, du mensonge malveillant ou calomnie, de l'hypocrisie sous toutes ses formes, du mensonge dans l'éducation. — Enumérez les bienfaits d'une éducation loyale, de la sincérité dans les rapports sociaux. — Faut-il démasquer hardiment les impos-teurs ?

VINGT-UNIÈME LEÇON

LA SINCÉRITÉ (*Suite*).

IV. La Tolérance.

I. — L'homme cherche à se rendre compte des phénomènes qui
se passent autour de lui ; il veut connaître le pourquoi et le comment des choses ; c'est de sa curiosité naturelle qu'est née la
science ; il aspire en un mot à la vérité. Les anciens avaient ima-
giné une déesse recouverte d'un voile qu'elle ne faisait qu'entr'ouvrir : chacun devinait et décrivait sa beauté à sa façon. La
vérité semble bien être cette déesse qui cache ses appâts, garde
jalousement ses secrets ; nous en avons tous un léger aperçu et,
l'imagination aidant, nous habillons la réalité suivant le gré de
notre fantaisie. Nous pouvons dire à coup sûr que nous croyons,
que nous ajoutons foi à telle ou telle chose, mais il nous est impossible d'affirmer qu'il *faut* y croire absolument, exception faite
pour les vérités scientifiques définitivement acquises. Nos convictions d'ailleurs changent avec le temps, avec le milieu dans
lequel nous vivons ; l'adulte pense autrement que pensait l'enfant, les idées du vieillard ne sont plus celles qu'avait l'homme
d'âge mûr et cependant si, comme l'on dit vulgairement, il a
« perdu ses illusions », il n'en garde aucune rancune à celui
qu'il était autrefois ; ces excuses que nous nous donnons à nous-
mêmes, sachons les appliquer aux autres.

La vérité, là où la démonstration et la vérification expérimentale sont impossibles, c'est-à-dire en dehors des matières
scientifiques, est purement individuelle ; le respect de la person-

nalité humaine a pour corollaire celui des convictions de chacun : c'est en cela que consiste la tolérance.

II. — Il n'est point de vérité toute faite que l'esprit accepte passivement. L'esprit, en quête de connaissance, ne saurait donner son
adhésion immédiate à toutes les affirmations qu'on lui propose.
Il lui faut observer, contrôler, vérifier par lui-même le contenu
de ces affirmations, ne donner son consentement qu'*en toute
connaissance de cause*[1]. C'est tout un travail d'assimilation que
celui-là, une tâche rude et difficile. Notre émancipation n'est
pas l'œuvre d'un jour : nos convictions ne se font pas au gré
de nos désirs ; elles sont le produit relatif et provisoire de notre
réflexion s'appliquant aux faits, aux jugements qui nous sont
offerts.

Que de mal, que de luttes intérieures, que d'efforts soutenus
pour nous affranchir des erreurs, des préjugés, des sophismes
courants, pour tout apprécier au clair regard de notre raison et
de notre raison *seule*. Nous avons peut-être une éducation mauvaise derrière nous, contre laquelle il nous faut réagir à chaque
instant, une mentalité inférieure qu'il nous faut transformer et
libérer. Ce serait véritablement ignorer tout de la vérité, de ses
caractères et de son élaboration, que de réclamer d'autrui une
acceptation immédiate, d'exiger une adhésion formelle à la vérité.
Toute vérité au contraire doit être proposée, discutée, reconnue
comme une connaissance relative, non imposée brutalement
comme une formule officielle et impeccable.

Il n'est point de connaissance morte et figée. Toute idée évolue,
se complète ou se corrige à mesure que l'expérience humaine se
poursuit et se parfait.

Défions-nous des deux excès contraires, souvent si voisins
l'un de l'autre : il serait injuste de renier complètement le passé
aussi bien que de ne montrer aucune confiance en l'avenir. Nous

1. C'est un devoir absolu pour nous d'ajourner notre adhésion à la
vérité proposée, si elle ne paraît pas claire à notre raison, de refuser nettement cette adhésion, si l'affirmation qu'on nous présente nous apparaît
comme une erreur.

devons savoir secouer le joug de la tradition mais nous devons
aussi savoir reconnaître le rôle qu'elle a joué dans le développement humain. Toute tradition a été jadis une innovation hardie
quand elle s'institua, et, si elle s'est instituée, c'est qu'elle était
alors nécessaire et légitime. En luttant contre un passé devenu
gros de dangers pour le présent et pour l'avenir, il est le plus souvent impossible de rompre entièrement avec lui. L'essayer serait
d'ailleurs là une tentative inutile ; la solidarité physique, intellectuelle et morale qui nous relie à nos ancêtres ne nous permet pas
de nous dégager brusquement de la voie qu'ils nous ont tracée.
Mais aussi les esprits chagrins et rétrogrades (c'est souvent le fait
des personnes âgées) qui, de peur de s'enthousiasmer pour des fu-
tilités, ne voient dans les innovations que des utopies parfois sédui-
santes, mais toujours irréalisables, ceux-là montrent autant d'intolérance et une intolérance bien autrement dangereuse pour
les progrès de l'humanité. En toute chose il faut garder un
juste milieu et si c'est en cela que, selon Aristote, consiste la
vertu, c'est du moins la qualité qu'on est en droit d'exiger de
tout homme qui fait profession d'être un penseur libre.

III. **L'Intolérance.** — L'histoire nous montre comment les
hommes, inconscients de l'évolution qui est la loi suprême de
tout ce qui vit, individus ou sociétés, ont été injustes envers
ceux qui entrevoyaient les pensées nouvelles et réalisaient par
avance dans leur conduite les vérités de demain. Les *novateurs*
ont été souvent des martyrs de l'idée, des victimes de l'intolérance.

Socrate fut condamné à boire la ciguë pour avoir enseigné une
morale plus humaine. Jésus fut crucifié pour avoir prêché l'humilité et la charité à des classes dirigeantes orgueilleuses et
tyranniques. Galilée fut persécuté pour avoir affirmé la rotation
de la terre. Le protestant Dolet périt sur le bûcher pour crime
de libre pensée. Nous ne rappellerons que d'un mot : *inquisition*,
toutes les tortures dont le fanatisme est capable.

Aujourd'hui encore que de gens ne peuvent souffrir des opinions
contraires à la leur, poursuivent par des moyens criminels,
lâches ou féroces, ceux qui protestent au nom de la vérité ou de

la justice. L'esprit de parti n'est autre chose que l'intolérance en matière politique et sociale[1].

Ceux à qui on donne le qualificatif trop facile *d'utopistes* sont souvent dans le vrai et souvent on ne tarde pas à leur faire justice. « Le nombre des êtres qui veulent voir vrai est extraordinairement petit, a dit un philosophe moderne; ce qui domine les hommes, c'est la peur de la vérité, à moins que la vérité ne leur soit utile ». Et c'est qu'en effet nous avons peur de l'avenir parce qu'il ne nous promet que des changements; la quiétude nous plaît, nous sommes satisfaits de pouvoir nous reposer sur le mol oreiller du présent. Ces hommes d'élite qui ont le courage de proclamer hautement leurs pensées sont rares; combien redoutent les calomnies, les délations, les tortures matérielles ou morales qui peuvent être le fruit de leur franchise? combien encore fuient devant le mépris toujours possible de leurs semblables, ou ce qui est pis encore, devant le sourire sceptique ou le haussement d'épaules ironique devant lesquels on se sent désarmé et déprimé?

Bien des esprits incultes sont encore hostiles au progrès, aux inventions nouvelles, aux vérités récemment découvertes. Ils ne sont pas éloignés de voir dans les transformations logiques et nécessaires des idées, des institutions et des lois, quelque manifestation diabolique. Celui qui a le courage de ne pas respecter aveuglément l'opinion courante, de relever la tête devant quelque abus, est parfois en butte à mille vexations.

IV. — Il n'y a que l'esprit scientifique, la culture intellectuelle, une éducation vivante et loyale qui puissent combattre sérieusement l'intolérance.

C'est à l'instituteur, au professeur, à tous ceux qui se dévouent à l'œuvre d'émancipation et d'amélioration individuelles, de développer en leurs auditeurs ou leurs disciples l'amour de la vérité, la passion du droit, l'habitude de la *discussion libre et totale*, de

---

1. Voici la formule absurde et féroce du fanatisme : « Tu ne penses pas comme moi : donc je te ferai tout le mal que je pourrai » (Voltaire). Je te mépriserai, je te calomnierai, je t'affamerai, je te tuerai, toi, tes enfants et les tiens.

donner en un mot une éducation scientifique et laïque, la seule qui puisse rapprocher les esprits, sans diviser gravement les hommes.

Eux surtout devront se dégager de la tradition, faite des procédés pédagogiques tombés en désuétude parce qu'ils étaient mauvais; à eux de voir que les anciennes méthodes d'éducation et d'enseignement ne répondent plus aux besoins actuels. Il leur faudra considérer l'enfant non plus comme un récepteur passif de formules vides, de dogmes intransigeants, mais comme un être actif, capable de sentir, de penser par lui-même. Il serait immoral d'imposer son autorité à des élèves en annihilant leur volonté; leur inspirer de bonnes suggestions, agir par l'exemple et le conseil, leur donner de bonnes tendances qui pourront devenir d'excellentes habitudes, là doit se borner le rôle du véritable éducateur; il est assez délicat pour retenir l'attention d'un homme dévoué à la cause commune.

Il n'est point de vérité définitive, académique ni officielle, une vérité pour le peuple, une vérité pour la femme, une pour l'homme, une pour l'enfant. La *vérité* est *la même pour tous;* elle n'est pas, elle devient: elle est *provisoire, partielle* et *rectifiable* comme la vie elle-même dont elle est l'expression.

À nous de l'élaborer en commun, sans haine, ni parti pris.

Questionnaire.

Qu'appelle-t-on tolérance ? — Le mot tolérance est-il bien exact ? — Parlez de la tolérance politique, religieuse, sociale. — Comment doit s'élaborer une conviction ? — La vérité a-t-elle un caractère absolu ? — Peut-on l'imposer, au nom de la tradition, de l'autorité, au nom d'un maître ? — Citez quelques victimes de l'intolérance. — Rencontre-t-on encore aujourd'hui des fanatiques en matière religieuse, politique ou sociale ? — L'ignorance et le parti pris ne sont-ils pas les causes foncières de l'intolérance ? — Quel est le devoir des éducateurs? — Quelles habitudes doivent-ils donner à leurs disciples ?

VINGT-DEUXIÈME LEÇON

LA DÉLICATESSE MORALE.
LE DÉGOUT DES PLAISIRS GROSSIERS.

I. La Leçon des faits.

I. — Chez le primitif ou chez l'enfant il n'y a pas véritablement de volonté, il n'y a que des caprices et, s'il n'y a pas de volonté, c'est à cause de l'influence prépondérante que nos émotions ont sur notre conduite, que notre cœur a sur nos actes, parce qu'il n'y a pas chez l'enfant comme chez le primitif de sentiments profonds et durables. Les tendances de l'individu ne se manifestent que par des émotions soudaines, irrésistibles et extrêmement courtes.

Spencer cite l'exemple d'un Fuégien qui entra dans une colère terrible et tua son fils parce que celui-ci ne ramassait pas des coquillages avec assez de vigilance. Devant le cadavre de son fils, le Fuégien passa aussitôt de la colère à un désespoir violent et à une douleur profonde. Le soir Spencer fut tout surpris de voir le même Fuégien prenant part à une fête avec autant de gaieté que ses compagnons et paraissant oublier complètement les incidents du matin. On sait aussi combien chez l'enfant le rire remplace facilement les larmes et réciproquement.

A mesure que nous examinons des individus plus cultivés ou plus mûris, nous assistons à une transformation complète de la sensibilité. Celle-ci devient réfléchie et grave et, à mesure que l'on observe dans la conduite une certaine continuité, la poursuite méthodique d'un but, une certaine ténacité et une certaine énergie, on observe aussi dans la sensibilité moins d'émotions brusques et soudaines, moins de sauts d'un extrême à l'autre, mais la naissance et le développement de sentiments profonds qui durent souvent autant que la vie elle-même. La réflexion et la raison viennent les alimenter constamment et les fortifier par de nouveaux motifs ; elles nous montrent qu'ils expriment nos tendances les plus secrètes et les plus profondes, qu'ils tiennent à notre vie et qu'on ne pourrait les supprimer qu'en supprimant notre vie elle-même.

La piété filiale, l'amour du pays où l'on se plaît à vivre, l'amour des autres hommes, l'amour de ceux qui souffrent chez les gens charitables, l'amour du travail dans un caractère énergique, l'amour de l'art chez le grand artiste, l'amour de la science chez le savant, voilà des exemples de ces sentiments qui sont inséparables de la vie dans notre civilisation.

Vouloir les supprimer, ce serait la plupart du temps, si l'on a affaire à des hommes intelligents et réfléchis qui comprennent toutes les raisons saines et valables pour lesquelles existent et se développent de pareils sentiments, déraciner violemment ces hommes du milieu qui paraît nécessaire à leur existence.

Ainsi on peut dire que les progrès de l'homme comme de l'humanité vont en développant en lui certaines tendances, certains sentiments, en les rendant toujours plus profonds, plus durables, en en faisant sa raison d'être, sa vie même. Parallèlement se développe la volonté de réaliser les buts et l'idéal vers lesquels nous portent ces sentiments.

Les caprices, les volontés courtes presque aussitôt tombées qu'apparues, les émotions irréfléchies qui s'emparent de l'individu et le poussent irrésistiblement à satisfaire un instinct aveugle ou un appétit immédiat, tout cela tend à disparaître pendant que les sentiments sérieux et graves remplissent de plus en plus l'existence. Les civilisations humaines reproduisent exactement à ce point de vue la marche qui paraît suivie par chaque homme depuis son enfance jusqu'à sa maturité.

Par cela même que les sentiments profonds et durables dont nous venons de remarquer le développement progressif dans l'individu et dans l'humanité, exigent toujours une part de plus en plus grande de réflexion et de raison, un certain nombre de tendances qui nous paraissent déraisonnables, inutiles ou dégradantes, qui tendent à nous ramener à l'état brutal et instinctif du primitif ou de l'enfant capricieux, sont éliminées parce qu'elles sont combattues par la raison ou la réflexion.

On appelle d'un mot général *grossière* la conduite de tout individu qui se laisse diriger par ses appétits et ses instincts par opposition à la *délicatesse morale* de l'homme qui sait les dompter. Par conséquent, en nous, dans notre sensibilité et par suite dans notre conscience se fait peu à peu le départ entre deux règles, entre deux manières de vivre; les appétits grossiers dont la satisfaction engendre des plaisirs grossiers, et les tendances délicates, les sentiments bienfaisants qui en se réalisant donnent la joie qui accompagne la vertu tranquille et les plaisirs délicats qui rendent heureuse la vie du sage.

Il n'y a qu'à comparer un enfant ou un sauvage avec un homme de notre civilisation, même peu cultivé, il n'y a qu'à comparer cet homme peu cultivé avec ceux que l'humanité révère comme ses modèles, comme ses saints, pour se rendre compte de l'évolution nécessaire qui entraîne l'individu comme l'humanité vers ce que nous avons appelé la délicatesse morale, vers la maîtrise des instincts grossiers et l'abandon des plaisirs fugitifs qui en résultent.

Il est à remarquer en effet, et c'est un des moyens pratiques que le moraliste peut employer pour faire avec netteté le départ entre la grossièreté et la délicatesse, que toutes les tendances brutales et grossières, les appétits bas engendrent des plaisirs de courte durée, des plaisirs qui ne satisfont pas l'individu, contre lesquels il sent en lui une sourde protestation, des plaisirs qui laissent toujours une certaine amertume à qui les a goûtés; le plus souvent ces plaisirs entraînent même des douleurs incomparablement plus fortes que le plaisir lui-même. L'individu se repent amèrement quelquefois d'y avoir cédé, mais souvent c'est trop tard. Il en est de ces plaisirs grossiers comme des joies brusques du primitif ou de l'enfant qui s'évanouissent aussitôt.

Ce n'est pas avec des plaisirs de ce genre qu'on peut espérer atteindre un bonheur durable, un bien-être sain, et c'est pourquoi la réflexion nous amène à conclure qu'il faut autant que possible dompter en nous toutes les tendances qui ne sont satisfaites que par des plaisirs grossiers et fugaces et fortifier au contraire ces tendances qui n'apparaissent que dans une humanité plus haute et chez des individus plus mûris. Ce sont ces dernières tendances dont la satisfaction cause la véritable joie, cette joie durable qui fait le bonheur du sage et qu'ont décrite tous les hommes dont les travaux honorent l'humanité. Il y a là une question analogue à celle de la santé et de la maladie ; certains actes comme certaines substances nous rendent malades, d'autres au contraire entretiennent notre santé ; dans la vie morale certaines tendances, certaines satisfactions que nous leur accordons nous rendent au fond malheureux et malades, d'autres au contraire entretiennent notre bonheur et une vie sage, saine et morale. La conclusion s'impose naturellement : la réflexion doit s'attacher à développer les secondes.

II. **Les passions.** — Une autre conclusion plus impérieuse encore s'impose. L'individu et l'humanité, à mesure qu'ils grandissent, s'élèvent, deviennent plus capables de grandes choses, montrent une tendance très nette à éliminer tout ce qui est grossier en nous et à fortifier et même à ne laisser subsister que les sentiments délicats, durables et graves.

Mais dans certains cas, les sentiments se pervertissent en se développant ; on les voit, au lieu de rester réfléchis et raisonnables, devenir, tout en demeurant durables, aussi violents que les émotions ; ils ne se manifestent plus que par à-coups, soudains, comme les crises aiguës d'une maladie lente et chronique : le sentiment a alors dégénéré en passion.

Comme on le voit, la passion est un sentiment qui revient dans ses manifestations aux formes primitives et capricieuses de la sensibilité. Au lieu de laisser sa part à la raison, la passion est tyrannique, aveugle, irrésistible comme l'instinct. Sa satisfaction est toujours courte et elle laisse en général, quand elle est satisfaite, cette amertume, ce mécontentement, quelquefois cette douleur qui marque la satisfaction d'un caprice ou d'une tendance grossière.

Presque tous les sentiments sont sujets à ce dérèglement et à cette maladie : l'amour du pays dégénère en chauvinisme, l'amour des autres hommes dégénère en une charité morbide qui fait plus de mal que de bien, le sentiment religieux dégénère en superstition.

La folie a toujours été près du génie dans l'art et dans la science ; c'est alors que le sentiment de l'artiste et du savant a dégénéré en une passion maladive.

Il faut donc éviter cette maladie véritable des sentiments les plus nobles, et cela, on peut l'éviter seulement de la même manière que l'on a acquis et développé ces sentiments ; en appelant toujours, pour éclairer la sensibilité et nos tendances, la réflexion et la raison.

Le progrès moral a donc consisté, d'un côté, à faire sa part au sentiment, à ne pas l'étouffer par des discussions froides et sèches, par un développement outrancier et unique de nos facultés intellectuelles, et, d'un autre côté, à faire dans la vie sentimentale deux parts aussi, à considérer certaines tendances qui ne nous donnent que des plaisirs courts et bientôt douloureux comme grossières et certaines tendances qui se développent en sentiments profonds et durables, comme délicates.

Les premières ont une tendance incontestable à s'éliminer ou tout au moins à passer au second plan dans la vie humaine, tandis que les secondes se fortifient sans cesse. On peut mesurer, il n'est pas exagéré de le dire, la qualité d'un individu ou d'une civilisation à sa délicatesse morale, à sa sensibilité profonde et grave.

Aimer ce qui est digne d'être aimé, voilà l'idéal vers lequel tendent tout individu conscient et l'humanité elle-même, à mesure qu'elle devient plus consciente, plus civilisée.

Questionnaire.

Faites la différence entre la sensibilité capricieuse et irréfléchie, et ce qu'on appelle « les sentiments ». — Quels sont les sentiments essentiels? montrez qu'ils sont naturels et nécessaires à l'homme. — A quelle condition seront-ils bons et utiles? — Qu'entendez-vous par délicatesse morale? — Les plaisirs grossiers donnent-ils des jouissances profondes et durables? — Qu'est-ce que la passion? — Montrez qu'elle est une maladie du sentiment.

VINGT-TROISIÈME LEÇON

LA DÉLICATESSE MORALE.
LE DÉGOUT DES PLAISIRS GROSSIERS (*Suite*).

II. La délicatesse et la grossièreté des gouts.

I. La délicatesse morale. — Les progrès de notre culture morale, le souci permanent de notre perfection, la pratique du bien, l'amour éclairé du beau nous amèneront insensiblement à mettre dans notre vie un peu de cet idéal auquel nous aspirons. A mesure que notre culture morale et intellectuelle se poursuit, notre nature s'affine; notre mentalité s'épure, notre conscience acquiert plus de précision et de perspicacité; nous avons un sens plus délié des complexités de la vie; nous discernons avec plus de tact la qualité et la variété de nos obligations; le sentiment de notre dignité, le respect de la dignité des autres émeut nos scrupules.

Là où des esprits simplistes et rudimentaires n'aperçoivent que des devoirs de luxe, superflus et facultatifs, l'homme *cultivé* trouvera des obligations strictes. Bref, toute sa vie, toutes ses manières d'être seront empreintes de *délicatesse*.

Les joies élevées. — Cette délicatesse s'affirme spécialement dans le domaine de l'art et de la littérature, dans le choix des plaisirs.

Le goût n'est autre chose que la *conscience délicate du beau*, la perception fine des nuances artistiques. L'homme délicat sera un homme de goût.

Il sera sensible à la grâce ou à la puissance d'un paysage, à la transparence d'un ciel pur, à l'éclat d'une corolle. Il goûtera le charme d'une œuvre d'art, d'un tableau puissant ou d'une belle poésie. Son oreille sera éprise d'harmonieuses sonorités; son esprit recherchera les joies sévères de la science et son cœur s'ouvrira aux émotions généreuses. Il n'est pas jusqu'à son langage, ses gestes, ses attitudes, qui seront empreints d'élégante sobriété, d'exquise mesure. Amoureux de beauté, il aura le souci de meubler son intérieur d'objets aux formes gracieuses, d'un travail fini et consciencieux. Il voudra vivre *en beauté* comme en justice et en vérité.

Malheureusement cette délicatesse morale est encore l'apanage d'un petit nombre, de quelques privilégiés. Tous les hommes recherchent le bonheur, mais ils ne s'entendent pas toujours sur la signification qu'on doit donner à ce mot. La plupart d'entre eux se contentent de prendre les plaisirs comme ils viennent, sans se donner la peine de choisir parmi eux. Jouir, ne fût-ce qu'un instant, telle est la règle qu'ils se donnent. Ces malheureux ne réfléchissent pas qu'ils vont à l'encontre de leurs désirs, que ces joies momentanées seront toujours suivies de douleurs plus grandes qui les feront regretter amèrement.

Soyons donc plus avisés, évitons les jouissances matérielles et grossières, toujours malsaines au physique et au moral. Aux excitations factices et trop passagères de ce qu'on appelle bien à tort les *excitants*, le jeu, le tabac, l'alcool, la débauche corruptrice sous toutes ses formes, préférons les plaisirs purs d'une conférence, d'une bonne lecture, le plaisir hygiénique de la marche en plein air, de la natation, des sports. Là encore défions-nous du raffinement: le simple est souvent, sinon toujours, le meilleur.

En ce qui concerne les plaisirs, gardons fréquemment le *juste milieu*; tenons-nous aussi loin de la grossièreté que du raffinement qui conduit à la mollesse et par conséquent à la lâcheté; le goût est naturel.

II. **Causes et remèdes.** — Il serait temps que l'on s'occupât de donner à tous le désir des plaisirs élevés et le dégoût des distractions grossières. Pour arriver à ce but, il faut considérer d'une part que *le plaisir*, étant *indispensable* à l'homme comme délassement du travail et agréable emploi du repos, il ne s'agit en aucun cas de supprimer un plaisir sans le remplacer par un autre ; il faut songer d'autre part que *l'oisiveté, la misère et le manque d'éducation* étant à la base de l'attrait que peuvent exercer sur certaines gens les plaisirs grossiers, on ne pourra déraciner en eux cet attrait fatal qu'en extirpant ces causes profondes.

La plupart des gens du peuple n'ont vraiment ni le temps ni les moyens de s'initier aux plaisirs élevés de la science ou des arts. La détresse ou la gêne dans laquelle ils se trouvent, l'ignorance que la misère crée ou entretient en eux, souvent le désir malsain de s'étourdir un instant sur la tristesse de leur destinée, leur font accepter ou rechercher l'occasion de jouissances à bon marché, vulgaires, immédiates. Il arrive que chez certaines personnes riches, le manque d'éducation, l'oisiveté chronique produisent la même déchéance.

Chez les uns comme chez les autres, par ignorance, oisiveté, misère ou résignation, la *délicatesse morale* est *absente.* La vie est *médiocre, laide,* sinon *répugnante.*

Il est à espérer que, par l'effort des gens éclairés et courageux, la *sécurité économique,* condition de la perfection morale chez les individus, rendra possibles les *loisirs* et l'*éducation* nécessaires pour embellir la vie. Quand l'oisiveté ou la misère auront disparu, quand la science aura éclairé les hommes sur les conditions de la vie rationnelle et vraiment humaine, la bonté se confondra avec la beauté, la laideur morale répugnera comme la laideur matérielle et les rapports sociaux seront pénétrés de cette harmonie supérieure que créeront des esprits délicats, heureux et cultivés.

Questionnaire.

Qu'entend-on par délicatesse morale ? — Par quoi se traduit-elle ? — Le plaisir est-il nécessaire à l'homme ? — Énumérez des distractions élevées, des plaisirs grossiers ? — Quelles sont les causes de l'attrait exercé par les plaisirs grossiers ? — On a dit : « Pour bien détruire, il faut remplacer. » Expliquez cette affirmation au point de vue de la suppression des plaisirs grossiers. — A quelle condition les hommes rechercheront-ils tous les joies élevées ?

VINGT-QUATRIEME LEÇON

LE DÉGOUT DES PLAISIRS GROSSIERS (*Suite*).

III. La Tempérance.

I. Éducation de la volonté. — Pour bien connaître et remplir son devoir, il faut absolument subordonner ses instincts, ses sentiments et ses passions aux grandes idées directrices de notre conduite. Il est indispensable que, dans l'acte de volonté, notre délibération soit l'œuvre sereine et claire de notre raison, que notre orgueil, notre intérêt, notre peur, notre sensualité, notre impatience farouche ne viennent pas troubler la vision lucide de la décision à prendre, de la conduite à réaliser. Il est en chacun de nous, a-t-on dit, un animal qui sommeille, avec ses appétits, ses convoitises, ses instincts féroces. La tâche de notre perfection exige que cet animal demeure en sommeil, que des impulsions brutales et désordonnées ne viennent pas ravager le fruit de nos efforts vers la moralité. L'éducation de notre volonté, la maîtrise de soi sont les instruments indispensables de notre progrès individuel.

La volonté a besoin, pour se fortifier ou s'affirmer, de tous les auxiliaires qu'elle peut trouver dans notre nature; elle demandera du secours à l'intelligence, qui lui fournira des notions éclairées du devoir à réaliser, à la sensibilité, qui devra mettre les énergies disciplinées de la passion au service de la raison. Il importera pour notre conscience de se donner des tâches progressives dans l'édifice à construire, d'orienter toutes nos forces vers le but unique qui aura été choisi par notre réflexion. Il lui faudra cultiver habilement nos sentiments, donner audience aux sentiments libérateurs, refouler les sentiments hostiles (Payot).

Cette conquête de la volonté demandera tout ensemble de la vigilance et de la persévérance. Elle sera difficile, variée, inégale pour les individus. Elle devra nécessairement se poursuivre toute la vie.

Bien des gens s'imaginent que cette tâche convient exclusivement à la jeunesse, riche d'activité, non plus à la vieillesse qui doit vivre sur la perfection acquise à l'âge adulte. Rappelons ici que notre développement doit conserver une vigueur constante, et se continuer jusqu'à la vieillesse incluse. Efforçons-nous d'avoir la vision de notre devoir toujours aussi nette, aussi pressante. Maintenons jeune et robuste notre liberté morale, notre fraîcheur d'esprit. Une activité mentale perpétuelle, une chaude sympathie sans cesse entretenue pour tout ce qui est grand, beau, humain, voilà les meilleurs moyens d'éviter l'engourdissement, l'enlisement de notre volonté. Luttons sans relâche pour demeurer tels que nous nous le sommes proposé aux heures limpides de réflexion sereine. Restons fidèles à nous-mêmes, à ce que la vérité exige de nous, à ce que réclame notre dignité.

La difficulté de l'œuvre ne doit point nous décourager ; il faut bien des chutes au tout jeune enfant pour qu'il réussisse à se tenir debout et à marcher seul. Du courage, et la partie ne sera jamais perdue.

Cette même difficulté nous invite à l'indulgence. Il n'est pas commode de juger l'œuvre de maîtrise de soi chez les autres. Qui dit qu'un voleur dérobant un pain pour nourrir sa famille indigente n'a pas fait plus d'efforts avant de céder à la faute qu'un viveur égoïste réputé honorable, dont la vie n'est pourtant qu'une longue suite de défaillances et de lâchetés.

II. La tempérance. — Au sens général, la tempérance consiste précisément à calmer, à discipliner des penchants ou des instincts qui autrement seraient nuisibles par les excès de leurs exigences. Il convient de donner à nos besoins les satisfactions légitimes qui leur sont dues, d'accepter notre nature telle qu'elle est, sans en renier hypocritement aucune tendance : mais il est indispensable que les besoins corporels soient écoutés dans la mesure où ils peuvent servir le mieux nos facultés supérieures et notre perfection humaine.

En un sens spécial, la tempérance s'entend de la domestication de nos instincts, dans le boire et dans le manger.

Nous avons parlé plus haut du péril alcoolique et des dangers de l'ivrognerie. Nous n'y reviendrons ici que pour souligner à quel point celui qui s'adonne à la boisson retourne promptement à l'animalité et à la déchéance totale.

Que dire de celui qui se réduit à n'être plus que le serviteur de son estomac, qu'un appareil digestif, dont le cerveau doit être l'esclave, dont les autres hommes doivent être les serviteurs. Il est des gens pour qui la question du vivre et du couvert est exclusive et primordiale. Ils sont littéralement les esclaves de leur bouche, ils perdent le sens moral et l'énergie; leur intelligence s'épaissit. La direction morale de l'individu est atteinte; le centre de la vie n'est plus au cerveau; il est dans l'estomac. Soyons sobres et tempérants; ne buvons et ne mangeons que ce qu'il faut pour suffire aux besoins de notre organisme. Ne cherchons pas notre plaisir dans la satisfaction de nos appétits, insatiables.

Aussi bien quelle collaboration peut-on attendre, quels sentiments d'humanité, quelle énergie dans l'action peut-on espérer de celui qui ne songe qu'à satisfaire sa gourmandise? Pourvu qu'il digère, selon que sa digestion est facile ou laborieuse, le monde est en liesse ou en calamité. La misère des autres ne saurait l'émouvoir. Un tel homme n'a plus rien d'humain.

Sachons nous rappeler que la vie physique a pour but final la vie consciente, la justice, la science, la beauté.

Questionnaire.

Qu'est-ce qu'un instinct? Un sentiment? Une passion? — L'œuvre de la maîtrise de soi n'exige-t-elle pas la subordination à la raison souveraine des instincts, des sentiments et des passions? — Comment fera-t-on l'éducation de sa volonté? — Quels auxiliaires trouvera-t-on? — La tâche de notre émancipation et de notre progrès ne doit-elle pas remplir toute notre vie? — En quoi consiste la tempérance, au sens général et philosophique du mot? au sens spécial et ordinaire? — Faites le portrait du gourmand. Montrez sa déchéance morale.

VINGT-CINQUIÈME LEÇON

LE DÉGOUT DES PLAISIRS GROSSIERS (*Suite*).

IV. L'ALCOOLISME.

I. — L'alcoolisme est une des plus graves atteintes que l'homme puisse porter *à sa santé et à sa dignité personnelle*. C'est de toutes les habitudes d'intempérance, que nous trouvons dans la société actuelle, la plus dangereuse et malheureusement la plus fréquente. Ce fléau, de date récente, devient le vice croissant des pays civilisés. La France est malheureusement le pays où l'on consomme le plus d'alcool (14¹,19 par tête : Angleterre, 9¹,25 ; Norvège, 3 litres). La consommation est quatre fois plus forte qu'il y a 50 ans. Les Français sont aussi ceux qui boivent le plus d'absinthe (250 000 hectolitres par an en 1896, 85 000 hectolitres seulement en 1885, c'est-à-dire 3 fois moins, il y a dix ans). L'alcoolisme est en train de devenir un danger universel. Il nous paraît indispensable de le combattre sans merci.

L'alcoolisme est la passion de ceux qui boivent de l'alcool, sous n'importe quelle forme, de l'eau-de-vie, de l'absinthe, des liqueurs, des apéritifs, des digestifs, etc., avec ou sans prétexte. Ce vice a des conséquences effroyables. Il ruine en peu de temps l'organisme le plus vigoureux, fait de sa victime un être abject et redoutable dont la déchéance laisse après elle une traînée de maux dans le domaine social.

L'alcoolique est aussi bien le buveur modéré mais persévérant que celui qui s'enivre de temps à autre. L'un et l'autre prennent l'habitude, contractent le besoin de ce bien-être factice que semble procurer l'alcool. Tous deux empoisonnent également leur cerveau, l'anémient, le paralysent ; les opérations intellectuelles se font mal ; le sommeil est inquiété par toutes sortes de cauchemars. Les poumons sont paralysés, sujets à l'apoplexie ; l'estomac est ulcéré, le foie durcit, le cœur ne fonctionne plus régulièrement : bref tous les organes sont atteints graduellement, la dépression s'accentue et l'alcoolique succombe sous l'asphyxie de la tuberculose ou sous un accès de delirium tremens.

Si nous considérons les liens de l'alcoolique avec ses enfants, le tableau devient navrant. Que de petits malheureux sont emportés en bas âge par les convulsions ou par la méningite, et qui ont recueilli par hérédité le germe de ces maladies.

On peut voir dans bien des écoles certains tableaux muraux du Dr Galtier-Boissière où figurent en raccourci les tristes spécimens de dégénérés, de fous, d'idiots, de rachitiques, d'épileptiques, etc. Les maîtres sont à même d'observer parmi leurs élèves quelle nullité d'attention, quelle permanente agitation ou quel abêtissement caractérisent les fils ou les filles d'alcooliques. Des populations entières sont décimées, abruties par le fléau ; la Normandie, la Bretagne, l'Artois et la Flandre menacent de sombrer sous l'influence du vice.

On voit ainsi que l'alcoolisme empoisonne vraiment une race, atteint un peuple dans la source même de son énergie, dans son système nerveux.

II. Conséquences morales et sociales de l'alcoolisme. — Il convient de se demander quel espoir on peut raisonnablement fonder sur une humanité qui se corrompt et se suicide elle-même, aveuglément. Il est urgent d'énumérer les tristes conséquences morales, économiques, politiques et sociales de l'alcoolisme.

Une telle passion prend l'homme tout entier, abrutit sa raison et atrophie sa conscience. Celui qui boit avec excès en arrive bientôt à oublier ses devoirs les plus impérieux.

L'ivrogne n'est plus ni travailleur, ni époux, ni père : c'est un être désemparé qui déraisonne, bredouille, vocifère, brise stupidement ce qu'il a sous la main, querelle ses amis, bat sa femme et ses enfants, vend sa dignité, consent à l'infamie pour quelques gouttes d'absinthe ou d'eau-de-vie.

L'alcoolique dépense au cabaret tout ce qu'il gagne, bien souvent ce qu'il ne gagne pas ou ce que sa femme a gagné pour lui ; il met sa famille dans la misère, devient pour elle une lourde charge. L'atelier ou le champ attendent souvent après lui ; d'ailleurs quel travail bien fait peut-on attendre d'un homme qui n'a plus la raison lucide, ni les membres dispos et adroits !

Et c'est pourtant cet homme qui sera appelé à choisir par son vote ceux qui fixeront le droit, régleront la constitution, organiseront la cité, décideront de la paix ou de la guerre, du progrès ou du recul social ! C'est cet homme qui est appelé à s'unir aux autres dans la conquête de la justice et du bonheur pour tous.

Toute la société est solidaire de cet individu, physiquement et moralement. De lui elle peut risquer de gagner une maladie, une insulte, un mauvais coup ; de lui elle subit toujours le mauvais exemple. Comment pouvoir compter sur cette épave pour travailler à l'éducation mutuelle ? Est-ce là un agent de civilisation, de progrès humain ? N'est-ce pas plutôt un élément contagieux de ruine et de recul ? Quel péril pour la civilisation qu'une jeunesse qui entre plus volontiers au cabaret qu'à un cercle d'éducation populaire, qui préfère une absinthe à une conférence et qui de bonne heure avcutie est absolument incapable de travailler à l'accroissement de sa valeur morale et à l'amélioration de la cité ! A quoi bon s'adresser à ces cerveaux inertes, qui révèlent aussitôt un triste abrutissement ? Quelle passion du bien, quel enthousiasme pour la vérité, la justice et le bonheur, voulez-vous éveiller dans ces âmes avilies par l'alcool, qui sont sur le chemin de la folie ou du suicide, de l'abjection, du vol ou du crime stupides ?

C'est pourquoi la morale individuelle nous prescrit comme un devoir impérieux de ne pas boire d'alcool, et, quelles que soient les circonstances et les conditions sociales, de dénoncer l'alcoolique « distingué » aussi bien que l'ivrogne du ruisseau comme les ennemis du progrès, comme de véritables dangers publics, de concourir, par notre abstention catégorique, à la vulgarisation d'une bonne habitude, de démontrer par la parole ou par la plume, dans les conférences ou dans les brochures, à l'école, à l'atelier, dans un cercle quelconque, dans la conversation, les dangers multiples de l'alcoolisme. Il importe qu'à tout prix, pour la vitalité individuelle et la régénération de la race, ce fléau soit enrayé par la propagande inlassable de tous ceux qui croient à la vie et à la réalisation progressive de l'idéal humain.

La pratique de la tempérance, la conscience de l'effort accompli et du résultat obtenu donne la force d'âme. L'éducation de la volonté se fait ainsi. C'est la première étape. Le jeune homme qui l'a franchie ne tarde pas à aller plus loin ; il a su par l'enseignement de l'école, les conférences populaires, que dans cette lutte contre l'alcoolisme, l'individu seul n'est pas en cause, que le mal et le bien sont contagieux, que les êtres humains sont solidaires ; de l'idée individuelle il arrive à l'idée sociale ; sa générosité est éveillée. C'est alors un vaillant, prêt à la lutte ; il a conscience qu'une tâche lui incombe ; convaincu, il aura le désir de convaincre les autres ; il entrera dans une société de tempérance ; il déterminera des camarades à adhérer avec lui, et ils resteront fidèles à cette discipline consentie. Voilà un exemple pratique de propagande et de sauvetage social.

Questionnaire.

Qu'est-ce que l'alcoolisme ? — Énumérez les conséquences de ce vice, au point de vue organique et individuel, aux points de vue moral, économique, politique et social. — Par quels moyens peut-on combattre ce fléau ? — Parlez des sociétés de tempérance et des autres associations de propagande anti-alcoolique.

VINGT-SIXIÈME LEÇON

LA PROBITÉ.

I. Le sentiment de la propriété. — A l'origine, la propriété n'existe pas ; non point que règne le communisme, c'est-à-dire la propriété légitime de tout un groupe sur certaines choses, mais parce qu'en réalité il n'y a pas de propriété du tout ; les choses ne sont pas à tous, elles ne sont à personne. En effet, chez le primitif qui vit de cueillette, et qui ne travaille que pour récolter le fruit de la terre, et non pour les produire, la propriété ne peut exister ; la terre suffit en général à nourrir les individus qui sont en très petit nombre et qui vivent sur elle des produits de la cueillette, de la chasse ou de la pêche ; quand il n'y a pas de quoi nourrir les individus, ceux-ci s'en vont plus loin, quelquefois se divisent et quelquefois périssent. Ainsi la propriété au début n'existe pas, et l'on n'a même pas l'idée de respecter quelque chose qui serait la propriété de quelqu'un. Au contraire, chaque individu cherche, par habileté, par ruse, à se nourrir des produits naturels de la terre, comme il le peut.

La propriété a été très lente à s'établir, surtout la propriété individuelle. Les groupes, d'assez bonne heure, se sont considérés comme propriétaires d'un territoire d'où ils excluaient tous les étrangers ; mais là encore, l'idée de propriété ne se manifeste pas d'une façon nette ; elle se confond avec certaines idées religieuses très confuses, et les peuples sauvages actuellement, et même ceux de l'antiquité classique considèrent comme extrêmement honorable, comme une preuve d'habileté et de force, d'acquérir aux dépens d'autrui ce qui leur est nécessaire. De là le rapt, le larcin, le vol, qui, bien loin d'être proscrits par la morale, sont souvent tenus en honneur (à Sparte par exemple, dans la grande époque de la civilisation hellénique, on exerçait les jeunes gens à voler, pour augmenter leur habileté ; et dans cette coutume il faut voir une survivance de la vie primitive, où dérober et s'approprier par force et par ruse sont considérés comme un signe de supériorité). C'est qu'en réalité on n'a pas l'idée véritable de la propriété, mais qu'on a simplement l'idée de ce qu'on peut acquérir ou conserver par force. « Ma lance et mon bouclier », dit le guerrier grec, dans une ode qui remonte à la grande époque classique, « voilà avec quoi je moissonne et je vendange ». Ainsi par cela même que la force ou la ruse, qui est un autre aspect de la force, sont les seules manifestations de l'individualité primitive, il n'y a aucune propriété au sens où nous l'entendons actuellement, c'est-à-dire aucun bien appartenant légitimement à un individu particulier et protégé par tous contre les entreprises d'individus plus forts.

Là encore l'évolution est allée très nettement en affranchissant l'individu même faible des contraintes auxquelles l'autorité ou la force le mettent en butte. A Rome, la propriété du père de famille est garantie par des lois extrêmement fortes, et c'est avec la civilisation romaine, on peut le dire, qu'apparaît dans toute sa netteté l'idée de ce qui est à l'individu, de ce qui lui est nécessaire pour vivre (le champ qu'il cultive), et de ce qui doit être protégé contre les entreprises de l'arbitraire et de la force. Cette idée est allée en se développant et en s'épurant.

Que nous montions quelques échelons dans les civilisations humaines, nous voyons que la loi ou les traditions s'attachent à garantir d'abord à certaines familles, ensuite à certains individus certains biens contre les entreprises de la force. Le vol commence à être puni dans certains cas très rares, seulement lorsque c'est un membre de la société dans laquelle le vol s'est commis qui en a été victime, car la société ne garantit rien aux étrangers, et lorsque ce vol concerne les choses protégées par la loi. La terre seule au début est dans ce cas. Élevons-nous un peu plus haut encore, le vol devient alors universellement condamné et méprisé dans l'intérieur de la société dont on fait partie. Mais cette réprobation, cette condamnation universelles en théorie se laissent entamer par des exceptions très fréquentes dans la pratique. Les puissants, les forts, savaient presque toujours se mettre au-dessus de la loi. Le faible protège difficilement ses biens contre les convoitises de ceux qui sont plus forts que lui dans la concurrence pour la vie. Aussi l'idée de propriété s'est-elle transformée et cette idée a-t-elle germé et pris corps que tout individu a droit à une certaine propriété, que la propriété est une conséquence directe de la personnalité. La propriété doit être individuelle, non seulement en ce sens que c'est l'individu qui possède, mais en ce sens beaucoup plus large que tous les individus doivent posséder au moins le minimum nécessaire à les faire vivre.

II. **La probité.** — La probité, dans les sociétés, était à peu près inconnue. Toute chose appartenait au plus fort, au plus habile, au premier occupant, et il était toujours loisible à un plus habile ou à un plus fort de supplanter celui qui l'avait précédé ; il n'y avait de limites au droit de propriété que les limites de la force ; aussi le vol, le pillage, le rapt, sont-ils des faits courants dans une société primitive. Ainsi, à Rome, en particulier, ce qui fonde la propriété c'est encore, au début de la période historique, la force, l'habileté ou le hasard ; on possède en fait de terre ce que l'on a occupé le premier. On possède en fait de biens meubles ce que l'on s'est approprié. Et à travers tout le moyen âge jusqu'à la Révolution française, le droit du premier occupant, c'est-à-dire la force ou le hasard, voilà encore le fondement de la propriété.

Dans tout le moyen âge et dans les monarchies absolues qui constituent l'Europe jusqu'aux révolutions anglaises et françaises, le souverain est encore propriétaire éminent des biens de tous ses sujets, et du souverain cette propriété passe aux seigneurs et à tous ceux à qui l'autorité souveraine est déléguée. En France même, au xviiie siècle, le paysan avait peine à protéger ses propriétés et ses récoltes contre les entreprises de la classe aristocratique ; et, à l'époque de la Renaissance, les commerçants, les fabricants, les bourgeois des villes étaient en général dépouillés, au moins partiellement, lorsqu'ils devenaient très riches.

Dans notre siècle seulement, on s'est aperçu que la force, l'habileté ou le hasard n'étaient peut-être pas des titres suffisants pour exclure de certains biens, de certaines choses nécessaires à la satisfaction des besoins humains, un certain nombre d'individus trop faibles ou arrivés trop tard, ou victimes du hasard ou de leur peu d'aptitude à lutter avec bonheur.

La probité, qui nous empêche de convoiter, et pratiquement de prendre ce que nous n'avons pas acquis par notre travail et par nos efforts, est donc une acquisition morale : c'est une qualité qui s'est développée au milieu de quantités d'avatars et qui n'apparaît clairement et distinctement que dans les civilisations les plus élevées. La réprobation du vol, sous toutes ses formes, par force, par ruse, par rupture d'engagement, est, elle aussi, comme la probité, une acquisition morale et relativement récente. Aujourd'hui encore peut-on dire que tous les individus ont vraiment acquis les biens dont ils jouissent, et peut-on dire que l'on réprouve d'une façon unanime ceux dont la richesse remonte, d'une façon plus ou moins déguisée, au privilège ou à la force, ou à l'exploitation habile des individus plus faibles ? Une probité scrupuleuse, une répugnance complète au vol sous toutes ses formes exigeraient que des richesses mal ou injustement acquises, ne soient pas considérées comme des propriétés légitimes et intangibles : Bien mal acquis ne devrait jamais profiter.

Questionnaire.

Quelles sont les origines de la propriété ? — La propriété existe-t-elle chez les peuples très primitifs ? — Dans les sociétés qui ont précédé la nôtre, par quoi d'ordinaire justifiait-on la propriété ? — Par la force, ou par le droit au produit du travail que l'on a fait ? — Aujourd'hui peut-on dire que la propriété est toujours fondée sur le travail de celui qui la possède ? Le travail et la propriété individuelle. — Qu'est-ce que la probité ? — A-t-on toujours eu le respect de la propriété ? — A-t-on toujours estimé la probité, comme on l'estime aujourd'hui ? Peut-on dire qu'aujourd'hui nous nous faisons toujours une idée très exacte de la probité ? Que faudrait-il pour que la probité existât d'une façon complète ?

VINGT-SEPTIÈME LEÇON

LA PROBITÉ (*Suite*).

II. La Probité. — Le Vol, la fraude et les passe-droits. — Le Respect des engagements. — La Probité de l'écolier.

I. *La propriété, garantie de vie et d'indépendance.* — Tous les individus qui composent la société, hommes ou femmes, riches ou pauvres, valides ou invalides, ont des droits équivalents à la vie, au travail, au repos, au bien-être, à la joie, à la science, à la beauté. Ils ont tous le même droit à contenter les besoins essentiels à la nature humaine. Ils ont le même droit à la vie libre, à la pensée libre. Mais ces droits seraient apparents et illusoires s'ils n'étaient pas accompagnés de moyens pratiques permettant de les exercer. En effet le pauvre a le même droit que le riche de pratiquer le culte religieux qu'il lui plaît ou de n'en pratiquer aucun ; mais, si par hasard un domestique, dépendant d'un patron intolérant, risquait d'être renvoyé s'il ne pratiquait pas la religion de son maître, il n'aurait pas en réalité le moyen d'exercer librement le droit de penser librement. De même il faut, pour vivre, pour donner satisfaction aux besoins humains, posséder les moyens de vivre, ou richesses ; il faut posséder à la fois les moyens de produire les choses utiles et ces choses elles-mêmes. Autrement dit, pour vivre et pour vivre librement, pour réaliser notre émancipation complète, *la propriété* d'une certaine quantité de richesses nous est indispensable.

II. *La propriété individuelle ou collective, produit du travail, doit être respectée.* — On peut du reste essayer de définir assez clairement cette propriété à laquelle chacun a droit ; nous l'appellerons la vraie propriété individuelle, puisque dans un régime de justice tous seraient assurés de l'acquérir. C'est le *produit intégral*, c'est-à-dire le revenu entier, sans que rien n'en soit retranché ou n'y soit ajouté, du travail de chacun. Tous doivent associer leurs efforts en vue de la production; tous les travailleurs, dans l'entreprise sociale, doivent dégager de la coopération leur part, équivalente au produit intégral de leur travail.

La propriété individuelle ainsi définie, le revenu individuel de la production collective à laquelle le travailleur a participé apparaît parfaitement légitime et inviolable. Il est injuste de troubler la libre consommation de la richesse individuelle normalement acquise. Il n'est pas admissible qu'une atteinte soit portée à la propriété, fruit du travail, si le régime social de production et de répartition permet à tous de travailler et de trouver les moyens de vivre dans la libre possession du produit intégral du travail. Le vol, considéré comme atteinte portée à la propriété légitimement acquise, est une flagrante injustice.

La propriété légitime ne se présente pas uniquement sous la forme individuelle. Le travail collectif suppose déjà dans certaines formes d'organisation du travail, dans l'association coopérative de production, par exemple, la propriété collective des instruments de travail, des moyens de production et d'échange. Chaque travailleur est à la fois copropriétaire et coproducteur dans l'association. Chacun possède sa part indivise dans la propriété totale. Cette propriété collective, dont les germes apparaissent encore dans la société actuelle sous la forme des monopoles d'État, propriétés de commune, de département, propriété de jardins, de musées, de squares municipaux, propriété de certaines associations et qui tend de plus en plus à s'étendre, est aussi légitime que la première, étant le produit d'un travail collectif destiné à assurer à la collectivité certaines jouissances spéciales. Elle est aussi respectable que la propriété individuelle, dont nous parlons et, comme elle, doit être protégée. La fraude qui est une atteinte à la propriété collective est une injustice au même titre que le vol.

III. Causes profondes des atteintes à la propriété.

— L'état de lutte, de concurrence économique dans lequel nous vivons, le manque de sécurité qui en résulte font que tout propriétaire, ne se sentant jamais en sûreté suffisante, cherche à accroître sa propriété dans des proportions illimitées.

Qu'arrive-t-il en définitive? Le propriétaire cupide, entraîné par la passion du gain à outrance, se lancera dans les affaires immorales où l'intrigue, le manque de scrupules remplaceront le travail et l'honnêteté. Le travailleur pauvre, dégoûté parfois de sa pénible situation, d'un travail excessif et peu rémunérateur, séduit d'ailleurs par la possibilité de vivre sans rien faire, comme certains autres, ne se contentera pas toujours de vivre paresseusement aux dépens de la société ; quand le besoin l'aiguillonnera trop vivement, il sera comme le propriétaire malhonnête, il dérobera aux membres de la société les moyens de vivre, de s'enrichir et de se tirer de la misère, s'il le peut, par un audacieux coup de filet. On peut donc conclure que de l'inégalité sociale naissent non seulement la misère, mais encore la paresse, le parasitisme et l'irrespect de la propriété d'autrui.

Ne constatons-nous pas que dans la société actuelle la propriété des moyens de production (sol, sous-sol, usines, forces motrices, force humaine) et des moyens d'échange (magasins, navires, moyens de transports) est détenue exclusivement par une minorité de grands propriétaires, cependant que la majorité des travailleurs est dépossédée de toute propriété? De même la propriété des produits du travail et des bénéfices de ce travail n'appartient-elle pas presque uniquement aux actionnaires des grandes compagnies industrielles ou commerciales? Il en résulte que le travailleur faible est souvent à la merci du propriétaire dans le contrat de travail, et aussi qu'il est possible à certains membres de la société de vivre du travail des autres, sans parfois rien faire eux-mêmes.

Nous devons faire tous nos efforts pour transformer dans un sens équitable le régime de la production et de la répartition actuelles. Mais en attendant que tous les hommes comprennent et réalisent la solidarité de leurs efforts en vue de leur bien-être mutuel, en attendant que tous, solidaires dans les charges et les bénéfices, trouvent dans l'égalité sociale la garantie réelle de leur vie et de leur liberté, c'est un devoir pour chacun de respecter la propriété d'autrui, d'être honnête.

IV. *Le vol et ses diverses formes.* — Certes il est à souhaiter que la propriété de richesses créées par tous pour tous ne demeure pas le patrimoine exclusif de quelques privilégiés.

Mais toute propriété, fruit légitime du travail, est infiniment respectable : car elle est la condition de la vie du travailleur. Le respect scrupuleux des biens légitimement acquis et possédés s'appelle la *probité*. Toute atteinte à la propriété, toute action contraire à la probité est un vol.

Le recéleur qui cache un objet volé est aussi coupable que le voleur. Le vol peut être commis par ruse ou par force. Il peut être accompagné de circonstances aggravantes (vol qualifié). Il peut porter sur des objets minimes ou sur des sommes considérables. Il peut revêtir des formes multiples : vol du marchand qui ne donne pas le compte, emploie de faux poids ou de fausses mesures, remet de la fausse monnaie, vend des produits avariés, fait des bénéfices exorbitants, profite des circonstances pour hausser les prix ; vol de l'employeur qui prend sous forme de bénéfices la majeure partie des plus-values acquises par le travail de ses ouvriers, dont il réduit injustement les salaires ; vol de l'industriel qui impose insensiblement à ses ouvriers des tâches plus longues et plus difficiles pour le même prix ou trompe l'inspecteur du travail sur l'observation des lois protectrices de l'ouvrier ; vol de l'ouvrier qui fournit un travail de mauvaise qualité ; vol du joueur qui triche au jeu ; vol du supérieur qui exige de ses inférieurs un surcroît arbitraire de besogne.

Quand le vol atteint l'État (douanes), les communes (octroi), il s'appelle *fraude*. Que le vol atteigne un particulier ou qu'il atteigne la collectivité, l'État, c'est-à-dire tout le monde, qu'il prenne la forme brutale ou qu'il se déguise, il est également répréhensible, puni par les tribunaux et condamné par la morale.

L'indulgence. — Nous devrons pourtant être indulgents pour des malheureux que la détresse aura poussés au vol ; il n'y a pas longtemps qu'un juge absolvait, au nom de l'humanité, une mère de famille qui avait volé un pain pour ses enfants affamés; seule la société lui avait paru responsable d'un délit qui avait sa cause dans la misère et la mauvaise organisation de la société.

La probité de l'écolier. — Habituons-nous de bonne heure à ne rien voler. Notre probité d'écolier, les scrupules que nous aurons à ne pas commettre une indélicatesse, à ne pas dérober un crayon ni une plume, à ne pas extorquer par l'obséquiosité ou le mensonge un avantage immérité, nous seront garants de notre probité de bon associé à l'âge d'homme.

Questionnaire.

Énumérez les besoins essentiels de l'homme. — Tous les individus ont-ils les mêmes droits à contenter ces besoins? — Un droit est-il réel, s'il n'est pas accompagné des moyens pratiques permettant de l'exercer? — Montrez la nécessité de la propriété pour tous d'une part de richesses. — Comment se définit la propriété? — Toute propriété est-elle légitime? — Donnez des exemples de propriété collective. — Qu'est-ce que la probité? le vol? la fraude? les passe-droits? — Devons-nous être indulgents vis-à-vis des criminels? — Comment un écolier doit-il être probe?

VINGT-HUITIÈME LEÇON

LA PROBITÉ ET L'INDÉPENDANCE (*Suite*).

III. L'ÉCONOMIE ; LA PUISSANCE DE L'ARGENT
ET SES INCONVÉNIENTS.

I. — Un droit n'existe *réellement* qu'accompagné des *moyens* indispensables à sa réalisation[1]. La propriété d'une certaine part de richesses peut seule assurer notre existence, garantir efficacement notre liberté et favoriser notre développement. Celui qui travaille au jour le jour, sans jamais acquérir ni pouvoir amasser quelque réserve, sera vite à la merci des circonstances ou des hommes. Il sera l'esclave d'une maladie, d'un accident, d'un chômage, d'un employeur. Jamais de loisir pour lui : point de lectures possibles, point d'instruction, point de culture ; donc la servitude intellectuelle et morale, après la servitude matérielle.

Il convient donc, pendant qu'on le peut et autant qu'on le peut, d'économiser chaque jour quelque argent pour les mauvais jours, pour l'exercice de sa liberté, pour les exigences de la vieillesse. Quel que soit notre bonheur présent, il nous faut toujours

---

1. Exemples : Est-ce que j'ai *réellement* le droit de chasser, de voyager en automobile, si je n'ai pas les moyens pécuniaires de me procurer un permis de chasse ou un automobile ? Est-ce que j'ai le droit *réel* de me syndiquer, de voter selon mes convictions, si je n'ai pas les ressources nécessaires à ma subsistance, dans le cas où je serais renvoyé de l'usine par un patron intolérant ?

prévoir le moment où la fortune aveugle se tournera contre nous. Ce destin parfois cruel qui semble se jouer de notre existence, en la rendant tour à tour agréable ou pénible, il serait indigne de le subir passivement ; il nous est nécessaire de travailler activement à nous mettre hors de ses atteintes. Ne nous abandonnons pas, comme certains pessimistes, à la fatalité et ne faisons jamais en sorte d'être obligés d'avouer un jour notre défaite, de prononcer ces mots de découragement et de résignation stérile : *c'était écrit* ; mais agissons plutôt en sorte de pouvoir nous écrier : *c'était à prévoir* et nous avons eu raison d'engager la lutte avant le combat.

II. — Malheureusement la vie s'est extrêmement compliquée de nos jours. Aux *besoins essentiels* de notre nature se sont ajoutés une multitude de besoins factices, de besoins matériels insatiables dont la satisfaction est difficile, souvent impossible. Le luxe appelle le luxe, le bien-être le bien-être, tant et si bien que les gens apparemment comblés sont ceux-là qui souffrent le plus de la moindre privation et parlent le plus vivement d'indigence.

Nous ne nous soucions plus assez d'*être*, nous voulons *paraître* ; combien voit-on de gens dont l'unique préoccupation est de jeter de la poudre aux yeux, de satisfaire aux exigences d'une coquetterie qui devient de plus en plus générale et à celles d'une vie mondaine qui fait oublier la vie réelle, faite de simplicité et de franchise.

L'homme sensé pensera qu'il doit économiser le plus qu'il peut pour son affranchissement et celui de sa famille. Il faut que chacun s'assure son lendemain et puise dans le sentiment de sa *sécurité* le courage nécessaire pour travailler librement et consciemment à sa perfection physique et morale, à satisfaire ses goûts intellectuels et artistiques, à vivre d'une vie vraiment humaine. L'argent est actuellement indispensable à tout homme qui veut vivre indépendant. Gagnons-le honnêtement, gagnons-en ce que nos forces et le souci de notre santé nous permettent, économisons ce que nous pouvons sur le superflu.

Malheureusement bien des gens ne possèdent rien, absolument rien. Soit qu'ils soient chargés de famille, soit qu'ils soient rémunérés d'une façon dérisoire, bien des travailleurs honnêtes n'ont ni les moyens de vivre, ni argent, ni loisir. Nous parlerons dans la morale sociale du régime économique actuel où le travailleur, ne possédant que ses deux bras pour vivre et étant obligé de les louer à des employeurs, est à la merci de l'entrepreneur et du capitaliste sur le marché du travail. Sans nous occuper en ce moment de la misère causée par l'alcoolisme, la débauche ou le luxe, il est toute une classe de travailleurs qui sont condamnés à la pauvreté. Nous indiquerons le devoir de tous et particulièrement des travailleurs pour combattre ce fléau social. Mais dès maintenant on voit que l'épargne n'est pas un moyen suffisant pour atténuer ou supprimer la misère. Dans les conditions économiques actuelles de la société, il n'est pas possible à tous d'économiser. C'est seulement au prix de nombreuses privations que certaines gens arrivent à mettre de côté quelque argent. La plupart ont toutes les peines du monde à joindre les deux bouts et à ne pas faire de dettes. L'épargne n'est donc qu'un remède tout à fait insuffisant à la misère, et qui ne peut être pratiqué par tous : il serait à souhaiter que dans une société bien organisée, où la sécurité serait complète, grâce à de bonnes institutions d'assistance et de retraite, il ne fût plus besoin de privations pour assurer l'avenir.

III. — **Aussi bien une morale vraiment humaine se préoccupe-t-elle de rechercher pour tous les conditions d'une vie large et pleine.**

Le but de la vie, c'est avant tout de vivre, dans l'épanouissement total de l'être, dans la satisfaction entière de tous nos besoins essentiels. Il ne faudrait pas que l'existence soit dominée par le souci d'un bénéfice à réaliser, d'un budget à équilibrer, d'une épargne à former. Quelle existence mesquine et misérable que celle-là, restreinte, étriquée, sans joie, sans générosité[1].

---

1. Malheureusement, pour beaucoup de gens, soit par besoin urgent, soit par cupidité et désir insatiable de jouissances grossières, la question

L'ascétisme volontaire ou involontaire ne correspondent point à notre conception de l'idéal humain. Nous n'avons rien à retrancher ni à mutiler de notre nature physique ou morale. Les circonstances économiques devraient se plier à notre vie, non notre vie aux circonstances. La privation est un fait anormal et contre nature. Si, par de sages institutions de prévoyance, le lendemain et l'avenir sont assurés, il n'y aura plus de raison de ne pas dépenser tout ce qui est nécessaire pour donner à la vie la joie, la beauté légitimes et indispensables.

Il ne faudrait surtout pas qu'une bonne habitude, l'épargne, dégénérât en un souci constant de calculer, en une sorte d'adoration de l'argent et de ceux qui en ont. Certes l'argent, signe représentatif de la richesse est nécessaire, indispensable actuellement ; celui qui voudrait le nier serait insensé. Mais l'argent, utile serviteur, est un mauvais maître. Possédons-le, ne soyons pas possédés par lui.

IV. — A voir combien une existence débarrassée complètement de toute préoccupation pécuniaire est heureuse, on se demande si l'argent ne serait pas le facteur principal du bonheur. Tous les cours de morale répètent à l'envi que la richesse ne saurait rendre une vie paisible, mais on ne le croit pas. C'est que l'argent est trop la puissance du jour. Nos besoins demandent à être satisfaits, mais la jouissance qui résulte de leur satisfaction nous pousse vite à les écouter d'une oreille trop complaisante; nous devrions les régler, ce sont eux au contraire qui deviennent nos maîtres et nous tyrannisent. Non contents de vivre, nous voulons bien vivre et nous en arrivons à désirer trop bien vivre. Et cédant à nos penchants insatiables, nous considérons l'argent, non plus comme le fruit légitime de notre labeur, mais comme une marchandise vulgaire et impersonnelle, capable de procurer tous les plaisirs. Et c'est ainsi que dans tous les domaines, celui du cœur,

d'argent hante frénétiquement les cerveaux : gagner pour ne pas mourir de faim, spéculer pour posséder, monopoliser et jouir; de l'argent, toujours plus d'argent! voilà le mobile presque unique, la triste formule avec laquelle on éloigne de la vie toute générosité, toute justice, toute beauté. Un tel utilitarisme dessèche les cœurs.

celui de l'esprit, celui de l'honneur, la vénalité peut s'introduire parfois. L'argent n'est pas seulement l'objet de désirs fous, mais trop souvent aussi celui d'adulations naïves et inconscientes. M. Jourdain pliait l'échine devant les gentilshommes; trop de nous aujourd'hui s'inclineraient devant M. Jourdain. Celui qui *honnêtement* a fait fortune mérite la considération de ses concitoyens parce qu'il a fait preuve de courage, d'initiative, d'intelligence et de travail acharné, mais nous devons nous mettre en garde contre la tendance trop coutumière à notre époque qui nous fait juger d'un homme par sa seule valeur économique et non par les qualités intellectuelles et morales.

En entourant ainsi la richesse d'un respect excessif et d'une admiration exagérée, nous l'avons dépréciée, nous en avons fait le premier principe. On discute encore la question de savoir si l'argent peut faire le bonheur. Il est certain que ceux qui sont assez sages pour se contenter d'une vie simple où tous les plaisirs purs trouvent leur place, où tous les désirs légitimes sont satisfaits dans une juste mesure, où les trop grandes jouissances comme les trop grandes douleurs sont soigneusement évitées, il est certain que ceux-là sont des heureux.

Le savetier dont parle La Fontaine refusa les sacs d'écus du financier; il ne voulait pas accepter les soucis constants qui assaillent ceux qui ont à gérer une trop grande fortune. Faisons comme lui. Cueillons, comme dit Horace, « les roses de la vie », mais n'oublions pas qu'auprès de ces roses se trouvent des épines, sachons contenir nos aspirations. — Il n'est de peuples heureux que ceux qui n'ont pas d'histoire, a-t-on dit bien souvent; il en est de même des individus. Sachons nous contenter de ce qu'un poète latin appelle la médiocrité dorée, c'est-à-dire d'une *large aisance* qui nous permet de vivre à l'abri du besoin sans nous autoriser à vivre comme des égoïstes et des oisifs.

Questionnaire.

Est-il possible, est-il prudent de dépenser actuellement tout ce que l'on gagne? — En quoi consiste l'épargne? — Est-il permis à tout le monde d'épargner? — L'épargne est-elle suffisante pour résoudre le grave problème du paupérisme? — Dans une société où tous les travailleurs seraient assurés de leur vie, largement, l'épargne aurait-elle encore sa raison d'être? — L'argent procure-t-il le bonheur? — Doit-il conférer toutes les vertus? — Est-il le signe de la grandeur morale? Comment doit-on le juger?

VINGT-NEUVIÈME LEÇON

LA PROBITÉ ET L'INDÉPENDANCE (*Suite*).

IV. L'Avarice. — La Prodigalité.

Nous avons vu dans la leçon précédente que l'épargne nous préserve en une certaine mesure de la misère, qu'elle nous éloigne de l'intrigue et de la honte. Il est difficile à un sac vide de tenir debout, disait avec raison Franklin. Est-ce à dire que, pour économiser, nous allions jusqu'à nous priver du nécessaire? Il faut éviter de transformer une qualité, la prévoyance, en une passion, l'avarice.

I. — L'avare économise pour thésauriser, entasse pour le plaisir d'entasser. Harpagon n'a qu'un culte, qu'une affection, qu'une raison de vivre, son or, son tas d'or. « Il l'aime plus que réputation, qu'honneur et que vertu. » Cette dépravation morale pervertit et atrophie sa conscience, lui fait oublier ses devoirs les plus impérieux. Un tel homme n'est plus ni homme, ni père, ni mari ; c'est un avare. Molière nous montre Harpagon imposant à sa fille un mariage déplaisant mais qui le dispense de donner une dot, forçant son fils à placer son argent au denier douze, laissant ses chevaux mourir de faim, ses valets manquer de vêtements, suscitant autour de lui la méfiance, le mépris ou la moquerie. Harpagon, esclave de sa cassette, « son cœur, ses entrailles », n'a plus rien d'humain. « C'est de tous les mortels le plus dur et le plus serré, de tous les humains le moins humain. » Qui ne connaît dans son entourage une de ces âmes rabougries, barricadées dans leur égoïsme et leur ladrerie comme dans une forteresse, vivant dans la société comme de véritables étrangers.

II. — Si l'avare est le triste et dangereux esclave de sa passion, le prodigue qui gaspille son avoir, dissipe ses biens en folles dépenses, se met de lui-même à la merci de ses semblables. Celui qui ne prévoit pas le lendemain, les chômages, les accidents, les maladies, la vieillesse, et qui dépense au jour le jour devient à charge pour les autres ; il contracte des dettes chaque jour croissantes auxquelles il est incapable de faire face. Débiteur, il n'est plus libre. Les créanciers sont là pour surveiller ses dépenses, contrôler sa vie privée, faire mainmise sur son traitement ou son salaire, faire hypothéquer ou faire vendre ce qui lui reste de biens ; tour à tour il met ses meubles, ses vêtements au Mont-de-piété ; bientôt il ne possède même plus d'abri ; il échoue dans la rue et fait partie des déclassés ou des mendiants ; peut-être, dans sa détresse, sera-t-il amené à user d'expédients, à exploiter une dernière fois la confiance de ceux qui l'ont connu dans la prospérité ; la fraude, l'escroquerie feront de lui un filou, un chevalier d'industrie que la justice arrêtera sans doute un beau matin. Peut-être voudra-t-il demander au jeu la récupération de sa fortune ? Mais le jeu est capricieux ; celui qui se laisse entraîner sur cette pente funeste perd peu à peu le goût du travail et dissipe sur la table verte tout ce qu'il a ou tout ce qu'il emprunte. Il n'est rien d'ailleurs de si malhonnête, de si démoralisant que d'attendre du hasard et de la chance ce qui ne doit équitablement être que le fruit du travail. On conçoit que le prodigue ou le joueur arrivent à perdre complètement le sens moral et deviennent pour la société des exemples contagieux de déchéance morale et de misère matérielle. Les scrupules, la générosité, le caractère s'amoindrissent chez des hommes qui désormais courront toutes les aventures et cultiveront tous les parasitismes. Souvent leur famille sombrera par leur faute dans la détresse et le dénuement.

III. — Il est vrai de dire que la société est responsable pour une large part de ce vagabondage social. Quoi de plus immoral qu'une opinion publique, indulgente à tous les écarts de conduite, pourvu qu'ils aient le décor du luxe éblouissant et de la folle dépense ! Il n'est pas rare de voir des gens riches gaspiller leur fortune en plaisirs dispendieux, en dîners fastueux, en fêtes resplendissantes. Au gré de leur caprice, du désir d'étonner le monde de leur opulence bruyante, ils se paient le luxe d'équipages somptueux et superflus, de vêtements multiples, de fantaisies coûteuses, d'objets rares et parfaitement inutiles. Ils prodiguent des milliers et des milliers de francs, sans but, sans raison, à tort et à travers. Ce luxe exorbitant, ce clinquant et cette mise en scène, si extravagants, si vides et si insignifiants qu'ils puissent être, ne laissent pas que d'être insolents dans une société où tant de gens sont si souvent privés du nécessaire, où les travailleurs qui peinent n'ont pas toujours de quoi vivre. Il est pénible de songer que les seules dépenses d'une nuit de fête auraient suffi à la création d'un hôpital, au soulagement de misères innombrables ; que le prix de tel ou tel vêtement mis trois ou quatre fois, aurait pu tirer de la gêne des familles entières de pauvres gens, victimes d'inégalités imméritées.

Il ne faut pas confondre le prodigue qui gaspille sans utilité pour personne et fait de l'argent un usage absurde et scandaleux avec le généreux qui sait être large lorsqu'il s'agit d'une œuvre philanthropique, qui recherche et multiplie les occasions de faire le bien et qui trouve généralement dans le sentiment de la solidarité humaine des raisons de donner.

IV. — En résumé, il importe de savoir qu'entre l'avarice et la prodigalité il y a un juste milieu à tenir. L'honnête homme éclairé trouvera dans sa raison l'indication de son devoir ; qu'il sache bien que l'argent n'est qu'un serviteur, pas un maître ; qu'il soit bien convaincu que jamais le tapage, le luxe, le clinquant, les plaisirs factices et misérables qu'il procure ne donneront la joie d'une vie bien remplie, imprégnée tout entière de sentiments généreux et humains.

Questionnaire.

Qu'est-ce que l'avarice ? — Faites le portrait de l'avare ? — Montrez que l'avare n'est plus ni père, ni époux, ni homme ; qu'il est l'esclave de son or ? — Qu'est-ce qu'un prodigue ? — Comment finit la plupart du temps le prodigue ? — Pourquoi la prodigalité a-t-elle un caractère d'insolence dans une société où il y a des travailleurs pauvres ? — Distinguez la prodigalité et la générosité. — Quel sera le devoir de l'homme conscient et fraternel ?

Rey et Dubus.   8

TRENTIÈME LEÇON

LA BONTÉ.

I. LA LEÇON DES FAITS.

I. La bonté. — L'enfant, comme le sauvage, ne sont pas naturellement bons. Au contraire, souvent on rencontre en eux un instinct vindicatif et cruel (« Le crapaud » de Victor Hugo), et l'on pourrait citer à l'infini des exemples de la cruauté des sauvages et des enfants.

Cette cruauté d'ailleurs provient d'une inconscience complète et d'un manque absolu de réflexion ; le primitif ou l'enfant font souffrir comme ils rient ou pleurent, sans savoir pourquoi. Ils sont incapables de se représenter les souffrances qu'ils font endurer. Ils ne réfléchissent pas assez pour se mettre à la place de celui qui souffre ; ils n'ont pas l'idée de se comparer à lui et de se dire que les souffrances qu'ils donnent pourraient, à leur tour, leur être infligées.

D'ailleurs, quand ils souffrent eux-mêmes, ils ne se représentent pas en général non plus la cause de leurs souffrances. Ils savent qu'ils souffrent, mais ne savent pas non plus pourquoi. Ils acceptent passivement la souffrance comme ils la donnent ; de là la dureté que l'on remarque chez les hommes peu civilisés et quelquefois chez les enfants. Le sauvage souvent n'a pas l'idée d'implorer la pitié de celui qui le tourmente ; mais cette dureté, cette insensibilité, cette absence de pitié et de bonté se montrent surtout à l'égard des autres, d'une façon universelle, chez l'enfant comme chez le sauvage.

Ce n'est qu'au fur et à mesure des progrès de la civilisation, à mesure que la réflexion s'éveille, que la sensibilité s'affine et que nous devenons capables de nous mettre à la place d'autrui et de ressentir profondément les souffrances des autres, que s'éveillent la pitié, la charité et la bonté. Il y a en nous déjà les germes de ces sentiments, car les naturalistes nous apprennent qu'il y a une sorte d'instinct qui nous porte à ressentir les mêmes émotions que les gens avec qui nous vivons ; de même qu'un individu qui bâille en fait bâiller d'autres, de même un individu qui rit nous réjouit, de même un individu qui pleure nous attriste. Cette sympathie irrésistible, qui est comme une loi de la vie, bien qu'elle ne se montre que rarement chez le sauvage ou chez l'enfant, se manifeste quand même chez eux. Les relations sociales sont évidemment faites pour la développer, car il n'y a de société possible que là où les hommes peuvent mettre leurs joies et leurs souffrances en commun, et plus ils le peuvent, plus la société est forte, plus elle est capable de progresser et par suite en s'améliorant de rendre meilleur le sort de tous. La bonté doit donc aller par la force même des choses constamment en s'élargissant et en devenant d'une application plus fréquente et plus efficace. C'est ce que nous montre l'histoire. La bonté ne s'éveille d'abord dans la société que pour les gens qui nous touchent de très près ; les autres nous laissent encore complètement indifférents. Or, comme à l'origine les sociétés humaines sont très restreintes et ne comptent que quelques centaines d'individus, l'homme n'est bon que pour ceux qui font partie de la même société ; le reste est considéré comme l'ennemi sur qui l'on peut tout et dont la souffrance est même quelquefois agréable. On se conduit vis-à-vis de l'étranger comme l'enfant se conduit vis-à-vis des animaux. Puis le clan primitif s'agrandit, devient la tribu, la cité, qui compte plus d'individus, enfin le grand état moderne. Et aujourd'hui, par delà les fonctions de ces états, nous considérons que les autres hommes sont encore nos frères et que nous avons vis-à-vis d'eux des devoirs de bonté et de charité. Nous ne demandons pas à un homme qui souffre de quelle nation ou de quelle religion il est.

L'évolution des idées morales marque un progrès constant vers la bonté et non pas vers une bonté vague, qui se traduit en paroles plutôt qu'en actions, mais vers une bonté active qui sait soulager vraiment toutes les infortunes, relever les déshérités, effacer ce qui sépare les hommes, fortifier tout ce qui les unit. Cette bonté ne cherche pas seulement à secourir l'infortune en se débarrassant par l'aumône, qui n'est que la caricature de la vraie charité, du sentiment désagréable que cause égoïstement la vue de l'infortune. Elle cherche, au contraire, à prévenir l'infortune au lieu de la réparer, à relever non seulement le sort, mais la moralité et l'énergie du misérable, à montrer qu'il doit être l'égal des autres hommes à tous les points de vue ; elle veut que chacun puisse vivre en travaillant librement selon ses goûts et ses capacités.

II. **L'homme est-il bon ou méchant par nature et de lui-même ?** — On peut maintenant résoudre une équivoque qui a été le prétexte de nombreuses discussions. L'homme naît-il bon ou méchant ? La civilisation constitue-t-elle un progrès moral ou non ? Pour certains, l'homme naîtrait tout à fait cruel (homo homini lupus) ; c'est une bête sauvage, et la civilisation et la société lui ont imposé peu à peu des sentiments plus doux et des mœurs plus morales. Rousseau, au contraire, prétend que l'homme est bon naturellement ; c'est la civilisation, la lutte pour la vie développée par la société qui crée sa cruauté et ses mauvaises mœurs. Les légendes qui placent l'âge d'or au début de l'humanité, les systèmes philosophiques qui le placent à la fin (Shemer) expriment très bien ces deux tendances. Si l'on considère partiellement les faits, chacune peut revendiquer un certain nombre de preuves. La première invoquera la cruauté et l'instinct vindicatif des enfants et des sauvages, la seconde montrera tous les crimes dont l'origine est sociale.

Mais si on examine les faits dans leur ensemble et avec impartialité, il paraît que le problème est mal posé. Certaines formes de civilisation développent des vices ; la civilisation imparfaite où nous sommes encore en entretient, mais à côté elle en a fait disparaître un très grand nombre. Il semble donc qu'on ne peut

décider à priori si l'homme est bon ou mauvais par nature parce
qu'en réalité ces expressions « bon ou mauvais par nature » n'ont
pas de sens : ce sont des abstractions et non des réalités. L'homme,
comme tout ce qui est naturel, n'est en lui-même ni bon ni mauvais, ni moral ni immoral ; il est susceptible d'évoluer dans les
sens les plus différents. Le mot moral se rapporte toujours à un
but qui s'est peu à peu imposé sous la pression des exigences et
du progrès de la vie individuelle et sociale. C'est seulement par
rapport au but que dessine l'évolution morale et sociale qu'il est
possible de dire que tel individu est bon ou mauvais, selon qu'il
s'en approche ou qu'il s'en écarte.

Questionnaire.

L'enfant est-il toujours bon ? — Que sait-on des mœurs des sauvages
ou des hommes d'autrefois ? Étaient-elles plus douces ou plus rudes que
celles d'aujourd'hui ? Pourquoi étaient-elles plus rudes ? — Montrer les
progrès vers la bonté et l'adoucissement continu des mœurs, par quelques exemples. Parler de la condition des esclaves, des serfs, des rotu-
riers, des pauvres, dans l'antiquité et au moyen âge. — Est-il vrai que
la civilisation a augmenté la méchanceté des hommes ? N'est-ce pas plutôt
le contraire ? — Pourquoi ?

TRENTE-UNIÈME LEÇON

LA BONTÉ (*Suite*).

II. La Bonne camaraderie. — L'Amitié. — La Politesse. — La Pitié et la cruauté. — La Générosité.

1. La bonne camaraderie. — L'amitié. — 1° Dans nos relations journalières avec les uns et les autres, nous nous sentons parfois attirés par une sympathie plus vive vers certains individus, nous aimons à les rencontrer, il nous plaît de causer, de discuter avec eux ; il se peut que nos idées et nos goûts diffèrent d'avec les leurs, mais nos rapports, étant fondés sur une *estime* mutuelle, et une très grande *franchise*, sont nécessairement agréables et cordiaux. Nous sommes de *bons camarades*, des êtres qui ont plaisir à être réunis, qui savent toujours de quoi parler ensemble sans pour cela effleurer jamais des sujets intimes, qui s'aideront volontiers le cas échéant, sans éprouver l'un pour l'autre une sollicitude inquiète ni constante, donc *estime, franchise, serviabilité* voilà ce qui fait la bonne camaraderie.

2° Pour d'autres êtres notre sympathie sera plus vive et prendra un caractère plus profond. Ce seront pour nous non plus des camarades, compagnons de hasard que l'on voit volontiers, que l'on quitte sans déchirement, mais des *amis*.

L'amitié est un sentiment très noble dont on ne voit pas toujours très bien *toute* la portée, on est enclin à lui donner un caractère *sentimental* un peu mièvre, et l'on pense moins à son côté sérieux tout *intellectuel*. Or, l'amitié naît d'une sympathie spontanée parfois à l'origine, mais qui ensuite est *raisonnée*, fondée sur des *motifs sérieux*. Il serait léger et coupable d'en user autrement, car donner à quelqu'un son amitié signifie lui accorder sans réserve toute son *estime*, toute sa *confiance*, être prêt à se dévouer complètement pour lui ; un tel engagement, tout moral d'ailleurs, doit être sérieusement motivé. Lorsque l'on se sent disposé à aimer une personne, il faut s'assurer d'abord qu'elle justifie cette affection, il faut être sûr d'elle afin d'éviter pour plus tard une déception d'autant plus cruelle pour nous qu'elle entraîne une déchéance morale de notre ami.

L'amitié par suite exige un don complet du meilleur de nous-même. L'on a envers ses amis les obligations que l'on a envers soi-même. On doit veiller sur eux, les prévenir au besoin, les défendre contre toute attaque, leur rendre tous les services moraux ou matériels sans compter en échange sur leur gratitude : ce sont choses dues. La plus grande preuve d'amitié que l'on puisse donner à son ami, c'est de lui demander un grand service tout simplement.

Mais l'amitié, si elle est vigilante et à l'occasion protectrice, doit être *discrète*. Il faut respecter profondément la *liberté* de son ami ; liberté de pensée, liberté d'action. Il faut accepter ses amis *tels qu'ils sont*, et non pas vouloir les modeler suivant un idéal. Il faut leur donner les conseils qu'ils demandent ou qu'ils peuvent souhaiter, mais ne jamais intervenir dans leur *vie intime* sans en être priés, à moins d'un cas urgent qui justifie toute intervention. L'amitié ne doit jamais être gênante, dominatrice ni exclusive ; c'est une alliance loyale de deux individus qui se donnent mutuellement *tout* ce qu'ils peuvent, mais conservent chacun leur manière d'être, l'intégrité de leurs goûts et de leurs idées, la liberté de leurs aspirations.

Un ami n'a en somme que des devoirs envers son ami. Il a seulement le droit d'exiger de lui une entière bonne foi, une *franchise absolue*.

Une amitié sérieuse, fondée sur la raison autant que sur une sympathie spontanée, est forcément durable. Cependant, il est des cas où des amitiés très sincères, très réfléchies, viennent à se rompre. Parfois l'on a été trompé sur le caractère de son ami, on découvre en lui des vices cachés qui rendent impossible notre estime. Quelquefois cependant, il n'y a pas eu de duperie, de trahison. Mais la vie et ses circonstances peuvent modifier un caractère, faire disparaître les points de contact, introduire dans l'existence de l'un des éléments nouveaux dont l'autre s'accommodera mal. Souvent aussi l'un des amis se laisse entraîner par sa nature dominatrice, veut régenter l'autre, qui lassé, et voulant être libre, est forcé de rompre pour garder son indépendance.

Mais même quand tous rapports amicaux cessent entre deux individus jadis fortement unis, ils ne peuvent pas devenir complètement étrangers l'un à l'autre. Ils doivent à leur passé de mutuelle affection d'être toujours prêts à se secourir l'un l'autre quand l'occasion se présentera. La solidarité qui nous lie à tous les hommes dans la souffrance doit s'exercer encore davantage envers ceux qui nous ont été chers autrefois.

II. LA POLITESSE. — Mais l'on ne peut avoir que des amis. Sans cesse dans la vie nous nous trouvons en contact avec des inconnus ou des individus que nous voyons trop peu pour avoir sur eux une opinion bien nette, une sympathie décidée. Ce sont les indifférents. Envers ceux-là nous avons aussi des devoirs.

Nous devons d'abord être *polis*. La politesse n'est qu'une forme de la bonté. Elle n'est réelle que si elle vient de la bonté, du désir de ne jamais volontairement blesser personne. Pour éviter cela une certaine affabilité extérieure est nécessaire. La société a réglé un certain nombre de convenances qui assurent la facilité des rapports sociaux. Prises uniquement comme des *convenances*, des principes d'étiquette mondaine, ces règles semblent ineptes ; mais si on les applique dans un esprit de *bonté*, de cordialité sociale, elles sont exquises de bonne grâce et de fraternité humaine.

Soyons donc polis extérieurement ; avoir envers tous l'accueil ouvert et hospitalier, aider les faibles, prévenir les demandes de service, etc., ne croyons pas être diminués en respectant ces coutumes de politesse ; si nous les pratiquons par bonté naturelle, non par routine mondaine, nous en serons plus dignes et plus humains. Il faut être *poli* d'une manière plus efficace et plus discrète ; cette qualité exquise qu'on appelle le *tact* est encore une forme de la politesse. C'est une sorte d'instinct, qu'on acquiert quand on *veut* être bon, et qui nous permet de pressentir ce qui peut froisser ou peiner quelqu'un, qui nous fera éviter une parole pénible, qui nous fera faire un acte, dire un mot, sans importance apparente, mais qui vont au cœur.

III. **La pitié.** — Un « indifférent » cesse de l'être quand il souffre. La souffrance est la grande chaîne qui relie les hommes les uns aux autres.

On ne peut comprendre ni partager toutes les joies. On peut toujours comprendre la douleur. Dès qu'un être souffre nous lui devons plus que la simple politesse, nous lui devons la *pitié*. Il ne faut pas voir dans ce mot l'idée d'une aumône morale que l'on fait arbitrairement et dont on est fier. La pitié est un devoir, nous nous la devons tous mutuellement. C'est un élan de sympathie que provoque en nous la vue de la souffrance, sympathie douloureuse, car il nous est pénible de voir souffrir, sympathie *active* car nous devons mettre tout en œuvre pour soulager nos frères malheureux. Si nous nous trouvons en face d'une peine toute morale, ingénions-nous pour éviter à ceux qui souffrent tout souci qui pourrait accroître leur peine, sachons respecter la forme que prendra leur douleur.

S'il s'agit d'une souffrance physique, cherchons à la soulager par tous les moyens possibles, et suscitons d'autres pitiés, d'autres bonnes volontés qui nous aideront efficacement à remédier au mal et à empêcher son retour. Et en faisant cela soyons pénétrés de cette idée que la *stricte justice* nous commande de nous entr'aider les uns les autres.

IV. La généﾭrosité. — Il ne faut pas attendre d'ailleurs de voir le malheur pour chercher à faire le bien. Il faut faire le bien sans cesse pour éviter des occasions de malheur. Il faut enfin nous dire que ceux qui possèdent doivent en faire profiter les autres. La possession égoïste n'a pas de raison d'être, notre bien, quel qu'il soit, n'est pas complètement à nous ; je suis riche, en partie par mon travail, mais beaucoup grâce à d'heureuses circonstances.

Un tel qui a plus travaillé que moi est resté pauvre car il n'a pas rencontré ces mêmes circonstances qui m'ont favorisé. Je n'ai donc pas le droit de posséder pour moi tout seul. Je suis instruit, grâce à une intelligence que j'ai reçue en naissant, don tout gratuit du hasard, grâce à l'intervention d'une foule d'individus. Je dois donc à mon tour faire profiter les autres de cette science. Nous *devons* être généreux, c'est-à-dire apporter à l'œuvre sociale commune tout ce que nous pouvons lui donner. Biens matériels, si nous en avons, et forces morales : notre travail, notre intelligence. Ceux qui ont la science doivent généreusement, c'est-à-dire sans compter, la distribuer aux ignorants ; les artistes doivent généreusement donner aux foules des impressions de beauté.

Tous peuvent être généreux de quelque chose, se donner eux-mêmes, tels qu'ils sont, à l'œuvre de progrès et de libération humaine.

Questionnaire.

I. Faites la différence entre l'amitié et la bonne camaraderie. — Lisez et commentez les derniers vers de la fable de La Fontaine : « Les deux Amis ». — Que pensez-vous du mot de La Bruyère : « il est un goût dans la pure amitié où ne peuvent atteindre ceux qui sont nés médiocres » ? — L'amitié doit-elle entraîner une diminution de liberté, d'indépendance ? — II. Qu'est-ce que la politesse ? — Faites la différence entre la politesse mondaine et la vraie politesse qui n'est qu'une forme de la bonté. — Qu'est-ce que le tact ? — III. Qu'est-ce que la pitié ? — Montrez qu'elle n'est qu'un acte de *justice*. — Doit-elle se borner à une compassion platonique ? — Comment doit-elle s'exercer envers les souffrances morales ? — Parlez de la pitié discrète. — Pourquoi devons-nous être généreux ? — Montrez que la générosité seule excuse la possession de quelque bien.

TRENTE-DEUXIÈME LEÇON

LA BONTÉ (*Suite*).

III. La Bonté envers les animaux.

La société ne comprend pas seulement les hommes, elle s'étend jusqu'à nos frères inférieurs, les animaux, qui tous jouent un rôle dans notre vie. Les animaux, bons ou mauvais, ont tous une sensibilité et un instinct plus ou moins développés, par suite ils sont susceptibles de souffrance. De même que nous devons le respect à toute créature humaine, de même, et dans des limites analogues, nous devons le respect aux animaux.

I. *Animaux nuisibles.* — En thèse générale il est de notre devoir strict de respecter la vie des animaux et leur liberté. Mais beaucoup d'animaux sont nuisibles, et les laisser vivre et se développer, serait impossible puisque ce serait à notre détriment. Il faut chasser les animaux sauvages, exterminer les serpents, se débarrasser des insectes parasites pour sauvegarder notre vie. Nous usons dans cette lutte du droit de légitime défense ; mais encore faut-il nous rappeler que *rien* ne saurait excuser la cruauté, la souffrance inutiles infligées à la bête aux abois. La torture est toujours un moyen lâche qui déshonore celui qui l'emploie ; il est honteux d'éprouver du plaisir à faire souffrir un être vivant. On doit se débarrasser de l'animal nuisible le plus rapidement possible, et de la manière qui le fera le moins souffrir. Un animal dit malfaisant l'est nécessairement, il obéit en cela à une loi fatale ; il assure ses moyens d'existence comme il peut. Cette sorte d'acharnement après leur victime, que certains hommes ont parfois envers un animal dangereux. le triomphe brutal et féroce qu'ils manifestent après l'avoir tué, sont stupides; ils ressemblent à une vengeance contre un être irresponsable.

Donc une loi de bonté s'impose vis-à-vis des êtres nuisibles. Chassons-les, pour ne point être chassés par eux, mais en leur évitant toute souffrance inutile. Ne soyons pas comme le chat envers la souris, évitons leur l'angoisse affolante de la mort inévitable et lente à venir. Et surtout envisageons cela comme une nécessité répugnante, non comme un plaisir, comme une orgueilleuse revanche.

II. *Animaux utiles.* — Ceux-ci sont les plus nombreux, plus nombreux qu'on ne le croit, et il importerait qu'on les connaisse bien.

Beaucoup de bêtes à l'aspect triste ou répugnant sont dites nuisibles, qui au contraire sont fort utiles, tels le crapaud, la chouette, etc.

Il faudrait donc avant toute chose se renseigner sur eux, et ne jamais se laisser dominer par une impression de dégoût irraisonné qui nous inciterait à un meurtre injuste, par suite coupable.

a) Mais parmi les animaux utiles il en est qui le sont pour nous uniquement au dépens de leur vie, le gibier, la viande de boucherie par exemple. Ceci est une nécessité de notre nature, de notre conformation physiologique. Nous avons besoin de chair pour vivre tant que nous n'aurons pas adapté notre organisme à un autre régime. L'homme est un carnivore, comme le loup, comme le lion, et comme eux il cherche sa pâture parmi les plus faibles. Mais là encore la stricte justice nous commande d'éviter aux victimes toute souffrance. Pendant la période d'élevage il faut leur assurer l'existence large, paisible, les bons traitements, ceci même dans notre intérêt; ensuite il faut leur donner une mort rapide et sûre. D'ailleurs rien ne prouve que la viande soit absolument nécessaire à notre alimentation. On a exagéré beaucoup sa valeur, et les expériences tentées par quelques végétariens semblent militer en faveur d'une très grande diminution, et même de la suppression totale de l'alimentation carnée.

b) Mais en dehors de ces animaux sacrifiés à nos besoins, il en

est des légions d'autres qui nous sont utiles : *animaux domestiques*, sans cesse en rapports familiers avec nous, tels que le bœuf,
la vache, le cheval, l'âne, le chien, les poules, etc, ; animaux
utiles aux cultivateurs, — la plupart des oiseaux, tels que l'hirondelle, la chouette, la taupe, le lézard, etc., enfin des animaux
qui nous sont utiles à un point de vue tout spécial, ceux qui par
leur forme élégante, la beauté de leur coloris, l'harmonie de leur
chant, viennent réjouir nos sens et nous fournir une vision de
beauté.

Envers tous ceux-là nous devons être uniformément bons et
doux. Ne nous bornons pas seulement à leur épargner toute souffrance, nous leur devons davantage. Ces bêtes nous donnent leur
aide dans la vie, elles nous servent dans la mesure de leur force.
En retour il ne suffit pas de leur assurer leur nourriture et de ne
point les battre. Les bêtes savent aimer, elles sont reconnaissantes
envers qui les protège, elles sont capables de dévouement; leur
intelligence que nous proclamons inférieure parce que nous ne
savons la pénétrer est capable de percevoir bien des aspects de
notre manière d'être. Elles sont en somme infiniment *sociables*
et comme tout être sociable, comme les hommes eux-mêmes,
elles souffrent de l'indifférence ; elles ont besoin d'affection, elles
aiment qu'on leur parle, qu'on les caresse, qu'on les traite comme
des compagnons et non comme des machines. Quand on acquiert
un chien ou un cheval, on est moralement engagé à les rendre
aussi heureux que possible. Toute cruauté, toute négligence envers eux est coupable et marque chez nous un manque de cœur,
un oubli de nos stricts devoirs de justice.

Enfin il est toute une catégorie d'animaux dont l'utilité
n'est pas encore manifeste (on ne saurait affirmer cependant
qu'elle ne soit pas), mais que l'on sait être inoffensifs. Envers
ceux-là, comme envers tout ce qui vit, soyons bons ; laissons-les
mener leur existence paisible, respectons leur liberté qui ne nous
gêne en rien. Rappelons-nous une chose importante : tout être,
si petit soit-il, a son droit de vivre, et rien ne nous autorise à y
attenter. Parce que nous sommes les plus forts et qu'eux sont
plus faibles, nous devons les protéger, parce que nous *savons* et

qu'ils ignorent ; nous devons les aider, être indulgents envers eux. Une étroite solidarité nous unit à toute la nature, nous avons besoin d'elle tout entière, de même qu'elle a besoin de nous et du rôle nécessaire que nous jouons dans son œuvre. Ne nous croyons pas supérieurs, et par suite autorisés à en user en maîtres ; la vie des autres êtres, qui nous semble obscure et confuse, vaut peut-être la nôtre pour l'œuvre totale. Et enfin soyons dignes de nous et de ce que nous savons, en nous abstenant toujours et envers tous de toute cruauté, de toute tyrannie, de toute suppression inutile.

Questionnaire.

Pouvons-nous borner la société aux hommes seuls ? Ou d'autres êtres viennent-ils participer à son œuvre ? — Comment distinguez-vous les animaux ? — Qu'appelez-vous animaux nuisibles ? — Quelle différence faites-vous entre un lion qui mange un homme, et un homme qui emprisonne un oiseau ; lequel est le plus coupable ? Et pourquoi ? — Les animaux nuisibles n'étant pas responsables, dans quel esprit doit-on les poursuivre ? — Comment peut-on les faire mourir ? — Nommez des animaux utiles ou inoffensifs que leur triste figure fait souvent croire nuisibles. — Croyez-vous que tout est fiction dans les fables de La Fontaine où les bêtes ont tant d'esprit ? — Comment traiterez-vous votre chien ?

TRENTE-TROISIÈME LEÇON

LA GRANDEUR MORALE.

I. Le Gouvernement de soi-même. — La Fermeté de caractère et le désintéressement. — L'Autorité intérieure de la conscience. — L'Homme de devoir. — Les Héros.

Il convient de déterminer exactement ce qui constitue la dignité humaine et par là même de distinguer la véritable supériorité de ce qui d'ordinaire n'en est que l'apparence.

I. — Tout ce qui est extérieur à l'homme n'est pas l'homme. Ne jugeons pas tel ou tel sur ce qu'il nous paraît, sur son geste, sa démarche, le lustre de son chapeau, l'élégance de sa mise, le clinquant de son galon, la suffisance de sa voix, l'assurance de son regard ou la gravité de son port. N'estimons pas un homme sur son enseigne sociale, sur ses titres, sa situation, ses dignités. Ne jugeons personne sur la foi de ses brevets, de ses diplômes, de ses distinctions honorifiques. N'attachons pas un prix exorbitant aux paroles, aux promesses, aux démonstrations de sincérité, aux protestations de vertu. Tout cela peut n'être que décor éblouissant, façade, mensonge et charlatanisme.

Ne jugeons pas un homme sur sa fortune. N'accordons pas au riche, par le fait qu'il est riche, jugement, éducation, supériorité, vertu. Cet homme a peut-être acquis sa fortune par des moyens malhonnêtes et il n'y a d'ailleurs rien de commun entre l'homme et une pièce de métal.

Ne jugeons même pas un homme sur son talent, sur son génie, si ce talent ou ce génie ne sont pas mis au service du devoir et du progrès humain.

II. — Quand nous voulons estimer un homme à sa juste valeur, débarrassons-le de tout ce décor qui peut nous tromper et prévenir notre partialité. *Allons à l'homme lui-même*, examinons ses idées morales, la fermeté de son caractère et jugeons sa conduite.

Cet homme travaille-t-il courageusement à sa perfection morale ; cet homme manifeste-t-il par l'exercice simple mais continu de son devoir social l'esprit de solidarité qui le relie à à ses semblables ; cet homme traduit-il courageusement en actes, toujours et partout, ses convictions intimes ; cet homme est-il un travailleur honnête, un collaborateur modeste, une conscience, un caractère ; donnons-lui vraiment le nom d'homme.

Celui-là, nous pouvons compter sur lui ; il ne craindra pas l'injure, la calomnie, l'impopularité, quand il s'agira de lutter pour ce qu'il croit juste et vrai ; il ne sera l'esclave de personne, ni de ses intérêts, ni de ses passions ; ses actes virils en imposeront à la foule des apeurés ; il donnera l'impression d'une force, d'une énergie au service du bien et son exemple fécond arrêtera la contagion du mal.

III. — Malheureusement, comme les enfants ou comme les sauvages, nous sommes portés à admirer tout ce qui brille. Nous prenons trop souvent des morceaux de verre pour des perles précieuses. Le génie certes est estimable, mais il n'est vraiment bon qu'autant qu'il aide à l'amélioration morale, intellectuelle ou matérielle de l'humanité. Napoléon fut à coup sûr un grand capitaine, et comme tel il a droit à notre admiration, mais n'ayons pas pour lui le culte que lui avaient voué ses soldats ; sa soif de conquêtes a causé la mort de milliers d'hommes innocents, la misère de nombreuses familles, l'affaiblissement de nations entières et de plusieurs générations. Il a laissé la France diminuée de plusieurs provinces qui avaient été acquises sous le gouvernement révolutionnaire, et dans un état économique déplorable dont elle n'a pu encore se relever complètement. Nous supportons encore les fautes de ce destructeur qui fit frémir l'univers sous le sabot de son cheval. Il n'est point difficile d'abattre une maison, il suffit de donner de forts coups ; il faut au contraire être un habile architecte pour la reconstruire.

La force a été longtemps admirée par ceux qui la subissaient, soit la force brutale, soit l'oppression raffinée, la ruse ou le mensonge. Que de fois l'opinion publique se montre injuste et lâche pour l'honnête homme malheureux, sottement adulatrice pour le coquin triomphant. Confondant l'enveloppe, le signe, avec l'homme, elle s'est longtemps laissée tromper par les exploiteurs de sa crédulité. Que de Tartufes, par leurs gestes, leurs démonstrations vertueuses, en ont imposé à des gens peu avertis dans tous les domaines. Que de fois les déshérités ont cru sur parole des faux-frères qui leur prêchaient la résignation, pour les mieux asservir.

L'éducation *seule* pourra former le jugement et développer l'esprit critique. Quand tous auront appris à discerner le vrai mérite, ils estimeront à sa juste valeur le courage moral qui fait les honnêtes gens et les héros.

IV. — Les *héros* sont ceux dont l'énergie morale puissante s'est mise tout entière au service de l'humanité, dans sa lutte séculaire pour la vérité, la justice et le bonheur. Il est parmi la foule de ces héros inconnus, obscurs [1], dont la vie serait un exemple réconfortant pour les dégénérés de la volonté. Sans les oublier, nous croyons utile de rappeler ici quelques noms dont l'histoire fait mention et qui forcent notre respectueuse admiration.

Qu'il suffise de nommer Socrate, Jésus, Épictète et Livingstone.

Socrate fut victime de l'intolérance. Comme, à l'aide de sa seule raison, il découvrait et vulgarisait les préceptes d'une morale humaine et positive, ses ennemis, attachés aux vieilles superstitions religieuses, l'accusèrent d'être impie envers les dieux et de corrompre la jeunesse. Socrate, confiant dans la

---

1. Bien souvent dans le monde, le mal s'étale, le bien reste ignoré. Que d'héroïsme quotidien pourrait-on découvrir dans la vie pénible et souvent douloureuse d'humbles travailleurs ? Que de courage, de bonté et de sacrifice chez tous ces ouvriers ou ouvrières chargés de famille, faisant l'impossible pour donner à leurs enfants un peu de bien-être et d'éducation, ou se solidarisant avec leurs camarades dans la souffrance et la rude conquête de leurs droits.

bonté de son œuvre et la pureté de sa conduite, but la ciguë sans défaillance, sans une parole d'amertume pour ses bourreaux.

Jésus, prêchant aux hommes, ses frères, la douceur, le mépris des richesses, enseignant aux riches, orgueilleux, l'humilité et la pitié, apparut aux puissants de l'époque comme un révolutionnaire dangereux. Il fut accusé d'imposture et crucifié. Toute sa vie avait été consacrée à vulgariser ce qu'il croyait utile au bonheur des hommes.

Épictète, un esclave, fit preuve d'une force d'âme peu commune, en se mettant par la fermeté du caractère au-dessus des rigueurs et des humiliations de sa condition, en méprisant sincèrement les richesses et les vanités humaines, en écrivant sur la vie des pensées remarquables par leur sereine élévation et leur fierté stoïque. Ses maîtres furent vraiment ses inférieurs.

Livingstone, l'explorateur célèbre, ne crut point que la civilisation dût s'implanter chez les peuples attardés par la violence et la sauvagerie. Alors que Stanley déshonorait son œuvre par une férocité implacable, Livingstone eut l'admirable dignité de traiter humainement les peuplades qu'il rencontra. Sa patience inlassable, sa bonté éclairée l'honorent grandement aux yeux des citoyens pacifiques de tous les pays.

Questionnaire.

En quoi consiste la dignité humaine ? — A quelles qualités reconnaissez-vous un homme, digne de ce nom ? — Le jugez-vous sur son extérieur, sur ses titres, sa fortune, ses paroles, son talent ou même son génie ? — Faites le portrait de l'homme véritable, du véritable grand homme. Énumérez les faux grands hommes. — Qu'est-ce qu'un héros ? — Connaissez-vous des héros célèbres ? — L'héroïsme a-t-il besoin de la célébrité pour être l'héroïsme ? — Parlez de l'héroïsme anonyme et quotidien des humbles, des travailleurs.

TRENTE-QUATRIÈME LEÇON

LA GRANDEUR MORALE (*Suite*).

II. Égoïsme et désintéressement. — Amour des autres êtres.

Nous avons vu que l'homme, en tant qu'il se considère comme sa propre fin, a une vie à conserver, à libérer et à accroître. L'individu doit lutter à chaque instant contre l'oppression qui lui vient de sa propre nature, de la nature et de ses semblables ; il tend à vivre de la vie la plus vigoureuse, la plus étendue, la plus sûre possible. Un instinct profond de vouloir-vivre le porte à protéger son existence, à s'aimer pour se conserver, à s'assurer l'être et le bien-être.

Il ne faut pourtant pas que l'instinct de conservation borne notre existence au cercle étroit de notre être individuel, et devienne l'égoïsme.

I. — L'égoïsme est l'amour exclusif de soi-même. Il ramène tout à l'individu, qui seul existe. Orgueilleux, l'égoïste ne peut souffrir l'égalité de ses semblables ; il se croit supérieur au reste du monde et s'imagine que tous les autres sont nés pour le servir ; jaloux et envieux, il s'irrite et s'attriste du bien qui arrive à autrui : exclusif, il veut tout pour lui, jouissances matérielles et morales.

Peu lui importent les ennuis, les contrariétés, les souffrances des autres ; pourvu qu'il ait largement le nécessaire, tout le monde a du pain ; point de malades, s'il est lui-même en bonne santé ; point de question sociale et de misère si son coffre-fort est bien rempli. L'égoïste fait bon marché de la dignité humaine : lui seul compte, lui seul a droit de vivre, d'étendre sa vie, dût-il pour cela écraser les voisins ou les asservir à ses besoins.

Il ne faudrait pas croire qu'un tel homme existe seulement dans les rangs de ceux que la fortune a privilégiés. Dans toutes les conditions il y a des individus qui ne songent qu'à eux-mêmes, pour qui le reste de l'humanité ne compte pas. L'avidité, la jalousie, l'orgueil tyrannique, effet ordinaire de l'égoïsme, fleurissent aussi bien chez le rentier bien pourvu que chez le salarié envieux et délateur, chez le chef autoritaire que chez le subordonné intrigant.

II. — Il y a non seulement l'égoïsme individuel, mais l'égoïsme de caste, l'égoïsme collectif, qui se déguise souvent sous le nom d'esprit de famille, d'esprit de corps ou d'esprit national.

Il y a des gens qui sont orgueilleux d'appartenir à telle ou telle classe de la société, de sortir de telle ou telle école, et qui s'imaginent être supérieurs de ce fait au reste des mortels. Ils se considèrent comme les bénéficiaires exclusifs de certaines fonctions sociales et s'unissent étroitement pour s'en faciliter mutuellement l'accès.

L'histoire nous montre l'égoïsme comme la cause profonde de toutes les oppressions et de toutes les réactions. La force brutale, le mensonge ont été les instruments d'un orgueil ou d'appétits qui voulaient être satisfaits.

III. — Et pourtant celui qui réduit son activité au culte du « moi », se sépare ainsi du reste de l'humanité, appauvrit son existence, en croyant la remplir. La richesse de ses vêtements, de son mobilier, le train de sa maison, les titres, les honneurs accumulés, le bruit, le tapage et l'éblouissement du décor ne pourront dissimuler le vide réel de la vie égoïste.

Ce n'est pas impunément que l'homme, éminemment et nécessairement sociable, s'abstrait volontairement du milieu indispensable à son développement. L'égoïsme est la négation de la vie ; notre vie minime doit se relier à la vie universelle pour s'y propager.

L'homme a besoin pour son développement de la collaboration de tous. Il doit aimer, se dévouer à la cause de l'humanité. L'amour et le dévouement, la sympathie avec tout ce qui vit et respire doivent lui donner la vie totale et les véritables satisfactions, les plus hautes, celles sans lesquelles la vie se réduit à une pauvre animalité.

Celui qui aime se met à la place d'autrui, imagine sa vie, ses besoins, ses joies, *ses souffrances et ses aspirations*[1]. Cet amour commence par la famille, s'étend à la patrie, à l'humanité, puis à tous les êtres et à l'univers. C'est la communion de l'âme avec tout ce qui vit. L'homme véritable veut pour les autres ce qu'il veut pour lui ; il est passionné pour la justice en vue du plus grand bonheur de l'espèce tout entière. Ainsi notre vie se propage, s'enrichit en se donnant, se multiplie en se coordonnant aux autres vies.

Être soi-même, ce n'est pas se confiner dans le culte de son moi. C'est coopérer de toutes ses forces à l'avènement progressif de la justice et du bonheur pour tous.

IV. — La loi d'amour, si elle restait dans toutes les âmes pure, large et éclairée, suffirait à servir de base à toute la morale. Car c'est elle qui peut faire de tous nos actes des actes utiles à notre perfection individuelle et sociale.

L'homme qui sympathise avec les autres trouve sa joie et sa souffrance dans la joie et la souffrance des autres. L'injustice, le malheur qui atteignent son voisin l'atteignent lui-même. Son bonheur et son malheur sont inséparables de ceux des autres. Il fait donc tout le bien dont il est capable, aime tous les êtres, respecte aussi bien les animaux que les plantes[2].

Il comprend l'intime solidarité qui nous rattache à tout ce qui vit. Il comprend que la lutte pour la vie n'est qu'une loi

1. Il n'est pas de meilleure règle pour être bon que d'imaginer sincèrement la vie de nos semblables, d'agir envers eux comme nous voudrions qu'ils agissent envers nous, de penser sans cesse aux conséquences de nos actes chez autrui.

2. Il faut aimer et respecter les hommes, les bêtes et les plantes, sympathiser avec tout ce qui existe, sentir puissamment la beauté et la poésie des choses, répugner à toute œuvre brutale de destruction, de mutilation ou de souffrance ; il faut être bon.

partielle que contrebalance partout l'association pour la vie, que la société est l'instrument du progrès moral, qu'elle seule permet la science et l'art, la justice, la joie, et que par conséquent la collaboration de tous est à la fois une dette et l'œuvre vraie, que le dévouement à la société est pour l'homme conscient la seule façon de se réaliser lui-même et de concourir intimement à la réalisation de ses frères.

Questionnaire.

Qu'est-ce que l'instinct de conservation? — Qu'est-ce que l'égoïsme? — Faites le portrait de l'égoïste. — Parlez des égoïsmes collectifs. — Montrez comment l'égoïste appauvrit sa vie, en voulant vivre pour lui seul. — Qu'est-ce que l'amour, le dévouement, la sympathie? — Est-il vrai que l'amour, l'amour universel, soit la source intarissable de la bonté, de la justice et de la joie? — Que comporte cette simple parole : Être bon?

TRENTE-CINQUIÈME LEÇON

CONCLUSION DE LA MORALE INDIVIDUELLE.

Le Sentiment de la dignité morale distingué du point d'honneur. — La Vertu. — Le Vice. — L'Initiative.

Il nous est facile, maintenant que nous avons déterminé les devoirs successifs qui s'imposaient à nous, en tant qu'individus, de résumer dans une vue d'ensemble les raisons profondes qui sollicitent notre effort, le caractère essentiel de cet effort, la joie puissante, calme et toute humaine qui en est la récompense.

Appelés à la vie, nous avons pour devoir absolu de vivre, de toutes nos forces, de toutes les puissances de notre être, dans notre chair, dans notre cœur, dans notre cerveau. Tous nos efforts doivent tendre à la réalisation *intégrale* du développement dont nous sommes susceptibles, à l'émancipation totale, physique, intellectuelle et morale de notre individualité. Toute notre énergie doit être mise au service de notre croissance normale, progressive et harmonieuse, dans une société indispensable où tous les individus ont le même droit et le même intérêt au libre épanouissement de leur personnalité. Le pain, la science, la liberté, les joies de l'art, pour chacun des hommes, dans la cité de justice et d'amour, voilà l'idéal de vie et d'affranchissement auquel nous aspirons.

I. **La vertu.** — Quand un individu réalise successivement toute la perfection dont il est capable, on dit de lui qu'il est vertueux. La vertu[1] consiste dans l'accomplissement constant de

---

1. Le vice s'oppose à la vertu ; il consiste dans une disposition habi-

tous les devoirs ; elle caractérise la moralité relativement parfaite de l'homme qui ne faillit presque point. Nous allons éclairer les divers points de cette définition.

La vertu réside dans l'accomplissement des devoirs ; encore
faut-il que ces devoirs aient été pratiqués en connaissance de
cause, que les règles morales aient été observées comme telles ;
il est évident qu'on ne saurait attribuer à la moralité d'un individu des actes apparemment vertueux, qui seraient le produit
du hasard, non le résultat d'une intention précise, d'une volonté
consciente.

La vertu est aussi la pratique *constante* du devoir. Quelques
bonnes actions ne suffisent pas à l'établir. Une hirondelle ne
fait pas le printemps. La vertu est une habitude, la fidélité au
devoir. Et cette habitude elle-même ne doit pas dégénérer en
automatisme ; une *délibération active* doit être à la base de toutes
nos résolutions morales. La vertu ne se contente pas d'une conduite machinale, figée, d'où l'âme est absente.

L'effort constant pour réaliser dans notre conduite les devoirs
nouveaux qui sollicitent notre conscience mieux éclairée, le souci
d'une perfection morale jamais achevée nous préserveront d'ailleurs du formalisme routinier. À mesure que nous réfléchirons
sur les meilleures conditions de notre développement dans le
milieu social, nous sentirons la nécessité d'adapter nos actions
à nos conceptions modifiées, à nos vues plus clairvoyantes. C'est
dans ce progrès indéfini de notre personnalité, sous l'impulsion d'une conscience toujours active, que réside essentiellement
la vertu.

Aussi bien trouvons-nous dans l'accomplissement presque
entier de tous nos devoirs, dans la recherche active d'une morale toujours mieux adaptée à la vie humaine, la meilleure des
récompenses, la satisfaction profonde qui résulte de la vie normale.

tuelle à faire le mal, à ne pas accomplir les différents devoirs ; il caractérise l'immoralité de celui qui a de nombreuses défaillances dans sa conduite.

La joie suit l'acte vertueux comme le fruit savoureux suit la fleur largement épanouie. Celui qui travaille à sa perfection relative et progressive rencontre par surcroît le bonheur. Ainsi la vertu se confond-elle avec la joie et la morale pratique apparaît-elle comme *l'art d'être heureux*. Les notions de moralité, de beauté et de bonheur sont inséparables et sont les aspects différents d'un même développement harmonieux.

II. Distinction de la dignité morale et du point d'honneur. — Nous acquerrons dans la pratique à peu près constante du devoir le sentiment de notre valeur morale; nous prendrons conscience de la supériorité de notre nature sur celle des autres êtres; nous aurons à cœur de respecter toujours davantage des facultés et des aptitudes qui sont exclusives à l'homme, raisonnable et perfectible. On entend par dignité cette fierté intérieure de l'homme qui a la notion claire de la grandeur humaine et de sa perfection propre.

Est-ce à dire que le souci de faire respecter l'humanité en nous-même et chez les autres aille jusqu'à nous rendre susceptible et pointilleux à l'excès sur ce point, dans nos rapports avec nos semblables ? Allons-nous, pour des motifs futiles et pour de légères atteintes à notre dignité, nous croire atteints dans notre honneur et notre respectabilité? Le besoin que nous avons de l'estime des autres et de nous-même ne doit pas aller jusqu'à nous montrer aussi farouche et aussi intraitable. Il serait ridicule de se scandaliser du moindre propos malséant, de considérer sa dignité comme engagée dans des affaires sans importance, et de se piquer d'honneur pour des bagatelles. L'honnête homme n'aura pas toujours l'épée à la main pour demander une réparation ; il verra les imperfections humaines d'un œil indulgent, trouvera dans sa modestie naturelle, mais aussi dans le sentiment de sa perfection personnelle relative, des raisons sérieuses de travailler avec les hommes, ses frères, à l'amélioration de tous. Il sera moins touché des offenses que pourra subir sa dignité que rasséréné par l'espérance d'une humanité toujours en progrès.

III. L'initiative. — Pour arriver à la vertu, la qualité par excellence, celle qui renferme toutes les autres et les suppose, est l'*initiative*. On appelle ainsi le pouvoir relatif de réaction individuelle, de réforme consciente que l'homme possède sur sa propre nature et sur le milieu social. C'est à la fois l'esprit critique qui passe les traditions, les mœurs courantes, et la conduite propre de chaque individu au crible d'une pensée libre, et l'énergie capable de créer sans retard chez l'homme conscient de nouveaux modes d'action. Nous naissons tous à un moment donné de l'évolution, dans un milieu social donné : nous héritons nous-mêmes d'une mentalité spéciale, nous sommes le produit de l'hérédité, de notre éducation, de l'état social. Nos façons de penser, de sentir et d'agir sont conformes à la tradition, en subissent l'empreinte. Notre vie morale est comme enserrée dans cet ensemble de coutumes, d'idées courantes, et souvent de préjugés, de routines et de superstitions. A nous *d'être nous-mêmes* dans nos pensées, dans nos sentiments et dans nos actions, de garder l'indépendance de notre caractère, l'autonomie de notre volonté. Examinons ce qu'il y a de faux, de convenu ou d'hypocrite dans la morale couramment pratiquée. Soyons délibérément des esprits indépendants, libérés du joug de l'autorité et de la tradition, qui voulons voir la vie de nos yeux propres, *juger de tout par nous-mêmes,* vérifier *personnellement* le contenu des formules toutes faites.

On dit avec raison que les hommes d'aujourd'hui n'ont pas assez d'initiative; nous nous contentons de trop peu. Une vie paisible, exempte de soins, nous séduit : nous ne désirons pas vivre mieux que nos ancêtres, nous suivons passivement les sillons qu'il nous ont tracés, nous sommes des moutons de Panurge. A l'existence tourmentée d'un Don Quichotte, nous préférons celle de Sancho Pança. Qu'on nous laisse tranquilles dans notre petite sphère, au coin d'un bon feu, les pieds enfouis dans de chaudes pantoufles et nous nous déclarons satisfaits. Nous traitons de fou ou d'imprévoyant celui qui fait exception et s'engage dans une entreprise périlleuse, sans songer que suivant le vieil adage, la fortune aide les audacieux, c'est-à-dire ceux qui ont assez d'intelligence pour concevoir des projets nouveaux et assez de force de volonté pour les mettre à exécution. Ayons donc la saine ambition de faire mieux que nos devanciers, de frayer de larges voies là où ils n'avaient tracé que des sentiers; ce faisant, nous préparerons pour l'avenir des générations plus conscientes de leurs droits et de leurs devoirs.

IV. — Certes il ne s'agit point de détruire systématiquement les traditions et d'anéantir le legs du passé; il convient de faire librement l'inventaire de cet héritage, d'en démêler patiemment la part solide et stable, de réformer, d'améliorer, d'aménager la vie selon les besoins et les aspirations nouvelles, selon les conditions toujours plus conformes à notre nature. Mais une fois que notre bon sens, que notre critique autonomes ont reconnu l'hypocrisie, l'injustice ou l'erreur, l'imperfection d'une règle morale, l'absurdité d'une coutume, l'iniquité de telle ou telle institution, la nécessité d'un droit nouveau, prenons résolument sur nous-même d'innover, de réaliser ce que nous concevons comme un progrès relatif. N'attendons point que notre voisin commence; ayons le courage de faire le premier le geste nouveau, l'acte libérateur; fussions-nous *seul*, dussions-nous rester *seul*, réalisons énergiquement une conduite sérieusement motivée; ayons l'audace d'être fidèle à notre conviction, de *vivre notre vie*.

C'est l'initiative, la réaction consciente de l'individu sur lui-même et sur son milieu, qui ont transformé progressivement le monde; c'est l'initiative qui est à la base de tous les progrès individuels et sociaux.

Questionnaire.

Quel est le but de la vie? — Qu'appelle-t-on développement autonome? — Qu'est-ce que la vertu? — Examinez les caractères de l'acte vertueux. — Est-ce que la vertu se conquiert? — Notre conscience doit-elle être toujours active? — Le bonheur est-il inséparable de la vertu? — Qu'entend-on par initiative? — A quoi doit s'appliquer cette initiative? — Quelle est la condition essentielle de tout progrès? — Qu'entend-on par « être soi-même, vivre sa vie »?

TRENTE-SIXIÈME LEÇON

PASSAGE DE LA MORALE INDIVIDUELLE
A LA MORALE SOCIALE.

I. La Solidarité. — La Solidarité naturelle et la solidarité morale. — Principales lois de solidarité naturelle.

La notion de solidarité étant au centre de la morale fondée sur l'expérience humaine, étudiée à la lueur de la conscience, il convient de l'éclairer et de la définir dès maintenant, après la morale individuelle proprement dite et au seuil de la morale sociale.

Il est nécessaire de différencier d'une façon précise la solidarité morale de la solidarité naturelle.

1. **La solidarité naturelle et la solidarité sociale.** — On appelle solidarité l'existence d'un lien, entre deux ou plusieurs êtres, quels qu'ils soient.

Tous les rouages d'une montre sont, dans leurs mouvements, solidaires les uns des autres. De même les mouvements des astres dans notre système solaire, ou les mouvements des diverses parties d'une machine. Dans tous ces cas en effet les mouvements de chaque partie dépendent des mouvements des autres, et de l'ensemble.

Solidarité sociale. — Dans la société, nous rencontrons de même un grand nombre de faits de solidarité naturelle. Les hommes dépendent les uns des autres ; ils ne peuvent pas agir sans que leurs actes aient une conséquence sur autrui et sans subir l'influence d'autrui. Nous bénéficions des progrès et des œuvres de nos ancêtres ; nous supportons aussi les conséquences de leurs fautes. Les Français de notre génération supportent les fautes des Français de la génération qui, sous la conduite de

Napoléon III et de son entourage, ont préparé et amené les défaites de la guerre de 1870. Ils bénéficient au contraire des
grandes découvertes qui ont fait nommer le xix⁰ siècle le siècle
de la science, et des principes de liberté et d'égalité politiques
que le xviii⁰ siècle et la Révolution nous ont légués.

Il faudrait donc se garder de croire que toute solidarité sociale
est bonne par elle-même. La solidarité est un fait naturel, et
comme tous les faits naturels, elle peut être bonne ou mauvaise
suivant l'usage qu'on en fait.

En résumé, tous les hommes sont entre eux placés et retenus
dans des liens réciproques.

Cette dépendance, on l'appelle la solidarité.

*La solidarité est un lien naturel, permanent, qui unit tous les
hommes, bon gré mal gré, et qu'ils en aient connaissance ou non.*

II. La solidarité morale. — *La solidarité morale* au contraire est le lien qui unit tous les hommes de bonne volonté,
conscients de vouloir réaliser le bien. La conscience du but que
l'on veut atteindre, la connaissance que ce but est bon, et le fait
que l'atteindre dépend de notre volonté, voilà donc ce qui caractérise la solidarité morale. Au contraire quand nous dépendons
les uns des autres, sans savoir pourquoi, sans savoir si cette union
est bonne, sans le vouloir, il y a simplement solidarité naturelle.

III. Le rôle de la solidarité en morale. — Nous avons
distingué la solidarité naturelle et la solidarité morale. Nous
avons vu que le fait de la solidarité n'est pas par lui-même moral. C'est un fait naturel qui peut avoir aussi bien de bonnes
conséquences que de mauvaises. Plus exactement c'est un fait
qui n'a rien à voir avec la morale, c'est une loi de nature comme
la loi de la pesanteur ou de l'attraction universelle.

Mais nous avons vu aussi que, au contraire des lois de la pesanteur ou de l'attraction universelle, la loi de la solidarité pouvait
être utilisée par la morale pour ses buts particuliers, pour réaliser
les aspirations de notre conscience morale. De même que l'architecte se sert des lois de la pesanteur pour construire des maisons,
de même que l'ingénieur se sert des lois de la dilatation des corps
par la chaleur pour construire une machine à vapeur, de même

le moraliste se servira de cette loi générale de la solidarité pour construire les règles de la morale sociale, et satisfaire le sentiment moral des hommes. Il constate que les actes d'un homme ont toujours une répercussion sur autrui, que d'un autre côté cet homme agit toujours dans une certaine mesure sous l'influence d'autrui, ou encore sous l'influence de son milieu ; par conséquent le moraliste essaiera de déterminer d'une part quelles sont les influences qui s'exercent nécessairement sur les hommes, et d'autre part quelles influences un homme peut exercer sur lui-même et sur les autres ; il essayera d'utiliser ces influences de façon que les hommes se nuisent le moins entre eux, et contribuent le plus au bien et au progrès total. La solidarité morale, ce sera faire servir à la civilisation dans un but volontairement moral la loi de solidarité naturelle. Autrement dit, étant donné qu'il y a une loi de solidarité naturelle contre laquelle il est impossible d'aller, quoi que nous fassions, que bien plus, cette loi a des conséquences partiellement heureuses pour le progrès de la civilisation, de l'intelligence, de la moralité humaine, le moraliste cherchera à tirer toutes les conséquences avantageuses de cette loi en atténuant ou éliminant, si possible, les conséquences désavantageuses.

Il arrive ainsi à nous proposer un certain nombre de règles, qui sont établies sur ce fait :

1° Que les hommes ont des liens nécessaires entre eux ;

2° Qu'ils font un choix entre ces liens et retiennent seulement ceux qui sont avantageux pour la société ;

3° Qu'il faut par conséquent renforcer ces derniers autant que possible et leur obéir.

Si donc la morale veut solidement édifier la morale sociale, elle devra chercher à énoncer les règles destinées à raffermir ceux des liens de solidarité naturelle qui ont d'heureuses conséquences au point de vue social, qui concourent au progrès individuel et au progrès social et améliorent la vie commune. Ainsi naîtra, se maintiendra ou progressera la solidarité morale.

IV. Les progrès de la solidarité morale. — Dans les sociétés primitives, nous trouvons toujours la contrainte, la force ;

l'homme est étroitement asservi au groupe social, l'individu n'a presque aucun rôle, aucune importance et cela, que ce soit dans la famille, dans l'état, dans la nation ou les relations générales de droit commun. Les individus agissent comme des êtres instinctifs, très près de l'animalité, suivant un petit nombre de règles qui ne dépendent d'eux en aucune manière mais qui leur assignent tous leurs actes d'une façon étroite.

Petit à petit et au prix de révolutions profondes, de crises dont les souvenirs ont traversé l'histoire jusqu'à nous, au prix aussi d'un très long martyrologe, l'individu réagit non point contre le groupe et contre la fraternité qui le lie aux autres membres de ce groupe (c'est tout le contraire qui se passe), mais contre l'autorité brutale, la contrainte de la force par lesquelles le groupe pesait sur l'individu.

On peut dire que dans les sociétés primitives, quelle que soit l'étroitesse des liens qui lient les individus dans un même groupe, il n'y a pas de fraternité véritable ; il y a simplement des règles machinales imposées aux individus sans qu'elles pénètrent le cœur de ces individus. Quelle que soit donc l'assistance, entre les membres du clan par exemple, nous n'y voyons aucune trace de fraternité véritable : nous y voyons simplement les conséquences d'une contrainte insurmontable.

Au contraire, c'est lorsque l'individu commence à devenir conscient de lui-même, lorsqu'il prétend compter avec l'autorité, l'arbitraire et la force, qu'apparaissent d'un côté la fraternité sociale et de l'autre côté les premières revendications de la liberté individuelle.

Fraternité entre les membres du corps social et liberté individuelle iront ensuite toujours grandissantes, bien que cela au premier abord puisse sembler bizarre, paradoxal : mais en approfondissant un peu, on comprend que pour aimer véritablement son semblable, il faut à la fois être conscient de sa personnalité et être conscient de la personnalité des autres.

Le primitif n'a nullement cette conscience, il est un rouage aveugle dans la machine sociale et, s'il porte secours aux membres de son clan, c'est en vertu de traditions immémoriales, c'est pour obéir à ces traditions qui sont presque aussi profondes que l'instinct animal et qui s'imposent à lui d'une façon aussi mystérieuse qu'autoritaire.

En résumé, la morale sociale nous montre partout ces grandes lois : passage progressif d'un état d'indistinction individuelle et sociale, d'inconscience morale, où l'individu incapable de réflexion et de sentiments durables est l'esclave de la tradition, à un état où l'individu est conscient de lui-même, se distingue nettement des autres individus, c'est-à-dire de l'ensemble du corps social, réclame toujours une liberté et une initiative plus grandes et se considère comme lié aux autres, non par la force mais par le cœur, par la volonté, par une sorte de contrat qu'il accepte délibérément. Solidarité mécanique, absence de liberté individuelle, nul souci de l'individu et par suite aucune fraternité véritable, voilà le point de départ ; la marche des sociétés est nettement de ce point de départ vers un idéal contraire.

Bien entendu cet idéal est loin encore d'être réalisé ; il nous apparaît comme une fin que justifient et que confirment toutes les transformations sociales qui se sont produites historiquement depuis les temps les plus lointains auxquels nous pouvons remonter.

Le but à atteindre est donc, si l'évolution des civilisations n'est pas un leurre, la solidarité contractuelle qui dépend de la volonté des individus, *le maximum de liberté individuelle*, l'individu devenant le centre moral et social, enfin *la fraternité*, l'amour entre les hommes rendant possible la suppression de la contrainte, et la société fondée sur le contrat, c'est-à-dire sur l'acceptation volontaire de ses membres.

Questionnaire.

Distinguer la solidarité naturelle de la solidarité morale. — Donner des exemples de l'une et de l'autre. — En quoi consiste la besogne du moraliste en face de la loi de solidarité ? — Énumérer les principales lois de solidarité naturelle. — Montrer en quoi consiste les progrès de la solidarité morale. — Comment et pourquoi celle-ci est-elle développée ? — Dans quelles directions générales ? — Caractériser la solidarité de sociétés anciennes et sauvages, et la solidarité de nos sociétés modernes et civilisées.

TRENTE-SEPTIÈME LEÇON

PASSAGE DE LA MORALE INDIVIDUELLE A LA MORALE SOCIALE (*Suite*).

II. La Société. — La Famille et la nation. Les Rapports humains.

I. La société. — La sociologie nous apprend que les hommes, dès leur origine ou du moins dès la période la plus lointaine où il a été permis de recueillir des renseignements sur leur existence, ont vécu par groupements. Il n'y a pas d'exemple d'hommes ayant vécu isolément, sans rapports les uns avec les autres. Les sauvages actuels vivent également rassemblés en groupes, plus ou moins nombreux. Nous pouvons observer à notre tour que dans les pays civilisés les hommes organisent leur existence suivant des relations communes de jour en jour plus complexes. Les faits montrent donc que les hommes, dans tous les temps et dans tous les pays, ont vécu à l'état de groupement, autrement dit *en société*.

II. Le groupe familial. — Examinons plus particulièrement notre propre existence.

Nous devons cette existence à nos parents qui ont formé une petite société, *la famille*. La famille est l'ensemble d'un certain nombre de personnes unies entre elles par les liens du sang ou par des rapports d'alliance, vivant sous le même toit, au même foyer, plus spécialement le père, la mère ou les enfants. C'est aussi la succession des personnes sorties d'une même souche, formant tour à tour les générations successives. C'est la famille qui nous donne la vie, qui nous crée pour l'existence, avec des aptitudes différentes pour cette existence. Selon que nos parents seront robustes ou malingres, sains ou malades, intelligents ou faibles d'esprit, nous hériterons souvent d'un fonds de qualités ou de défauts, physiques ou moraux. Appelés à la vie dans ces conditions natives plus ou moins avantageuses pour nous, nous sommes redevables à la famille de la continuation de cette vie ; si notre mère nous abandonnait à nous-même le jour de notre naissance, c'est à peine quelques heures que nous respirerions. Dès l'instant où nous sommes venus compléter le groupe familial, nous avons été de la part de ce groupe l'objet de soins indispensables. C'est de lui que notre vie, la satisfaction de tous nos besoins essentiels dépendent immédiatement. Selon que l'on veillera intelligemment ou sottement à notre développement physique, nous recueillerons le fruit d'une bonne hygiène où nous subirons les inconvénients de soins routiniers et inconsciemment criminels. Selon que l'éducation donnée sera une éducation véritable, facilitant l'éclosion et l'épanouissement de toutes nos qualités, élargissant notre cœur et construisant notre caractère, ou qu'elle se réduira à une sorte de dressage, de mutilation et de compression, nous serons une individualité, un homme, ou au contraire un être passif sans signification, sans volonté et sans initiative.

Selon que nous aurons ressenti l'influence de bons ou de mauvais conseils, selon que nous aurons reçu l'empreinte de bons ou de mauvais exemples, nous aurons en nous le germe d'habitudes favorables ou nuisibles à la vie complète, large et heureuse que nous devons vivre.

Bref, le groupement familial est la première société de laquelle nous dépendons étroitement, à laquelle nous devons notre existence et une existence particulière.

III. Le groupement national. — En même temps que nous faisons partie du groupement familial, nous appartenons au *groupement national*.

Pour des raisons historiques et géographiques, sous l'influence de besoins matériels et sociaux, un certain nombre de familles, dérivées plus ou moins d'une même souche et multipliées à l'infini, ont fini par constituer ce qu'on appelle *la nation*, c'est-à-dire un groupement social ordonné par des lois communes en vue d'un bonheur devant être commun. De ce groupement actuel nous attendons le bienfait d'une certaine organisation ; nous lui devrons légalement par réciprocité certaines charges, le service militaire, l'impôt, par exemple. Nous jouissons de certaines libertés ou nous subissons certaines iniquités, selon que le gouvernement de la nation est juste ou tyrannique. Nous recevons de la société, en général, une instruction vraie ou fausse, une éducation bienfaisante ou corruptrice. Selon que les membres du groupement national sont affranchis des préjugés et savent faire respecter leur dignité et leurs droits ou au contraire sont encore routiniers, résignés à l'injustice, les abus de pouvoir gouvernementaux ou sociaux disparaîtront ou se multiplieront, je serai moi-même un citoyen d'initiative et de progrès ou un individu misérable, esclave des hommes ou des événements. Suivant que l'organisation du travail, la répartition des richesses, en un mot le régime économique seront rationnels, équitables, ou arbitraires et iniques, je jouirai d'un certain bien-être ou je serai atteint dans ma vie matérielle par la gêne, la misère et l'insécurité

Le groupement national m'enserre donc de toutes parts ; à chaque instant je lui suis redevable d'une peine ou d'une jouissance, d'une liberté ou d'une injustice, d'un bienfait ou d'une corruption. C'est de lui que dépendent pour une large part mon bonheur ou mon malheur, la perfection de ma vie ou son amoindrissement, au point de vue moral comme au point de vue matériel. Il faut ajouter que je puis réagir sur ce milieu national par ma propre initiative et que, soit volontairement soit inconsciemment, mon action ou mon exemple exercent une influence, bonne ou mauvaise, sur les autres membres du groupement.

IV. Les rapports humains. — Mais ma dépendance n'existe pas seulement par rapport à la famille et par rapport à la nation ; la transmission des idées, l'influence des mœurs, la contagion des sentiments, la propagation des mouvements plus ou moins ardents de transformation sociale, l'échange des produits du travail et des résultats de la science ou de ses applications sont des faits internationaux et mondiaux. C'est de tous les individus qui sont sur la terre, avec leur génie ou leur imperfection propres, c'est de l'humanité tout entière, productrice ou destructrice, sauvage, barbare ou civilisée, que je dépends. Le Tonkinois qui plante son riz dans le delta du fleuve Rouge travaille pour moi, qui travaille pour tous; l'Indien qui récolte son thé me procure des satisfactions agréables, à moi, habitant de la région parisienne. Le viticulteur de Champagne envoie son vin aux Américains et aux Chinois. Tel romancier russe ou scandinave peut apporter de profondes modifications dans ma pensée; telle conception d'un penseur allemand peut transformer les conditions de la vie civilisée. Bref les influences, bonnes ou mauvaises d'ailleurs, qui s'exercent dans tous les domaines, sur tous les membres de l'immense famille humaine montrent combien l'individu est peu de chose par lui-même, combien il est incomplet et dépendant.

Cette dépendance sociale, familiale, nationale, internationale, nécessaire et plus ou moins favorable à la vie et à la vie heureuse, large et intelligente des individus, cette constante *solidarité* est le principe de toute organisation sociale; hors de la société, sans les liens de la solidarité sociale, l'homme ne serait pas ou ne serait pas tel qu'il est.

Questionnaire.

La sociologie fournit-elle des exemples d'hommes ayant vécu isolément? — Qu'est-ce que la société? — Qu'est-ce que le groupement familial? Montrer dans quelle dépendance nous sommes vis-à-vis de ce milieu. — Qu'est-ce que le groupement national? — Dépendons-nous de lui? — Parler des rapports humains. — Donner des exemples de solidarité familiale, nationale, internationale, humaine.

DEUXIÈME ANNÉE

LA MORALE SOCIALE

DEUXIÈME PARTIE

LA MORALE SOCIALE

—

TRENTE-HUITIÈME LEÇON

GÉNÉRALITÉS. — LE DROIT.

La Science sociale. — La Morale sociale.

1. — De même que la machine à vapeur est une application pratique de certaines lois que nous enseigne la science physique, de même *la morale sociale* doit être une *application pratique des sciences sociales* qui donnent les lois du développement humain. La morale sociale conclut de ce qui a été, de ce qui est, à ce qui doit être. A la lueur de la raison, elle dégage de l'expérience du passé, de l'acquis moral actuel de l'humanité, des principes de conduite meilleurs, dépassant la réalité d'aujourd'hui, s'adaptant par avance à la réalité de demain. Celle-ci n'est que la première prolongée rationnellement dans la direction de son avenir, tel que le dessinent les transformations actuelles.

Aussi ne se présente-t-elle pas comme un dogme immuable, une consigne extérieure et arbitraire, découlant de l'autorité et de la tradition, mais comme la formule scientifique, provisoire et rectifiable que l'on dégage de l'étude directe des faits, comme une règle de vie tirée de la vie même, et qui cherche constamment à se modeler sur les conditions nouvelles de l'existence sociale.

II. — La morale est fondée sur les résultats des sciences. Ces sciences nous apprennent successivement l'histoire de l'univers, la formation de la terre, l'apparition de la vie et de la vie humaine sur la terre, l'évolution des sociétés, bref la transformation progressive de forces dont notre raison semble être le plus délicat épanouissement[1].

La sociologie nous montre les lois d'association qui régissent l'humanité ; les groupes sociaux s'élargissent, se confédèrent, s'unifient de plus en plus. Les individus évoluent, depuis un état de solidarité mécanique et instinctive, où l'homme inconscient, sans initiative ni personnalité, fait corps avec son milieu naturel, à un état de solidarité consciente et voulue, où l'homme réfléchi conserve dans l'ensemble son activité autonome et distincte. Elle nous fait mesurer les étapes continues du progrès, accéléré tout ensemble par la perfection sociale et la perfection individuelle corollaires.

La morale sociale utilise ces données, prolonge la ligne du progrès et nous invite instamment à prendre conscience de la réalité sociale pour essayer de l'améliorer, à réfléchir sur les lois de coopération pour y trouver la base solide de notre activité. L'histoire, la géographie, la littérature, l'économie politique, etc. nous font assister à l'effort immense, séculaire et universel de l'homme social, contre l'oppression de la nature, de sa nature et de ses semblables, pour le mieux-être physique, intellectuel, moral. A tous les esprits réfléchis, à tous les honnêtes gens soucieux de réaliser les aspirations de leur raison et d'être les collaborateurs patients mais résolus de l'amélioration sociale, la morale donne

---

1. La science nous apprend que l'univers est composé de nébuleuses remplissant l'immensité ; le soleil est une étoile appartenant à l'une de ces nébuleuses. La terre est une planète du soleil. La terre, d'abord fluide, se refroidit, se solidifia. La vie apparut sur la terre quand certaines conditions physiques et chimiques furent réalisées. La cellule vivante ou protoplasma se modifiant, se compliquant, donna successivemnt naissance aux végétaux, aux animaux, à un animal supérieur, l'homme. Cette évolution demanda des milliers de siècles.

des règles valables d'émancipation et de perfection. A toutes les énergies humaines, elle propose cette formule : la vie intégrale, rationnelle et heureuse pour tous, par l'égalité et la solidarité sociales.

III. La morale a pour objet l'élaboration du droit. — L'existence individuelle n'est possible et avantageuse que si certaines *règles* d'organisation sociale, de coexistence et de coopération, sont observées par tous les membres du groupement. Ces règles indispensables de vie collective s'appellent des *droits*. Les obligations que déterminent ces droits pour chaque individu s'appellent des *devoirs*. Par exemple, une règle me défend de tuer : cette règle exprime un droit que tous ont intérêt à voir observer et que tous peuvent m'opposer : j'ai, moi, individu, le devoir de ne pas violer la règle, de ne pas tuer. L'ensemble des droits constitue *le droit*. Le droit est l'organe essentiel des sociétés : il est l'expression caractéristique et définie des conditions d'existence commune à un moment donné. Il varie avec chaque groupement, pour chaque classe, aux différentes époques, à tous les degrés du développement humain. A mesure que le droit évolue, que les expériences sociales se corrigent, une part de règles caduques, arbitraires et momentanées, disparaît de l'organisation. Mais une autre part, comportant des obligations essentielles à la vie normale, à la conservation de l'espèce et au véritable bien-être de la cité, constitue un résidu stable et toujours accru de règles durables, que la raison doit considérer comme les lois naturelles et fondamentales de l'existence collective. C'est à la morale qu'il appartient de reconnaître dans quel sens s'accroît cette part stable pour la compléter, autrement dit de tracer à côté ou plutôt à la suite du droit d'aujourd'hui le droit de l'avenir et le droit de demain, de faire sortir des lois de la cité présente les lois de la cité future, d'établir, par exemple, des règles de bienfaisance sociale, aussi strictes, aussi exigibles que les règles de respect social, seules inscrites actuellement dans le code.

IV. Évolution de la forme du droit. — La sociologie, aussi loin que puisse s'appliquer son observation, ne fournit pas

d'exemple d'homme ayant vécu isolément, à la manière du loup
dans les bois ou de l'ours dans la montagne ; elle nous montre
toujours l'individu membre d'un groupement, et ce groupement
toujours fortement organisé. Le type le plus lointain de ces groupements est le clan totémique[1], composé de descendants d'une
même famille et d'étrangers, membres adoptifs assimilés. Le clan
est une société défensive et coopérative dont les membres sont
liés par des obligations absolues d'aide et de protection réciproques (ne pas se manger, se tuer, se mutiler, etc.). L'ensemble
de ces règles fort confuses et souvent bizarres peut être considéré
comme les premiers et lointains linéaments d'un droit en germe.
Elles se confondent à ces débuts avec les prescriptions religieuses.

Un peu plus tard, l'expérience de la vie collective laisse après
elle un résidu plus clair, mieux défini, d'habitudes sociales, transmises par la mémoire. Elles apparaissent comme indispensables
à l'existence, à la durée, au bien-être du groupe qui les possède.
Tous les membres de ce groupe en sentent plus ou moins confu-
sément l'utilité générale, la nécessité sociale. Ils comprennent
vaguement qu'il faut leur obéir, s'ils veulent que leur peuple
soit grand et prospère, et non plus parce que la religion le commande mystérieusement. Ces traditions, relatives aux différents
modes de l'activité humaine, se compliquant avec elle, forment
des systèmes de réglementation (politique, domestique, judiciaire). Ce sont les *coutumes sociales*, qui se séparent des com-
mandements religieux et se laïcisent[2].

---

1. On appelle clan totémique le mode de groupement le plus ancien que
nous connaissions. Il est formé par un certain nombre d'individus (de
quelques centaines à quelques milliers) qui se considèrent fictivement
comme frères et descendant d'un même ancêtre. Cet ancêtre est en général un animal ou une plante, le totem. Avec tous les représentants de
cette espèce animale ou végétale, les membres du clan constituent une
sorte d'espèce spéciale assujettie à des règles communes très sévères : en
particulier ils doivent prêter secours en toutes circonstances à tout ce qui
dépend de leur totem.

2. Les mots laïque, laïciser, laïcité, signifient que les choses sur lesquelles ils portent, sont affranchies de toute considération religieuse, et
sont simplement des choses humaines, faites par l'homme, pour l'homme,
et dans le seul souci du bien-être ou du progrès de l'homme.

A une certaine époque, les coutumes des peuples se sont tellement multipliées que des spécialistes du droit, des juristes, sont nécessaires pour les ordonner, pour compléter le droit populaire par le droit scientifique. Quand les coutumes traditionnelles ne semblèrent plus offrir de garanties suffisantes pour leur observation, le législateur eut pour mission de les fixer, de les signifier dans une formule écrite et précise, *la loi*. Or il arriva que les peuples, dans leurs relations, se reconnurent une part de coutumes semblables, de lois communes. La notion d'un droit naturel, valable pour tous les peuples, parce que indispensable à toute existence sociale, leur fit accepter certaines règles comme des principes supérieurs dominant le développement humain. L'ensemble de ces règles constitue *le droit commun*, la charte de l'humanité, comme on a pu appeler les déclarations de 1789 et de 1793 qui en proclamèrent les articles essentiels.

Ce court aperçu suffira pour montrer la transformation du droit dans sa forme, depuis qu'il s'ébauche dans les règles du clan pour se continuer et se différencier dans les coutumes, se fixer dans les lois et s'universaliser dans le droit commun.

Questionnaire.

Qu'est-ce que la morale sociale ? — Quels sont ses caractères ? — Sur quoi est-elle fondée ? — Quelles sont les données de la sociologie ? — Montrez comment la morale sociale utilise ces données ? — Quelle est la formule générale pratique de la morale sociale ? — Qu'est-ce que le droit ? — Décrivez, dans ses grands traits l'évolution du droit ? — Qu'est-ce que le droit commun ? — Le droit actuel est-il parfait ?

TRENTE-NEUVIÈME LEÇON

SENS DE L'ÉVOLUTION SOCIALE.

I. Grandes lignes du progrès. — Le Progrès moral.

I. Le progrès. — La science sociale nous montre les groupements humains, comme autant d'organismes vivants, en incessante transformation, en perpétuelle évolution. Nous les voyons sortir d'un état primitif, la sauvagerie[1], traverser un état rudimentaire, la barbarie[2] et s'acheminer ensuite vers un état supérieur, vers un terme idéal, la civilisation[3]. Cette marche lente

1. On entend par sauvagerie un état social dans lequel les hommes ne savent pas écrire, vivent en général d'une façon nomade, n'ayant pour tout moyen d'existence que la chasse, la pêche et la cueillette (récolte de produits naturels qu'ils n'ont pas cultivés).
Exemples : nègres du centre de l'Afrique, beaucoup de peuples de l'Océanie.

2. Barbarie. On appelle barbarie l'état social supérieur à la sauvagerie. Les barbares ont en général une écriture. Ils cultivent la terre (et sont souvent sédentaires) ou font paître des troupeaux (nomades). Ils ont une industrie assez avancée (poteries, fabrique d'armes, instruments agraires, vêtements).
Ex. : Les Germains qui ont envahi la Gaule, les Francs de Clovis, les Arabes actuels, les habitants actuels du Turkestan et de la Mongolie.

3. Civilisation. Le mot civilisation a un sens large et un sens restreint. Au sens restreint il signifie un état de civilisation supérieure analogue au nôtre ; c'est en ce sens qu'on dit qu'un peuple a plus de civilisation, est plus civilisé qu'un autre.
Au sens large, il signifie au contraire tout espèce d'état social. En ce sens la sauvagerie et la barbarie sont des formes primitives de la civilisation. Car tous les hommes que nous connaissons, si près de la nature qu'ils nous paraissent être, ont toujours un état social bien déterminé, en

et continue des sociétés en croissance vers leur perfection s'appelle le progrès. On entend par civilisation *relative* d'une époque son état social actuel, politique, moral, scientifique, industriel, artistique et littéraire.

II. Les grandes lignes du progrès. — Examinons dans une vue d'ensemble le progrès accompli dans l'ordre moral, dans l'ordre intellectuel et dans l'ordre économique.

Progrès moral. — Amélioration du droit. — Nous avons défini le droit l'ensemble des règles conditionnant l'existence individuelle et sociale. Or on conçoit et les faits prouvent que le droit des sociétés primitives fut bien imparfait, absurde même, différent et même contradictoire du droit idéal auquel aspire notre raison. Pour des individus inconscients, formalistes[1], enfermés dans la tradition, comme l'étaient nos plus lointains ancêtres, le fait se confondit avec la règle, ce qui est actuellement avec ce qui doit être toujours. En fait, la *force* régissait alors tous les rapports des individus entre eux, des tribus entre elles, faisait du plus faible la proie du victorieux. Le droit primitif *légitima la force*, l'inégalité sociale, la domination du fort sur le faible. De là, pour longtemps, *deux catégories* : d'une part les oppresseurs, les exploiteurs, de l'autre les opprimés, les exploités ; d'un côté des classes dirigeantes et possédantes, une minorité de privilégiés, de l'autre la classe laborieuse et spoliée, la majorité des déshérités. Pendant bien des siècles, oppresseurs et opprimés crurent cette division indispensable à l'existence sociale, conforme à l'ordre naturel, d'institution divine. L'esclave ne se plaint pas d'être esclave ; il aurait préféré faire partie de la classe des maîtres, voilà tout. Aristote[2] reconnaît sincèrement la né-

ce sens qu'ils obéissent à des règles bien définies, qu'ils ont des mœurs caractéristiques.

1. Formaliste = qui obéit rigoureusement à des prescriptions, même absurdes, sans les discuter, en esclaves.

2. Aristote = philosophe grec du ive siècle, esprit très novateur et très libre sur certains points, qui essaya de juger sur toutes choses avec les seules lumières de la raison, comme Socrate et Platon, ses maîtres, et qui cependant justifia l'esclavage, tant était puissante une tradition qui aujourd'hui nous paraît révoltante.

cessité de l'esclavage. Longtemps aussi les opprimés inconscients, tenus dans l'ignorance par des oppresseurs conscients acceptèrent leur servitude. Le serf, l'esclave nègre, le salarié ont pu croire sur la foi du seigneur, du maître ou du patron au caractère fatal, inéluctable des inégalités sociales. C'est à peine si, depuis un siècle, l'égalité des personnes humaines ayant été proclamée en France, l'esprit public s'efforce de substituer à des principes sociaux qui constituent des privilèges immérités pour quelques-uns, des principes équitables pour tous. On peut dire que *le droit*, si compliqué qu'il pût devenir au cours des siècles, a presque toujours été le droit des privilégiés ; s'il s'est amélioré, c'est que, par suite de certaines circonstances, quelques opprimés prenant place à leur tour dans les classes dirigeantes et privilégiées, lui firent affirmer un peu de cette liberté qu'ils avaient conquise. Brutale ou déguisée, arbitraire ou légitimée, *la loi du plus fort* est malheureusement celle dont nous retrouvons les effets les plus nombreux au cours de l'histoire.

III. — A l'origine, c'est, *dans le clan*, la tyrannie des chefs, des guerriers, des sorciers, le droit absolu des hommes sur les femmes ; à *l'extérieur du clan*, les pillages, les massacres incessants, les vaincus tués, torturés ou réduits en esclavage. Dès que les peuplades se constituent, que les rois, les courtisans, les guerriers usurpent le pouvoir, des lois iniques légitiment les privilèges de castes orgueilleuses et avides. Les prêtres interviennent pour consacrer l'autorité des maîtres, au nom de la volonté divine, et pour prêcher au peuple la soumission, la résignation et le sacrifice nécessaires. Ainsi sont sanctionnés, dans l'ancienne Égypte, la tyrannie des pharaons, des prêtres et des guerriers, en Assyrie le despotisme barbare des monarques ; c'est encore un droit factice dissimulant l'égoïsme qui justifie et perpétue l'esclavage dans la cité démocratique athénienne, qui livre aux patriciens riches et corrompus de Rome une plèbe mendiante et paresseuse, et une foule d'esclaves. Au moyen âge, c'est l'oppression seigneuriale, féodale ou ecclésiastique, c'est le servage ou demi-esclavage ; sous l'ancien régime, le droit divin légitime le **pouvoir absolu des rois et la sujétion du peuple.**

Cependant, à la faveur des luttes entre la féodalité et la monarchie, à la faveur surtout des révolutions dans l'ordre intellectuel et économique, la bourgeoisie, classe moyenne entre l'aristocratie et le peuple, avait pu naître, se former, vaincre et proclamer en 1789 le droit véritable, puisé au fonds même de la vie sociale à laquelle tous naissent libres et égaux en dignité. Il semblait que la force allait disparaître des rapports humains. En fait on est resté encore loin de cet idéal. La Révolution qui avait décrété la souveraineté populaire, supprimé les classes, affirmé l'équivalence des personnes, fut enrayée et ne put achever son œuvre. Les gouvernements qui lui succédèrent, s'attachèrent tous plus ou moins à démolir son œuvre au lieu de la continuer. Ce n'est que depuis quelques années qu'on l'a reprise. Il arriva que les citoyens pauvres, théoriquement souverains, furent à la merci des citoyens riches, libres de leur concéder ou de leur refuser le travail, libres par conséquent de leur accorder ou de leur refuser la vie matérielle et l'indépendance morale. Le droit humain proclamé par la Révolution de 1789, tout en appelant à la liberté la totalité des individus, se réduisait par suite de toutes ces déviations et de ces retours en arrière à un droit *théorique*. Au demeurant la loi du plus fort n'a pas encore disparu de nos mœurs, des rapports individuels, sociaux ou internationaux. Il y a toujours des rois mauvais bergers, des sultans sanguinaires, des chefs autoritaires, des prêtres fanatiques, des patrons inhumains, des supérieurs qui sont des tyrans, des pères de famille qui sont des despotes. On peut voir des nations qui se prétendent civilisées abuser de leur force envers des nations plus faibles ou des races inférieures. L'argent est actuellement un *impitoyable* instrument d'oppression.

IV. — Il n'en est pas moins vrai que les mœurs se sont considérablement adoucies, que la force doit abdiquer chaque jour davantage devant les revendications du droit, que la loi, laïcisée, d'institution humaine, sanctionne de plus en plus des libertés plus étendues, que le progrès moral est réel. Par les efforts solidaires des hommes justes, des faibles, des opprimés, l'injustice disparaîtra devant le droit, tout le droit triomphant. L'évolution des faits sociaux nous permet d'espérer avec certitude une société meilleure où bien des iniquités auront disparu, où la femme, le pauvre, le malade, l'infirme auront leur place au soleil, où tous les hommes seront des collaborateurs également respectables, où les faibles ne trouveront plus des privilégiés abusant de leur force pour les exploiter.

Questionnaire.

Qu'est-ce que l'évolution ? — Qu'appelle-t-on progrès ? — Qu'entend on par civilisation, au sens large et au sens restreint ?

Comment naquit le droit primitif ? — Ne consacrait-il pas la domination des forts sur les faibles ? — Parlez de l'esclavage. — Jugez-le. — A quelle époque reconnut-on et proclama-t-on l'égalité des personnes humaines? — Quand réalisa-t-on partiellement cette égalité ? — Que reste-t-il à faire ? — Dans quel sens le progrès se poursuivra-t-il ?

QUARANTIEME LEÇON

SENS DE L'ÉVOLUTION SOCIALE (*Suite*).

I. LE PROGRÈS INTELLECTUEL. — LE PROGRÈS ÉCONOMIQUE.

I. Le progrès intellectuel. — Pour mesurer le progrès accompli dans l'ordre intellectuel et scientifique, il suffit de considérer l'homme et la société aux deux moments extrêmes de l'évolution, au point de départ et dans notre état actuel de civilisation.

L'homme primitif, automate instinctif, mû par les influences du milieu avec lequel il fait pièce, n'a et ne saurait avoir conscience de sa personnalité. Son intelligence rudimentaire est incapable de s'élever au-dessus du moment présent et de la réalité concrète des faits, incapable par conséquent de l'abstraction par laquelle l'esprit dégage d'une série de phénomènes semblables la loi ou le caractère général qui les domine. C'est l'absence complète d'esprit scientifique, de réflexion sur soi-même, d'observation et d'expérimentation, le règne complet de l'inconscience, de la crédulité et de la superstition. Comment le sauvage, qui n'examine pas, qui ne contrôle pas, serait-il armé contre une absurdité, une contradiction totale entre ce qu'on lui présente et ce qui existe réellement? Il n'est point d'erreur, de conte extravagant, d'imaginations puériles qui ne trouvent créance en son cerveau d'enfant. L'homme primitif et le sauvage d'aujourd'hui sont rebelles à toute innovation, à tout changement dans leurs croyances formalistes et leurs habitudes pour ainsi dire figées. Nous pouvons reconnaître encore quelques-uns de ces traits chez certains de nos contemporains, peu cultivés ou peu intelligents. « Ils sont, comme on dit, d'un autre âge. »

Mais toute notre civilisation témoigne de l'évolution intellectuelle qui s'est accomplie. L'homme prit peu à peu conscience, au cours des siècles, de la nature extérieure dans laquelle il se développait. Sous la prodigieuse multiplicité des faits, il découvrit des rapports communs ; il ordonna ses connaissances, les augmenta, les rectifia graduellement. A force de recherches laborieuses, d'observations bien conduites, il défricha peu à peu l'inconnu et mit de la clarté dans ses idées. Grâce à la science, cette grande révolutionnaire, créée par lui, il mit en valeur la terre et les forces naturelles, il mit en valeur sa propre nature. Grâce à la découverte des lois physiques, il put domestiquer des forces jusque-là farouches et redoutables, améliorer ainsi son existence par l'industrie ; grâce à l'étude des faits moraux et sociaux, il commence à perfectionner ses aptitudes par l'éducation, à travailler au bonheur universel avec la formule pratique de la solidarité. Qui ne songe avec enthousiasme à la fécondité de la *pensée* humaine, à sa carrière illimitée dans l'ordre scientifique, moral, esthétique[1] et économique, à toute la joie qu'elle pourra prodiguer aux générations futures !

II. **Le progrès économique.** — *a) Le travail.* —Observer le progrès économique, c'est observer les améliorations successives apportées dans le régime du travail humain.

Le travail est à la fois une obligation morale et sociale.

C'est d'abord une obligation morale. Il est prouvé en effet que nous ne pouvons pas vivre convenablement sans exercer normalement, méthodiquement, nos forces physiques et nos forces intellectuelles : l'oisiveté engendre la mauvaise santé. C'est ensuite une obligation sociale ; nous devons travailler pour les autres, qui travaillent pour nous ; c'est une nécessité vitale et une dette stricte. La morale nous demande donc d'exercer nos forces utilement dans l'intérêt de notre développement individuel et dans un but d'utilité sociale réciproque.

b) Historique du travail professionnel et de l'obligation morale qui en dérive dans les sociétés modernes. — Dans les temps an-

---

1. Esthétique = tout ce qui se rapporte au beau et à l'art.

ciens, le travail sous toutes ses formes était considéré comme une action vile. Les femmes, les captifs, considérés comme inférieurs, travaillaient pour les hommes libres, les vainqueurs, occupés à la chasse ou à d'autres exercices improductifs.

Ils étaient réduits en *esclavage*, et accomplissaient à peu près comme des bêtes de somme tous les travaux nécessaires à l'existence sociale de la peuplade victorieuse.

Dans l'organisation féodale, on peut distinguer deux classes d'individus : *la classe des serfs*, la classe laborieuse, attachée à la glèbe, faisant partie de la propriété foncière, cultivant pour le maître une terre dont l'autre classe, l'aristocratie guerrière, est seule propriétaire.

Quand les serfs ont conquis, lambeaux par lambeaux, leur liberté, l'époque du travail servile fait place à l'époque du travail libre. Mais entre ces deux époques on peut noter une multitude de formes de transition, de degrés divers de liberté du travail,

III, Le travail qui avait été méprisé, non pas à cause de l'effort qu'il comportait, puisque souvent à la chasse ou à la guerre le seigneur se fatiguait plus que le serf à la charrue, mais à cause de l'infériorité de ceux qui l'accomplissaient, commença à être réhabilité. L'affranchissement du travail coïncide avec l'extension considérable des arts et des sciences et par conséquent avec le commerce et l'industrie. La classe moyenne et restreinte des grands marchands et des maitres (commerçants et industriels) se forma et s'émancipa, entre l'ancienne noblesse purement guerrière et parasite et une foule de gens qui rappelaient par beaucoup de points les anciens serfs. Ces maitres s'entouraient de compagnons et d'apprentis, formaient des corporations dont les règlements étroits enchaînaient étroitement le travailleur mais lui donnaient la sécurité du lendemain, à une époque où l'industrie peu développée ne fournissait de travail qu'à un petit nombre d'individus.

Ce régime corporatif apparut comme un obstacle à l'initiative et à l'accroissement des fortunes, lorsque les applications de la science à la fabrication des marchandises se multiplièrent. Les entraves corporatives furent brisées par la Révolution. A la fin du xviiie siècle et au commencement du xixe, l'essor de l'industrie fut si considérable que le travailleur, libre désormais, était sûr de trouver du travail et d'assurer son lendemain : aussi les corporations purent-elles disparaître sans grands inconvénients.

Mais lorsque la période active de production, par suite même des progrès de l'industrie, se fut ralentie, il n'y eut plus toujours de travail pour tous ceux qui en demandaient et c'est alors que se fit sentir durement l'isolement où était l'ouvrier depuis que le régime corporatif avait été aboli. Les périodes de chômage forcé deviennent de plus en plus nombreuses et s'étendent dans toute l'Europe à un plus grand nombre d'ouvriers. D'autre part les bras étant plus nombreux qu'il ne le faut, les salaires, par suite de la concurrence, n'atteignent pas le taux qu'ils pourraient atteindre. Il résulte donc de là une période critique dans laquelle toute l'Europe et l'Amérique se trouvent actuellement engagés. Précisons les caractères de cette période : le travail est considéré comme un devoir, comme un honneur du moins, par la très grande majorité des gens civilisés. De plus en plus il tend à être considéré comme la conséquence directe de la dignité que l'on reconnaît à la personne humaine. Tout le monde s'accorde à voir dans l'oisif un coupable et dans le travail une condition nécessaire de santé physique et morale. Seulement, si le travail d'une façon générale est complètement réhabilité dans les esprits civilisés, les conditions du travail ne sont pas toujours d'accord avec la haute opinion que l'on a de ce travail et avec la vie normale, libre et heureuse dont la morale essaye de dégager les règles.

L'inégalité sociale économique frappe tous les yeux des hommes sincères. A une époque où la puissance de l'homme sur la nature est si considérable, où les puissances productives sont prodigieuses, il est douloureux de voir la majorité des travailleurs manquer des objets utiles à la vie. Heureusement beaucoup d'esprits sincères et éclairés, beaucoup d'ouvriers aussi, ne considèrent plus la pauvreté comme fatale, l'indigence des uns comme nécessaire à l'opulence des autres. L'évolution économique, dont ils prennent conscience, tend de plus en plus à l'universelle coopération, à l'active et volontaire collaboration de tous pour le mieux-être, à l'acquisition et à la jouissance commune du capital humain accumulé par tous au cours des siècles. Si la société veut vivre et progresser, elle devra consacrer la plus grande partie de ses efforts à organiser le travail, à organiser un régime d'association susceptible d'englober tous les travailleurs, de subordonner tous les efforts conscients et solidaires à l'utilité générale des associés, non plus à l'utilité privée, égoïste, immorale du plus fort. L'association professionnelle, contrat social consenti de tous ses membres, sera sans doute une des grandes forces sociales et peut-être le rouage le plus important de la société future.

IV. Conclusion générale sur le progrès. — De ce bref aperçu du progrès dans ses grandes lignes, il ressort que la justice sociale est en retard sur la civilisation générale, que les grandes et fécondes lois de coopération sont découvertes mais encore bien incomplètement pratiquées. Quel est en conséquence notre devoir actuel ? Travailler de toutes nos forces et solidairement à la perfection sociale, en travaillant d'abord et corollairement à notre perfection individuelle, détruire par la persuasion les préjugés, les erreurs, les superstitions, prendre l'initiative de réaliser dans notre conduite ce qui nous paraît juste et digne, répandre partout la vérité sociale telle qu'elle nous apparaît dans l'étude impartiale de l'évolution, en un mot combattre l'indifférence, l'ignorance et l'esprit de résignation [1]. C'est de nous-mêmes, de notre énergie, de notre initiative, que dépend le progrès. Il ne faut pas se contenter du présent. Il faut vouloir mieux encore. C'est en ce sens qu'on a pu dire : « Le progrès est l'œuvre des mécontents. »

---

1. *L'esprit de résignation* qui consiste à subir le mal, l'injustice, la misère injuste, sans résistance, est le pire ennemi du progrès. Tout homme digne de ce nom, libre et conscient, doit vouloir pour lui-même et pour les autres le maximum de bien-être matériel, intellectuel et moral.

Questionnaire.

Décrivez la misère intellectuelle de l'homme primitif. — Comment les esprits ignorants et routiniers regardent-ils les novateurs et les agents de progrès? — Montrez l'œuvre féconde de la pensée libre? — En quoi consiste le progrès économique? — Quel fut-il? — Dans quel sens se fait-il? — Quel est notre devoir actuel? Comment pouvons-nous accélérer l'évolution?

QUARANTE-UNIÈME LEÇON

LA SOLIDARITÉ HUMAINE.

I. La Solidarité en général. — Solidarité économique.

I. La solidarité. — L'histoire sommaire du progrès nous a montré les générations dépendantes les unes des autres, la perfection individuelle corollaire de la perfection sociale et réciproquement. L'examen de notre vie même nous révèle l'étroite liaison qui rattache nécessairement les uns aux autres les membres des différents groupements, qu'il s'agisse d'un cercle restreint, la famille, ou de la famille universelle, l'humanité. Tout acte individuel a donc sa portée, sa répercussion dans le milieu social, à travers le temps et l'espace, sa conséquence proche ou lointaine, sa traînée indéfinie en bien ou en mal. Notre sort, notre vie individuelle est liée, combinée profondément à celle de nos ancêtres et de nos contemporains. Rien de ce qui s'est fait et de ce qui se fait sur la terre ne saurait nous être indifférent. *Ce fait social* essentiel, d'intime *dépendance*, d'étroite liaison de tous les hommes entre eux, toujours et partout, s'appelle la *solidarité*.

Ajoutons que sur ce fait se sont fondés et précisés à notre époque dans les consciences éclairées et réfléchies, un sentiment et un devoir, la notion essentielle du droit moderne, tel que notre raison nous le fait entrevoir. Jusqu'ici la solidarité existait en fait : c'était un phénomène naturel, une loi aveugle suivant laquelle les hommes dépendaient les uns des autres dans la société, comme les différents organes dépendent les uns des autres dans un être vivant (la fable « Les membres et l'estomac »), comme les planètes dépendent du soleil dans le système solaire.

De plus en plus, la solidarité qui s'ignore, la solidarité mécanique devient pour les esprits libérés une solidarité réfléchie et voulue. Examinons les bienfaits de la solidarité aux points de vue économique, scientifique et moral.

II. Solidarité économique. — Travailler, c'est faire œuvre utile, de la main ou du cerveau[1], c'est, par des efforts méthodiques et persévérants, transformer à notre usage les ressources que la nature nous fournit à l'état brut. On travaille d'ordinaire avec des instruments, des outils, des machines. On emploie certaines méthodes et certains procédés de fabrication. L'ensemble de cet outillage et de ces différents arts, constitue un capital, anonyme, collectif, produit simultané de la nature et du travail.

L'acquisition de ce capital au cours des âges nous révèle l'étroite solidarité de notre génération avec celles qui nous ont précédés. L'homme primitif est dépourvu de tout : pas d'outils, pas d'industrie. La nécessité rendit ses successeurs ingénieux ; nos ancêtres apprirent successivement, à la suite d'efforts et de souffrances innombrables, à défricher un champ, à semer le grain, à faire le pain, à produire le feu, à se fabriquer des vêtements, à travailler le bronze, le fer, à se construire des huttes, etc. Et depuis cette époque, qui pourrait énumérer la prodigieuse accumulation d'arts, d'outils, de métiers, facilitant et multipliant le travail humain ? Quel héritage et surtout quelle dette et quelle dépendance des sociétés actuelles avec celles qui lui ont *transmis* leur civilisation toujours accrue !

Il ne servirait de rien d'avoir un tel capital à sa disposition si tous ne venaient coopérer à son utilisation. A quoi bon des machines, des chemins de fer, un télégraphe, si je devais leur appliquer mon seul effort? Je serais dans l'impuissance absolue d'en tirer le moindre parti. Tant il est vrai que je dois à mes contemporains comme à mes aïeux la jouissance des richesses infinies que le progrès a rassemblées au cours des siècles.

III. — Cette solidarité économique est la conséquence d'un phénomène économique dont l'importance est capitale : *la divi-*

---

1. Travail manuel. — Travail intellectuel.

sion du travail. Prenons un exemple simple. Le même homme n'est pas à la fois maçon, cordonnier, instituteur, mécanicien, laboureur. Le maçon travaille pour le cordonnier, l'instituteur élève les enfants du maçon, etc.

Chacun d'eux remplit une fonction spéciale et ne travaille pas seulement pour lui mais encore pour les autres. Il bénéficie en même temps du travail des autres. *Un pour tous, tous pour chacun,* telle est leur formule d'action, et c'est la formule même de la solidarité.

A l'origine, cette division du travail était très rudimentaire ; aux hommes les travaux nobles et agréables ; aux femmes et aux captifs les besognes inférieures ou prétendues telles, fastidieuses et accablantes.

Pendant toute l'antiquité et au commencement du moyen âge, les esclaves, puis les serfs pourvoient aux besoins des petits groupes sociaux qui s'appellent *familia* à Rome et *seigneurie* au moyen âge. Dans cette période dite *de l'industrie de famille* la division du travail est encore insignifiante.

Chez les peuples tout à fait sauvages, elle est basée sur le sexe : aux hommes les travaux considérés comme nobles (parce qu'ils sont faits par les individus considérés comme supérieurs), la guerre, la chasse, la garde du bétail ; aux femmes les corvées, les besognes fastidieuses et accablantes, les tâches inférieures ou prétendues telles. La femme aura des occupations moins pénibles quand les captifs seront réduits à leur tour en esclavage.

Dans l'antiquité classique, ce sont ces derniers, souvent très nombreux pour un même propriétaire, qui font à peu près tous les travaux utiles et productifs. Ils ne travaillent guère que pour le compte du maître. L'industrie reste cantonnée dans la famille. Aussi sont-ils compris encore dans la famille. Les métiers échangeant leurs différents produits n'existent presque pas.

Au moyen âge, avec le régime corporatif et la séparation des métiers, la division du travail s'accroît. Chaque corps de métier se renferme dans sa spécialité. Les savetiers se différencient des cordonniers, les ouvriers du bois se divisent en ébénistes, charpentiers, etc.

11.

Dans ce régime, le travailleur est relativement libre; il n'est plus attaché au sol, comme le serf. Mais par le fait que la division du travail s'est accrue, sa dépendance vis-à-vis des autres producteurs a augmenté. Il est de plus en plus solidaire des autres membres de la société.

Quand les producteurs commencèrent à travailler chez eux pour le compte d'un gros marchand, d'un patron (période de la *manufacture à domicile*) le marché qui jusque-là était limité à la ville s'étendit à la nation. Les nécessités d'une production à meilleur compte, pour un marché où les plus riches commençaient déjà à écraser les plus faibles et les moins bien organisés, déterminèrent une division du travail tout à fait compliquée et perfectionnée. Chacune des opérations successives que comporte la fabrication d'un objet est confiée à un seul ouvrier qui, de ce fait, devenant plus habile et plus adroit, fait plus et mieux. On conçoit qu'à ce moment la solidarité économique augmente. Il n'est pas un seul ouvrier qui dans ces conditions puisse se suffire à lui-même. Un homme uniquement occupé à aiguiser des aiguilles ne fournira qu'une fraction infinitésimale du travail social. Il dépend des milliers et des milliers d'individus qui fabriquent tous les objets nécessaires à ses besoins. D'ailleurs comme le marché s'est élargi, que le patron n'est pas absolument sûr de la vente de ses marchandises, le travailleur, on le voit, est déjà à la merci de l'intermédiaire, qui n'est plus certain d'équilibrer la production et la consommation.

Quand la manufacture à domicile a fait place au *régime de l'usine*, avec l'apparition du machinisme, la division du travail et la solidarité de tous les travailleurs sur la terre *s'accroissent dans des proportions inouïes.*

Avec le régime de la libre concurrence, le hasard et l'arbitraire règnent trop souvent sur le marché. Tant que l'artisan travaillait sur commande, la production, réglée sur les besoins de la consommation, était à l'abri de l'imprévu. Tout objet fabriqué était vendu. Le commerce et l'industrie ne souffraient pas des crises. La solidarité des travailleurs était plus nettement définie. Quand on se mit à produire sans attendre d'ordres précis, quand on s'aventura dans toutes sortes de spéculations plus ou moins risquées, le désordre, le hasard et l'insécurité caractérisèrent le régime économique.

Le manque d'équilibre entre la production et la consommation amène des crises, funestes parfois aux possesseurs de capitaux, toujours douloureuses pour les ouvriers atteints par le chômage.

D'autre part les travailleurs sont solidaires de la machine, solidaires du progrès technique et de ses conséquences : le renvoi de bras désormais inutiles, la concurrence pénible des salariés sans ouvrage offrant au plus bas prix leur force de travail.

IV. — La solidarité économique s'exerce donc en bien et en mal, mais dans ce mal, on entrevoit déjà le remède : ce qui crée ce mal, c'est que les liens de dépendance se sont établis sans plan général, sans organisation consciente. Le hasard seul a presque tout fait. La solidarité est trop souvent une contrainte extérieure et mécanique. Ce qu'il faut, c'est remplacer par l'organisation voulue et consciente, par des contrats traités librement entre forces à peu près égales, ces contraintes injustifiées dont certains sont les victimes. Il ne faut pas diminuer la solidarité ; il faut la consolider, en la rendant toujours plus équitable, en répartissant mieux charges et profits de l'association humaine. La science sociale permet de prévoir un régime économique où la division en classes inégales fera place à la collaboration de tous, selon leurs forces et leurs facultés. *L'union pour la vie* remplacera vraisemblablement la lutte pour la vie.

Questionnaire.

Qu'entend-on par solidarité ? — Qu'est-ce que le travail ? — En quoi consiste la solidarité économique ? — Montrez les résultats successifs de la coopération humaine ? — Qu'est-ce que la division du travail ? — En quoi la division du travail augmente-t-elle puissamment en bien et en mal la solidarité des individus ? — Faut-il diminuer la solidarité ou la rendre plus équitable ?

QUARANTE-DEUXIÈME LEÇON

LA SOLIDARITÉ HUMAINE (*Suite*).

II. SOLIDARITÉ SCIENTIFIQUE.

I. La science. — La science a pour objet *l'étude exacte des faits* dont elle tâche de découvrir *les causes* et de dégager *les lois* permanentes. L'univers, la terre dans l'univers, les choses et les êtres vivants sur la terre, l'homme parmi les êtres vivants, voilà son domaine : sciences physiques, naturelles, sociales, ou science de la nature, science de la vie, science de l'homme, voilà ses divisions.

Aussi bien pour trouver la vérité que pour l'enseigner, la science fait un appel constant au bon sens, à la raison, seule faculté capable de distinguer la vérité de l'erreur. Observer, expérimenter, examiner, contrôler, vérifier sans cesse, n'offrir que des données susceptibles d'être prouvées et démontrées, voilà sa méthode propre, *la méthode scientifique.*

La science est tout l'opposé du dogme. Tandis que le dogme [1] est un système immuable, infaillible, « un fragment immense du passé, comme on l'a dit, qu'on a la prétention d'imposer au présent et même à l'avenir », la science, quelles que soient la rigueur de ses constatations, la certitude de ses prévisions,

---

1. Le dogme, qui conserve les esprits dans des conceptions figées, dans un système de formules établies une fois pour toutes, est incapable de servir le bonheur humain, qui résulte de l'intelligence toujours plus exacte des conditions de la vie sociale ; ce qui suppose des intelligences toujours en quête de transformations nécessaires et de progrès. Le dogme tue : la science vivifie. -

ne tient jamais ses formules que pour provisoires et recti-
fiables. Elle multiplie ses investigations, dans la crainte
salutaire de l'erreur ; elle continue son enquête, toute prête à
rétracter ses affirmations, si elles sont reconnues fausses. Elle est
en *perpétuelle évolution*, comme la vie elle-même, dont elle nous
traduit le perpétuel devenir.

Le but dernier de la science est la vérité, capable de servir le
bonheur humain, matériel, intellectuel et moral. C'est elle la
bienfaisante révolutionnaire, la grande libératrice des corps, des
cerveaux et des volontés. Elle seule peut nous renseigner *sûrement* sur le milieu dans lequel nous vivons, sur les énergies
naturelles, sur nos propres énergies, sur les conditions nécessaires
dans lesquelles se produisent les phénomènes en nous et autour
de nous, sur les lois de la nature, de la vie, de l'esprit, et des
sociétés. Or *savoir* c'est être capable de *prévoir* pour *pourvoir*, pour
combattre, favoriser ou utiliser. L'homme qui connaît exactement la nature et les effets de la force électrique peut prévoir les
orages, y pourvoir par le paratonnerre, combattre le danger, utiliser pour ses besoins cette énergie incomparable en l'apprivoi-
sant, en la canalisant comme force motrice dans un atelier.

De même celui qui connaît exactement les conditions de la vie
sociale, les forces d'erreur, de mensonge et d'oppression qui ont
pesé et pèsent encore sur l'intelligence et la volonté humaine sera
libéré une fois pour toutes des dogmes, des superstitions ou des
préjugés absurdes qui faussent l'intelligence et brisent la volonté
devant les injustices sociales. Il comprendra que la liberté
s'accroît avec le progrès de la pensée libre, que l'humanité large
et vraie est le fruit de la science. Elle seule fait l'individu maître
de sa destinée, elle seule nous donne l'empire sur la nature.

C'est pour cette raison qu'en un sens la méthode qu'elle nous
enseigne, l'esprit rationnel qu'elle nous donne sont encore supérieurs aux résultats mêmes de son enquête. *L'esprit scientifique*,
c'est l'esprit de libre examen, à la fois la curiosité féconde
qui a soif de savoir et l'esprit de libre critique, qui condamne
l'erreur, l'hypocrisie, le *mensonge ou l'absurdité*. C'est la raison en
action. C'est l'esprit émancipé qui ne reconnaît d'autre autorité

que la vérité rationnelle, c'est l'esprit moderne. C'est le levier qui doit soulever le monde, ennoblir et élargir la vie.

II. La science est l'œuvre des générations. — La science est le fruit du travail collectif de l'humanité ; elle est le résultat actuel d'expériences innombrables, transmises, reproduites, complétées ou corrigées par les collaborateurs successifs. Les premiers arts sont le résultat des premières observations méthodiques. Celui ou ceux qui remarquèrent la plus grande fertilité d'un sol amendé par les cendres d'une lande incendiée découvrirent par là même le principe fondamental de l'agriculture. Il a fallu constater le tranchant d'un silex éclaté sous un choc occasionnel pour reproduire délibérément l'expérience et obtenir ainsi la pierre taillée. Toutes les sciences, toutes les industries qui en sont les applications, sont le fruit d'observations multiples et persévérantes, d'expériences continuées, illustres ou anonymes, auxquelles collaborèrent solidairement savants, ouvriers, manœuvres, travailleurs manuels et intellectuels. Que d'énergie, que d'audace, que d'angoisses a coûté cette élaboration prodigieuse de la science universelle, cette explication impartiale du monde, en dépit des obstacles, des églises intolérantes et des doctrines officielles, redoutables aux novateurs. Toujours est-il que chaque âge, chaque peuple, chaque science apporta sa pierre à l'édifice de l'encyclopédie humaine.

III. Caractère international de la science. — La science ne connaît point de frontières. Pendant que les violents de tous pays remplissaient le monde de combats incessants, des esprits réfléchis, des méditatifs, des pacifiques, des laborieux de tous les points du globe collaboraient, d'abord inconsciemment, puis consciemment à l'œuvre scientifique. Kepler est un Allemand, Newton un Anglais. Galilée, Torricelli sont des Italiens, Pascal, Descartes, Pasteur sont des Français, Spencer, Darwin sont des Anglais.

Les découvertes des uns et des autres ont un retentissement universel, des *conséquences internationales*. Tous les hommes bénéficient des travaux de Pasteur ou de Berthelot, de la vaccination de Jenner. Les télégraphes, les chemins de fer sillonnent le monde. Les instituts, les laboratoires modernes se transmettent leurs résultats. C'est une noble émulation que celle de la science réunissant sur le même terrain, pour le bonheur de l'humanité, tous les cœurs épris de progrès.

IV. Division du travail scientifique. — La science à notre époque a pris un tel développement que la division du travail s'impose dans le domaine scientifique comme dans le domaine économique. Il était un temps où le savant s'appelait *philosophe*, c'est-à-dire possédait toutes les connaissances de son temps ; à la fois physicien, mathématicien et philosophe proprement dit. Aujourd'hui chaque savant s'est cantonné dans un coin de la science. Il défriche son terroir spécial. Le savant est un économiste, un historien ou un physicien. L'historien lui-même est un historien grec ou un historien du moyen âge. Il en est de même pour toutes les sciences dont les embranchements et les subdivisions sont cultivés par des travailleurs distincts. •

Il n'en est pas moins vrai que toutes les sciences ont des points communs, s'expliquent et se contrôlent mutuellement. La géologie explique la géographie. Le physicien a recours aux formules mathématiques. Il y a interpénétration entre ces enquêtes différentes. A elles toutes, elles offrent la synthèse positive des connaissances humaines, la philosophie moderne, laïque et rationnelle.

Cette science, cette philosophie comportent chaque jour plus de certitude. Il importe à chaque génération d'accroître le patrimoine intellectuel. A l'école laïque de former des esprits modernes, épris de vérité scientifique, n'acceptant rien par autorité, *tout par raison*, de projeter la lumière de la vérité sur toutes les erreurs, de faire participer le peuple au fonds intellectuel chaque jour agrandi.

Questionnaire.

Qu'est-ce que la science ? — Quel est son domaine ? — Quelles sont ses divisions ? — Qu'est-ce que la méthode scientifique ? — Qu'est-ce qu'un dogme ? — Qu'est-ce que la vérité ? — Quels sont les bienfaits de la science ? — Pourquoi la science est-elle la grande révolutionnaire ? — Qu'est-ce que l'esprit scientifique ? — Montrez que la science est l'œuvre solidaire des générations successives, qu'elle est internationale. — Qu'entend-on par enseignement laïque et rationnel ?

QUARANTE-TROISIÈME LEÇON

LA SOLIDARITÉ HUMAINE (*Suite*).

III. SOLIDARITÉ MORALE.

I. Le progrès moral. — Le progrès moral est le progrès du droit parmi les sociétés, de la moralité chez les individus.

À mesure que les hommes ont évolué, ils ont pris conscience d'eux-mêmes et des autres : ils ont compris que des règles devaient conditionner nécessairement l'existence sociale et ils ont perfectionné, épuré et complété ces règles au fur et à mesure des progrès scientifiques : de sorte que la science est à la base du progrès moral comme elle est à la base du progrès intellectuel. Les hommes sont généralement injustes, parce qu'ils ne savent pas ; ils sont violents, cruels, vindicatifs, parce qu'ils n'ont pas la connaissance profonde des véritables relations qui devraient les unir. Les progrès de l'éducation sont en général parallèles aux progrès de l'instruction.

II. Le progrès moral est l'œuvre des générations. — Nous avons vu dans les leçons précédentes comment le droit du plus fort s'était perpétué à travers les siècles et comment la contagion du mal, de la violence, de la haine, de l'intolérance, exerça ses ravages jusqu'à nos jours. Si la foule est encore aujourd'hui si crédule, si superstitieuse, si lâche devant les forts, si féroce pour les faibles et les novateurs, c'est qu'elle est *ignorante* et *fanatique*, c'est qu'elle n'est pas libérée de la servitude séculaire dans laquelle on l'a tenue. Toute l'immoralité dont nous héritons, tous les crimes individuels ou collectifs sont, pour une large part, le résultat de l'injustice triomphante, légitimée et entretenue par un droit imparfait. Les milieux sociaux successifs se sont transmis tour à tour cette hérédité funeste et dissolvante. Un long passé de misère et d'erreurs, de servage physique et moral ont marqué notre génération de *tares* nombreuses que l'éducation a peine à corriger : l'intolérance, l'hypocrisie, la résignation servile, les passions violentes et bestiales, le culte de la force, les haines politiques et religieuses, nationales ou internationales, la recherche frénétique des jouissances vulgaires et égoïstes, voilà le produit malfaisant des générations solidaires.

Heureusement cette solidarité s'est aussi affirmée dans le bien : pendant des siècles des esprits réfléchis et clairvoyants, des novateurs courageux se sont trouvés qui n'ont pas voulu se plier aux servitudes traditionnelles, qui ont refusé de croire sur parole au caractère inéluctable de l'injustice imposée, qui se sont dressés avec toute leur raison et tout leur cœur contre ce qui persistait à demeurer d'un héritage de barbarie. De même que la science et parallèlement à ses progrès, la justice a été conquise au prix d'efforts innombrables, au prix même de luttes sanglantes. Il fallut de la clairvoyance et du courage pour rompre en visière au formalisme routinier de nos ancêtres, pour attaquer tous les préjugés, toutes les superstitions, toutes les oppressions, pour imprégner les mœurs et les lois de vérité et de justice, et par la parole, l'écrit ou l'action, éveiller les esprits engourdis à la vie vraiment libre, intelligente et morale. Chaque âge fut marqué de sa conquête sur la brutalité primitive et sur la servitude sociale. Tous les peuples y contribuèrent. Nous sommes la nation qui fit les Communes et la Révolution ; l'Angleterre connut la première les bienfaits de la liberté individuelle. La révolution américaine proclama le droit des peuples à s'affranchir de toute oppression. Les principes de la Révolution rayonnèrent sur l'Europe dont ils modifièrent les constitutions.

Bref, le progrès moral révèle aux hommes leur profonde solidarité dans la conquête de la justice.

III. Solidarité des hommes dans le milieu social. — Des exemples nombreux témoignent de notre solidarité morale dans le milieu social. Tous les actes individuels ont une portée collective, bonne ou mauvaise. Tout exemple est contagieux, en bien ou en mal. J'ai un intérêt direct à vivre au milieu des gens respectueux de ma liberté, prêts à me rendre service, francs, loyaux et instruits. Je suis solidaire de l'orateur qui met son éloquence au service de la justice. Je profite de l'énergie de tous ceux qui s'élèvent contre les abus et agissent en vue d'établir partout l'équité.

Je suis intéressé à ce que des personnes dévouées vulgarisent les idées de tolérance, de paix, de progrès social. Par contre je dépends malheureusement de l'égoïste qui me lèse, du marchand qui me vole, du cambrioleur qui pille ma maison, de l'alcoolique qui se rue sur moi, du résigné qui accepte et perpétue l'injustice, de l'ignorant rétrograde, de l'intolérant qui m'injurie, du violent qui ne rêve que batailles, de la foule inconsciente qui peut me vilipender sans raison.

Bref, tout acte a sa portée sociale, bonne ou mauvaise. Quelques exemples montreront que cette solidarité dépasse les frontières et qu'elle pénètre les rapports internationaux. Le nègre trop souvent maltraité a intérêt à ce que les races supérieures soient dignes de leur nom. J'ai intérêt, moi, père de famille et soldat, à ce que les nations voisines ne soient pas injustes ni agressives, à ce que les peuples soient animés de volontés résolument pacifiques et se considèrent vraiment comme des frères dans la grande famille humaine.

IV. Conclusion. — Si la solidarité morale est si profonde, si elle relie si étroitement les hommes, il est naturel que l'éducation et l'instruction, bases solides de la moralité, soient l'objet des premières préoccupations d'un peuple.

Il faut que la société guérisse certains de ses membres des tares qu'une longue hérédité d'ignorance et d'injustice y a mises.

Il faut aussi faire autant qu'il se pourra disparaître la misère; par les passions qu'elle cause, les maladies physiques ou morales qu'elle répand, les déchéances qu'elle multiplie, *la misère entrave toujours l'œuvre éducative; souvent elle la rend impossible.* L'éducation est solidaire des conditions économiques dans lesquelles se trouvent les individus. Réciproquement l'amélioration matérielle est favorisée par les progrès de l'éducation.

Questionnaire.

En quoi consiste le progrès moral ? — Montrez que le progrès moral est l'œuvre des générations. — A qui doit-on le progrès moral ? — Faut-il se résigner au mal ? — Montrez par des exemples que tout acte a sa portée sociale, familiale, nationale ou internationale, qu'il peut contribuer à augmenter ou amoindrir la somme du bonheur humain. — Dans ces conditions, l'œuvre de l'éducation, la suppression graduelle du paupérisme ne sont-ils pas des besoins urgents et primordiaux pour la cité ?

QUARANTE-QUATRIÈME LEÇON

LA SOLIDARITÉ (*Suite*).

IV. Inégalité native des aptitudes.

I. Diversité inévitable des fonctions. — Chacun de nous apporte en naissant des aptitudes inégales, des capacités ou incapacités *naturelles* qu'il tient de l'hérédité. Cette hérédité est à la fois physique et morale ; nous héritons de nos parents ou de nos grands-parents, de nos ascendants en général, certaines qualités, certains défauts, certains vices ou certaines infirmités.

Au point de vue corporel, nous tenons de nos parents des organes plus ou moins sains, plus ou moins bien constitués, des prédispositions plus ou moins grandes à certaines maladies, un sang riche ou pauvre, un tempérament solide ou malingre. Au point de vue intellectuel et moral, nous héritons encore de nos parents tout ou partie de leur caractère, de leur façon de penser, de sentir ou d'agir. Nous sommes solidaires de nos parents, de la vie qu'ils ont menée, des qualités et des défauts qui les caractérisaient. Sans doute l'éducation pourra modifier, détruire, épurer, corriger sur certains points, mais elle ne saurait faire que toutes les aptitudes soient égales. Il ne saurait y avoir d'uniformité entre tous les membres de la société. Il n'y a même aucun intérêt à tenter l'entreprise absurde et chimérique de vouloir l'établir.

Suivant leurs tendances innées, combinées avec des qualités acquises, les uns iront au travail manuel, les autres aux besognes intellectuelles·

Pour tous les modes d'activité intellectuelle, efforts d'imagination, de mémoire ou de jugement, se trouveront des individus différemment doués. Les plus robustes physiquement se sentiront portés vers les travaux de force; les plus souples ou les plus délicats corporellement choisiront les métiers qui nécessitent de l'adresse et du doigté. Tel aimera les tâches courtes et variées, tel les occupations patientes et minutieuses. Certains individus, infirmes, débiles ou inaptes seront *incapables* d'accomplir *aucune* fonction.

II. Répartition des travaux. — Il serait logique et naturel que les individus, naissant avec des aptitudes différentes, choisissent par la suite à l'âge adulte, dans le chantier social, les fonctions auxquelles leurs capacités spéciales les rendent particulièrement propres, et qu'en tous cas les travaux les plus pénibles ne soient pas réservés aux plus faibles. Il n'en est malheureusement pas toujours ainsi. L'organisation du travail n'a jamais été faite rationnellement.

La lutte pour la vie est d'ailleurs si acharnée, soit pour accaparer la richesse, soit pour ne pas mourir de faim, qu'il n'y a pas de pitié pour les faibles sur un pareil champ de bataille. Souvent on n'a point davantage le loisir de choisir une fonction pour laquelle on soit propre. Une place se présente: bon gré, mal gré, sans savoir si l'on peut la remplir, il faut la prendre. Une place plus rémunératrice se présente-t-elle, on l'occupe aussitôt, par l'appât d'un gain plus élevé, sans se demander en conscience si cette nouvelle fonction convient à ses goûts et à ses aptitudes.

Qu'un chômage, qu'une crise surviennent, qu'une maladie vous fasse perdre cet emploi, il faudra en chercher un autre de nouveau, sans plus guère s'occuper de compétence que la première fois. On conçoit aisément quel *gaspillage de forces* résulte d'un pareil système, quel malaise et quelle *misère* individuelle et sociale il détermine. Pour les uns, pourvus par héritage de grandes richesses, l'inégalité naturelle n'est pas un obstacle au bien-être; pour les autres, pauvres ou indigents, l'inégalité native s'accuse et devient une source d'angoisses et d'injustices.

III. L'esprit de solidarité. — La science, l'esprit de solidarité qu'elle développe ne laisseront pas à la charité individuelle, facultative, souvent partiale et humiliante, le soin de relever les blessés de la lutte sociale. On essaie au contraire de plus en plus sous leur influence à organiser le travail d'une façon équitable, à supprimer non les inégalités naturelles, mais les *inégalités d'origine sociale*, en tous cas à égaliser pour tous les chances d'un bonheur relatif. On s'efforce de coordonner les énergies et de leur donner la destination à laquelle elles sont propres. Quand chacun pourra choisir la besogne la plus conforme à ses aptitudes, il fera avec goût et avec conscience un travail que seul le sentiment de son devoir social et de son propre développement lui imposeront. Les faibles seront employés à des travaux correspondant à leur capacité ; les infirmes, les incapables, irresponsables de leur infirmité, de leur incapacité seront nourris fraternellement par la société tout entière. Les femmes et les enfants resteront au foyer.

Il n'y aura plus dès lors, peut-on espérer, de travaux nobles et de travaux déshonorants. Toutes les fonctions sont égales et également nécessaires et respectables dans le chantier social. Il ne saurait y avoir de supérieurs ni d'inférieurs, mais des *collaborateurs* apportant à la communauté leurs aptitudes différentes. L'oisiveté seule est lâche et déshonorante. C'est ce que la Révolution française a proclamé, en disant que les hommes naissaient et demeuraient « libres et égaux en droit ». C'est ce que veut encore dire à un point de vue plus pratique et plus terre à terre le proverbe populaire : « Il n'y a pas de sot métier, il n'y a que de sottes gens. »

IV. **Remède actuel.** — Tous les esprits conscients doivent travailler de toutes leurs forces à l'établissement du *droit économique*, qui organisera le travail et donnera à tous les travailleurs une sécurité et des moyens de développement équitable. Les associations qui se constituent actuellement un peu partout dans la société, surtout les syndicats, les mutualités et les coopératives, poursuivent ce but.

En ce moment le Parlement français étudie un projet qui prévoit pour tous les travailleurs, lorsqu'ils auront atteint 60 ans, une *retraite* d'environ 1 franc par jour. Il a déjà voté la *loi sur les accidents du travail* qui alloue aux victimes d'accidents des indemnités compensatrices. Les *sociétés de secours mutuels*, malheureusement encore organisées par des initiatives trop particulières, essayent de donner au travailleur, rendu incapable de subvenir à ses besoins par la tâche sociale qu'il a fournie, l'aide que lui *doit* la société tout entière représentée par l'État. Il importe que l'on sache bien que le travailleur, contribuant par toute son œuvre au bonheur collectif, a le *droit strict* de compter sur la collectivité et non pas seulement sur lui-même et sur sa seule épargne. Le simple bon sens montre, en effet, que son salaire est loin de représenter toute la valeur sociale qu'il a créée.

Questionnaire.

Qu'entend-on par hérédité? hérédité physique? hérédité morale? — Donnez des exemples? — Parlez de l'extrême variété des aptitudes. — Cette variété est-elle un bien pour la société? — N'y a-t-il pas des individus inaptes?

La répartition actuelle des travaux est-elle conforme à la diversité des aptitudes? — Quelles préoccupations interviennent dans le choix d'un métier? — Quel serait le régime idéal en pareille matière? — Quels sont les moyens actuels de remédier à l'imperfection sociale sur ce point?

QUARANTE-CINQUIÈME LEÇON

JUSTICE ET FRATERNITÉ SOCIALES.

I. Le Droit a la vie et a la liberté individuelle.

1. Définitions. — Les lois actuelles obligent rigoureusement les individus à l'observation de certaines règles reconnues indispensables à la vie sociale. *La justice* est précisément l'observation *de ces lois.* A un droit imparfait correspond une justice imparfaite. Les obligations du code ne sont qu'un minimum à l'égard des exigences morales d'une conscience éclairée.

Les droits généraux protégés par les lois présentes sont : le droit à la vie et à la sûreté personnelle ; droit de propriété ; droit au respect de la réputation, à l'exécution des contrats ; la liberté de conscience, la liberté d'association, et, dans une certaine mesure, le droit à l'assistance.

Le droit à la vie. Liberté individuelle. — Il est évident que le respect de la vie est la condition fondamentale de l'existence sociale. La perte de la vie est irréparable. Toute atteinte à la vie et par suite à la liberté d'action d'autrui est répréhensible en ce sens que personne ne saurait être privé des moyens nécessaires à son développement intégral ; d'où la condamnation du meurtre, des sévices, de la séquestration, des travaux excessifs imposés à autrui, etc.

II. Les faits. Les attentats contre la vie humaine. — Le meurtre n'a jamais été permis à l'intérieur des clans. Mais de clan à clan les massacres sont permanents. Les guerres déshonorent l'antiquité. Et en temps de paix, la vie de l'esclave et même celle de l'étranger ne sont pas protégées par la loi. Le père de famille à Rome, dans la période primitive de la civilisation latine, a droit de vie et de mort sur ses enfants. Le Moyen-Age et la Renaissance dans toute l'Europe occidentale nous montrent une longue période de troubles et d'agitations où le meurtre est chose courante. Depuis cette époque et depuis un siècle, on peut noter, avec une satisfaction et des espérances légitimes pour l'avenir, une diminution graduelle, rapide et ininterrompue des crimes de sang, des assassinats et des attentats à la vie. En France la monarchie absolue n'est qu'une longue suite de guerres, dynastiques ou religieuses, dont le paysan paie tous les frais, de son sang, de sa misère. Il suffit de rappeler la guerre de Cent ans, les guerres contre la maison d'Autriche, le massacre de Vassy, la Saint-Barthélemy, les dragonnades, les jansénistes persécutés, les juifs parqués dans les ghettos, les Calas et les Sirven suppliciés. La proclamation de la liberté individuelle et du respect de la vie par la Révolution n'empêcha pas la Terreur rouge, la Terreur blanche, les guerres du premier Empire (8 millions de victimes), les guerres, les exils et les déportations du second, les 100 000 arrestations du 2 décembre, la déportation de 10 000 citoyens au nom de l'ordre impérial. Aujourd'hui, des conquêtes coloniales souvent injustes font bon marché du respect dû à la vie. Rappelons seulement la guerre récente du Transwaal. La guerre cubaine, la guerre russo-japonaise témoignent du même abus. La vie individuelle n'est pas respectée par le peuple russe qui massacre les juifs à Kichinev, par les Turcs musulmans qui se ruent sur les Arméniens, par les antisémites de tous pays qui crient : Mort aux Juifs. A côté de l'explorateur humain Livingstone, nous avons l'impitoyable Stanley.

La vie sociale nous fournit aussi des exemples nombreux d'abus de la force aux dépens de la vie et de la liberté individuelles. Que de meurtres, de tortures, conscients ou inconscients, physiques et moraux ; ce sont dans les armées de certains peuples des supérieurs qui se complaisent à tourmenter leurs inférieurs et à imaginer pour eux des supplices raffinés, comme le bâillon, la crapaudine et la double boucle ; ce sont des employeurs qui tuent leurs salariés dans un travail astreignant, épuisant ou malsain : des chefs qui écrasent arbitrairement leurs subordonnés de travaux supplémentaires, des commerçants qui portent atteinte à notre vie par la vente de produits avariés, des parents bourreaux de leurs enfants, des enfants bourreaux de leurs parents : des éducateurs qui rudoient les enfants, les astreignent à l'immobilité absolue, les privent par punition de jeux, salutaires, et de nourriture, indispensable.

Il nous reste à constater les brutalités journalières, les assassinats ordinaires accomplis par des fous, des alcooliques, des jaloux, les duels, aussi absurdes et criminels que les anciens jugements de Dieu, les exécutions capitales qui ne sont au fond qu'une vengeance de la société à l'égard d'un criminel désarmé.

Est-ce à dire que les mœurs en soient encore restées à la brutalité primitive ? Non certes. Un progrès considérable s'est accompli dans la moralité des hommes. Les meurtres individuels, les meurtres collectifs ou guerres, se raréfient de plus en plus. Le duel et la peine de mort sont condamnés par une minorité qui s'accroît chaque jour. L'idée pacifiste se propage. Sous son impulsion le tribunal d'arbitrage international de la Haye a été institué. La punition elle-même apparaît plutôt comme une guérison indulgente que comme une application stricte de la loi du talion.

III. Les faits (*suite*). Les attentats à la liberté individuelle. — Les faits nous montrent que la liberté individuelle n'a pas toujours été plus respectée que la vie humaine.

L'esclavage qui a régné pendant toute l'antiquité a été une monstrueuse violation de la liberté d'action. L'esclave ne se possède pas ; il est possédé par son maître ; il est acheté, vendu sur le marché, au plus offrant, comme une denrée, comme un outil, comme une bête de somme. Selon les hasards de la vente, il peut être séparé pour toujours de ses parents, de sa femme ou de ses enfants. Il est attaché à la personne de son maître. Celui-ci, à son gré, à son caprice, peut le rudoyer, l'écraser de travail, le séquestrer ou l'enchaîner.

Le servage remplace au moyen âge l'esclavage. La liberté individuelle du serf n'est plus nulle, comme celle de l'esclave. Le serf ne peut pas être éloigné de la terre qu'il cultive ; il ne peut être séparé des siens par la vente.

Mais s'il n'est plus attaché à la personne du maître, il est attaché à la terre du maître ; il doit au seigneur presque tout son temps, presque toutes ses forces ; il est taillable et corvéable à merci. Il ressemble beaucoup plus à un instrument qu'à une personne.

Dans les temps modernes l'esclavage a reparu dans la traite des nègres, pratiquée par les riches armateurs et les gros industriels. — Il a existé légalement en Amérique jusqu'au dernier tiers du xix⁰ siècle ; il existe encore illégalement parfois dans les colonies européennes.

Les rois absolus emprisonnent arbitrairement ceux qui leur déplaisent. Louis XV délivra à profusion les lettres de cachet qui permettaient les arrestations et les emprisonnements les plus injustifiés.

Il y a encore de nos jours des exemples d'arrestations arbitraires et de séquestrations injustes. On a vu certains individus malfaisants se débarrasser odieusement d'une personne qui gênait la réussite de leurs desseins, inavouables, en faisant passer cette personne pour folle et en la faisant interner dans un asile d'aliénés.

La traite des noirs et l'esclavage subsistent de droit, dans les pays musulmans, et il n'y a pas longtemps que le servage a été aboli en Russie. Bien des gens abusent encore de leurs semblables, qu'ils considèrent comme les instruments de leur bonheur égoïste. Le salariat est parfois une atteinte profonde à la liberté individuelle du salarié (patrons ou maîtres qui imposent d'une façon dissimulée, et même ouverte, des opinions politiques et religieuses à leurs ouvriers ou à leurs domestiques). Dans les pays autres que la France, la Suisse et l'Angleterre, les atteintes à la liberté de conscience des employés de la part des employeurs deviennent la règle. Le juif n'est pas libre en Russie ; certaines carrières lui sont fermées en Allemagne et en Autriche-Hongrie. Les catholiques ne sont pas libres dans l'Empire Ottoman.

IV. L'Idéal. — L'évolution sociale permet d'espérer pour la société future la suppression des guerres, la disparition de toute servitude, *la fin des abus de pouvoir*, la fraternité de tous les hommes respectueux de leur complète liberté d'action, sans distinction de race, de sexe ou de religion.

Le devoir actuel. — Le devoir actuel de tous les honnêtes gens est de répandre partout les idées de paix et d'humanité, pour que l'arbitrage, soit entre les individus, soit entre les nations, devienne la règle. Nous avons l'obligation de *protester contre tout abus de la force* afin d'en prévenir le retour, de flétrir ceux qui tenteraient de nous ramener à la férocité primitive. Il faut se rappeler que seul le cas de légitime défense et encore des personnes, mais non des biens, justifie l'emploi de la force ; nous devons nous proposer comme véritables grands hommes les hommes de paix qui ont créé la science et la civilisation.

Questionnaire.

Quels sont les droits généraux protégés par les lois présentes? — Le droit à la vie et la liberté individuelle ont-ils été toujours respectés ? — Sont-ils respectés aujourd'hui ? — Donnez des exemples d'abus de force exercés par nos contemporains. — Que nous permet de prévoir et d'espérer l'évolution morale et sociale ? — Quel est notre devoir actuel?

QUARANTE-SIXIÈME LEÇON

JUSTICE ET FRATERNITÉ SOCIALES (*Suite*).

II. Respect de la réputation.

I. La diffamation et la calomnie. — Nous avons droit à la vérité sur nous-même et sur les autres. Nous avons besoin d'être approuvés par nos semblables, de trouver un milieu sympathique à notre conduite. Même lorsque nous ne sommes pas honnêtes, nous désirons être estimés tels et l'hypocrisie n'est encore qu'un hommage indirect rendu à la vertu. Au point de vue social, nous avons besoin de compter sur des gens vertueux, dont la pratique constante du devoir a établi la réputation d'honorabilité ; nous avons besoin nous-mêmes du crédit que nos actes courageux et loyaux ont pu nous acquérir. L'estime réciproque, sincère et solidement assise, est nécessaire au bon fonctionnement de la vie collective.

Tout vol à la réputation d'autrui est condamnable. Malheureusement la diffamation s'est exercée de tous temps, depuis les calomniateurs grecs jusqu'aux Basiles [1] modernes et aux délateurs contemporains. Il y a différentes façons d'entamer et de ruiner la réputation des autres : d'abord *la médisance*, qui consiste à bien mettre en lumière les fautes ou les imperfections d'autrui *sans autre but que celui de nuire*, à étiqueter malicieusement les travers. C'est un défaut bien porté par maintes personnes dans nos salons modernes. C'est une manie commune à tous les vaniteux, les aigris et les envieux.

---

1. Basile : Personnage qui dans la comédie de Beaumarchais « Le mariage de Figaro » use sans cesse de la calomnie la plus fourbe pour arriver à ses fins.

II. — La calomnie est l'accusation mensongère et venimeuse, tantôt discrète et sournoise, tantôt agressive et cynique. Elle condamne sans appel, exécute sans jugement. Sa forme la plus raffinée est *l'insinuation*, qui dissimule son venin dans un coup d'œil, un hochement de tête, un doute, une épithète maligne, une réticence, un air mystérieux, une attitude. Ses formules ordinaires sont : on dit, il paraîtrait, sait-on ? Je me suis laissé dire..., etc., etc... Son but est d'empoisonner une réputation, de faire le vide autour de la victime, de la tuer moralement. Les partis politiques s'en sont particulièrement servis pour se déshonorer réciproquement. C'est de la calomnie qu'on use couramment pour abattre les esprits indépendants, réfractaires à toute compromission, irréductibles devant l'injustice. Que de fois n'a-t-on pas traité de fous, de rêveurs, de cerveaux dangereux, de malhonnêtes gens, des hommes sages et désintéressés, apôtres de progrès, seulement coupables de résister virilement à l'opinion publique qui est trop souvent l'inconscience ou la lâcheté publiques. Bien des erreurs judiciaires ont été le fait de délateurs acharnés à la perte du prévenu, accumulant sur son compte les faux et les machinations les plus odieux.

L'observation de la vie courante peut nous fournir de nombreux exemples. On calomnie le commerçant ou l'industriel, par vengeance ou jalousie professionnelle, en l'accusant de vendre des produits frelatés ou dangereux. On persécute un homme dont on redoute le crédit ou dont on envie le talent. On discrédite un député en l'accusant d'avoir vendu sa conscience ou son vote pour des pots de vin. Des ouvriers pourront aller calomnier auprès du patron des camarades qui leur déplaisent ou dont ils convoitent la place. Les intolérants accusent de tous les vices ceux qui ne pensent pas comme eux. Certains portent sur d'autres et même quelquefois sur des gens dont ils se disent les camarades ou les amis des accusations secrètes, qu'ils ne veulent garder secrètes que parce qu'elles sont fausses, et qu'ils savent que, portées au grand jour, elles tourneraient de suite à leur propre confusion. C'est en général un moyen immonde de masquer son envie, sa jalousie ou ses rancunes. Tous les jours une presse audacieuse jette la suspicion sur les honnêtes gens, sème l'ordure et la boue sur d'intègres citoyens. Tous les jours des lettres anonymes vont faire leur triste besogne d'empoisonnement dans l'esprit de gens qui ne sont pas assez fermes pour le dédaigner résolument. Calomniez, calomniez, il en reste toujours quelque chose.

« La calomnie, Monsieur !... J'ai vu les plus honnêtes gens près d'en être accablés. Croyez qu'il n'y a pas de plate méchanceté, pas d'horreur, pas de conte absurde, qu'on ne fasse adopter aux oisifs d'une grande ville en s'y prenant bien, et nous avons ici des gens d'une adresse ! ...D'abord un bruit léger, rasant le sol comme l'hirondelle avant l'orage, pianissimo murmure et file, et sème en courant le trait empoisonné. Telle bouche le recueille et piano, piano, vous le glisse en l'oreille adroitement. Le mal est fait ; il germe, il rampe, il chemine et rinforzando de bouche en bouche il va le diable : puis tout à coup, je ne sais comment, vous voyez la calomnie se dresser, siffler, s'enfler, grandir à vue d'œil. Elle s'élance, étend son vol, tourbillonne, enveloppe, arrache, entraîne, éclate et tonne, et devient, grâce au ciel, un cri général, un crescendo public, un chorus universel de haine et de proscription. Qui diable y résisterait ? » (Beaumarchais : *Le Barbier de Séville.*)

III. L'Idéal. — Et pourtant la parole ne devrait jamais s'avilir en de pareilles besognes, elle devrait toujours être l'expression de la vérité et de la justice. Dans la société vraiment fraternelle que le progrès humain nous permet de prévoir, il n'y aura plus place pour la haine, pour la jalousie, ni pour la calomnie qu'elles inspirent. La loyauté règnera dans les rapports sociaux et les honnêtes gens seront trop nombreux pour n'être pas à l'abri de toute atteinte malfaisante. Le respect ira où il doit aller, au courage, à la bonté, à la vérité.

IV. Le devoir actuel. — Pour préparer de telles mœurs, il n'est pas trop de toute l'énergie des personnes sincères, qui non seulement se défendront toute médisance et toute calomnie mais interviendront aussi contre toutes les insinuations mensongères faites devant elles. Elles inviteront les accusateurs à la réserve, *feront une enquête personnelle* sur les affirmations lancées, défendront les absents, confondront les diffamateurs. Elles ne liront pas, mais dénonceront comme telle une presse déloyale, éclaireront l'opinion publique dans la mesure de leurs forces. Tout bon citoyen devra juger sur *des faits* exactement observés, sans prévention, sans passion ; et en particulier, tout chef ou tout patron devra repousser loin de lui les subordonnés traîtres à leurs camarades, les dénonciations expresses ou anonymes des flatteurs et des délateurs. Quand on accuse, il faut accuser *en face* et sans arrière-pensée et il faut toujours apporter ses preuves et mettre avant tout autre celui qu'on accuse à même de les discuter et de se défendre. Celui qui accuse en secret, ou qui demande le secret sur une accusation est le plus lâche et le plus vil des malfaiteurs. Au lieu de l'écouter, il faut hardiment le démasquer, et c'est un devoir strict, en particulier, d'aviser immédiatement celui qu'il accuse par derrière, car toujours il le calomnie. Une accusation légitime aurait-elle besoin de se dissimuler sous le voile odieux et hypocrite du secret ?

Questionnaire.

Montrez qu'une société ne peut prospérer sans l'estime réciproque de ses membres. — Qu'est-ce que la médisance ? — Celui qui renseigne les autres sur les projets immoraux ou nuisibles de tel ou tel individu est-il blâmable ? — Qu'est-ce que la calomnie ? Quel est son but ? — Quels sont ses procédés ordinaires ? — Quelles seraient les relations humaines idéales ? — Par quels moyens combattre la calomnie et purger la société des diffamateurs qui la désorganisent ?

QUARANTE-SEPTIÈME LEÇON

JUSTICE ET FRATERNITÉ SOCIALES (*Suite*).

III. Capital et travail.

1. Les faits économiques. — La satisfaction des besoins matériels primordiaux est la condition *indispensable* de toute existence humaine, la recherche des choses utiles et désirées, le premier souci des individus. On appelle *richesses*[1] toutes les matières ou toutes les énergies que l'homme adapte à son usage. La science des richesses est la science *économique*, qui étudie en quoi consiste la *valeur* des objets et examine les rapports sociaux, en tant qu'ils se rattachent à la *production* des richesses, à leur *répartition* et à leur *consommation*.

Nous allons étudier la notion de valeur et toutes les conséquences économiques qu'elle comporte.

Valeur accidentelle et valeur normale. — La valeur des richesses paraît être fondée sur le désir plus ou moins vif ou la rareté plus ou moins grande des objets utiles ou utilisables (loi de l'offre et de la demande). Ainsi varient sur le marché le prix des œufs, le cours des pommes, etc. Si la quantité d'œufs apportés par les marchands dépasse de beaucoup les besoins des acheteurs, leur prix baissera; dans le cas contraire, il aug-

---

1. Le sol, le sous-sol, les matières premières, les forces naturelles, les moyens de production, d'échange et de communication, les objets fabriqués, les livres, les œuvres d'art, les sciences, les inventions, la sécurité des relations, la culture des individus, leur force physique, leur vigueur intellectuelle, leur énergie morale sont des richesses, au sens profond du mot. Les pièces de monnaie, les billets de banque, les titres, etc., n'ont qu'une valeur conventionnelle; ils ne valent rien par eux-mêmes; ils sont simplement des signes commodes, représentatifs de richesses.

mentera. Chaque fois que les vendeurs *offrent* plus que ne *demandent* les acheteurs, il y a baisse; si c'est l'inverse qui se produit, il y a hausse. Mais la hausse et la baisse se confinent toujours entre certaines limites. Elles oscillent autour d'une *valeur moyenne*: cette valeur moyenne est à peu près fixée dans la plupart des cas par la somme de travail que la marchandise a coûté. Si donc nous voulons avoir des richesses une appréciation plus précise et plus morale tout à la fois, il nous faut évaluer la moyenne de travail social qu'elles ont coûté, mesurer la somme d'efforts qu'elles ont exigés dans les conditions actuelles de la production. C'est ce *coût de production* qui déterminera la valeur essentielle, la *valeur normale* de l'objet travaillé.

II. Production. — Si les richesses valent en raison de la difficulté qu'il y a à les créer, en proportion de l'effort accompli, examinons maintenant quel est l'agent de cet effort, le facteur de cette production. Ce ne saurait être la nature, absolument passive, qui ne fournit rien sans le travail de l'homme, travail de découverte, travail de fabrication ou travail d'utilisation. Ce ne saurait être le capital (argent, machines, bâtiments : tout ce qui est nécessaire à l'exploitation), réserves accumulées dues à un travail préalable. La nature et le capital ne sont que les instruments dont usent le bras ou l'intelligence humaine. Et le travail humain reste seul à la base de toute production. La terre, les machines, les outils, ne sont que ses sous-ordres, les serviteurs toujours plus dociles des besoins qu'il lui faut satisfaire.

On peut donc dire que c'est le *travail de l'homme* qui *produit*, et produit seul *toutes les richesses*. Le fruit sauvage même n'est une richesse que lorsqu'il a été cueilli à l'aide du travail humain; sans cela il serait inutilisable et n'aurait aucune valeur. La valeur d'un objet dépend donc en gros de la quantité de travail qu'il a coûté à la société tout entière, travail de direction, travail manuel, travail intellectuel, travail de ceux qui veulent créer la sécurité et la puissance pour tous.

La valeur d'une pomme représente non seulement une fraction très minime du travail de ceux qui ont jadis occupé le pays, qui l'ont défriché, ameubli, qui ont planté et soigné des pom-

miers, qui les cultivent, les soignent et les récoltent actuellement, mais encore du travail de ceux qui ont fait les routes,
construit les chemins de fer, construit les canaux servant au
transport du fumier et des récoltes, du travail de ceux qui ont
construit les granges où l'on enserre les récoltes, les maisons où
habitent les cultivateurs, du travail du garde champêtre et des
gendarmes qui assurent la tranquillité du pays, des gouvernants
qui avisent à la sécurité, à la prospérité générale.

III. — Il est intéressant de considérer les formes successives du
travail social à travers l'histoire, à cause de l'importance qu'il a
dans la vie économique.

De l'époque primitive au moyen âge, le travail s'effectue à l'intérieur de petits groupements qui suffisent à leur propre consommation : les familles. L'échange des produits et la division du travail
n'existent pour ainsi dire pas. Les femmes et les esclaves, plus
tard les serfs, ont l'obligation rigoureuse de créer ou d'entretenir
les richesses indispensables. Aux plus forts, aux guerriers, aux
hommes libres les besognes jugées exclusivement honorables, la
guerre, la chasse, etc. Comme on le voit, cette première période,
dite de l'*industrie de famille*, est caractérisée par l'abus de la
force et l'absence presque totale de solidarité économique.

Au moyen âge se forment les *corporations*, associations mutuelles de travailleurs rangés par corps de métier, indépendants
dans ce métier, en ce sens qu'ils sont protégés contre la concurrence des étrangers à la ville et qu'ils sont possesseurs de leurs
outils. Dans ce régime de production encore bien limitée, exclusivement urbaine, la solidarité s'accroît avec la division du travail.

A l'industrie corporative succède la *manufacture à domicile*. Le
marché national se substitue au marché urbain. Les travailleurs
travaillent chez eux pour un gros patron qui seul possède les
capitaux suffisants pour entreprendre le grand commerce. La
division du travail s'accroît prodigieusement. La production est
stimulée par les besoins d'une vente de plus en plus élargie. Il
en résulte que d'un côté le producteur s'affranchit d'un milieu
restreint, qu'il accroît sa solidarité avec des groupes sociaux

toujours plus étendus, mais qu'il risque sa sécurité et son indépendance dans les transactions aléatoires dont la gestion et le bénéfice appartiennent exclusivement au patron.

Dans la quatrième phase, *celle de la fabrique ou de l'usine*, les ouvriers sont agglomérés dans d'immenses exploitations, dont ils sont les rouages infiniment multipliés, le mécanisme humain approprié. Grâce à l'accumulation des individus en un même point, grâce à la division savante du travail, grâce au machinisme, la production devient rapide, intense, prodigieuse. Jour et nuit, travailleurs des deux sexes, enfants mêmes collaborent avec les machines, avec la vapeur et l'électricité. Dans ces conditions les efforts se réduisent à leur minimum ; le coût de production s'abaisse ; des quantités considérables de produits inondent le marché international et mondial ; la solidarité économique s'étend à toutes les nations civilisées ; mais le travailleur est encore sous la dépendance de l'employeur capitaliste qui domine la situation et répartit trop souvent les bénéfices sans contrôle ; il est à la merci des chômages causés soit par la ruine du patron, soit par la surproduction, soit par un perfectionnement de machine supprimant des bras. *Théoriquement*, l'ouvrier est *libre* de choisir tel ou tel métier, d'accepter tel ou tel salaire ; *en réalité*, il reste dans une situation inférieure et injuste devant le capitaliste dont fréquemment le hasard ou privilège d'être né riche fait tout le mérite.

Sur le marché national ou international les entrepreneurs industriels et commerciaux cherchent à écouler le plus grand nombre de marchandises possibles, pour un maximum de bénéfices. Ils s'efforcent de livrer leurs produits à meilleur marché que le marchand similaire, d'envahir avant lui le milieu favorable. Cette lutte acharnée à laquelle se livrent les capitalistes, mesurant leur production, non à la consommation mais au *trafic* rémunérateur, s'appelle la *concurrence*, la libre mais aléatoire concurrence. Que de fois tous les habitants d'un village et même d'une ville sont ruinés par la ruine ou les échecs d'un patron vaincu par ses concurrents.

IV. Répartition. — Il est naturel que dans un régime où

le capital est à la base de toute entreprise, où l'abaissement du coût de production est la condition du succès dans la concurrence, le capitaliste se voit attribuer la part la plus large des profits. L'entreprise n'a qu'un souci insuffisant du sort des travailleurs.

Il arrive en effet que l'effort humain devient une marchandise, qu'il faut payer au plus bas prix. Cette marchandise humaine suit les lois de l'offre et de la demande, tant et si bien que les salaires ne sont pas toujours suffisants pour faire vivre le salarié. Une partie relativement grosse des produits aura été répartie entre les capitalistes sous forme d'intérêts, entre les propriétaires immobiliers sous forme de loyer ou rente foncière, entre les entrepreneurs sous forme de revenu ou profit. Dans cette répartition, le travail, c'est-à-dire l'agent essentiel de toute production, passe après la terre et le capital, qui n'en sont que les instruments.

Questionnaire.

Qu'entend-on par richesses ? — Quel est l'objet de la science économique ? — Quelles sont ses divisions naturelles ? — Qu'appelle-t-on valeur accidentelle d'un objet, valeur normale ? — De quels éléments se compose le coût de production ? — Quel est l'agent unique de la production des richesses ? Exemple. Décrivez les formes successives de la production à travers l'histoire. — Caractérisez-les. — Parlez de la libre concurrence. — Comment s'effectue la répartition des richesses produites par les travailleurs ?

QUARANTE-HUITIÈME LEÇON

JUSTICE ET FRATERNITÉ SOCIALES (*Suite*).

IV. Capital et Travail. (*Suite.*)

I. Critique du régime économique actuel. — Examinons maintenant les *conséquences sociales* du régime économique actuel, tel qu'il vient de nous apparaître dans l'étude de la production et de la répartition. Considérons-les au double point de vue du patronat et du salariat.

Les moyens de production actuels, chaque jour enrichis par la science et ses applications, sont extraordinairement puissants. Mais *seuls* peuvent les mettre en œuvre et les exploiter les détenteurs de capitaux. Les agents économiques sont d'une puissante et merveilleuse fécondité; mais seuls les grands propriétaires peuvent les organiser, les diriger, les discipliner en vue de leur plus grand bénéfice individuel. L'employeur est à la fois possesseur des moyens de production et des produits du travail, il gère, administre, vend, répartit à son gré.

Par l'effet de la libre concurrence, les plus gros capitalistes écrasent les plus petits, dominent le marché, où ils font à loisir la hausse ou la baisse. Pour vaincre, il faut unir les millions aux millions, les milliards aux milliards, dans des entreprises colossales, former des sociétés par actions, de grandes compagnies, pour la production collective. Le patron qui persiste à lutter de ses propres forces, avec ses seuls moyens d'action, finit par succomber dans la mêlée sociale. Les petits commerçants, les petits boutiquiers, les petits agriculteurs périclitent ou disparaissent.

D'autre part le manque d'équilibre entre la production et la consommation, la *fabrication à outrance* de produits qui n'ont pas de débouchés assurés, le trafic et la spéculation désordonnée font courir aux entrepreneurs des risques considérables, mortels pour les plus faibles d'entre eux. La surproduction, les *crises* de toutes sortes sont les résultats ordinaires de ce désordre économique.

Si nous envisageons maintenant le sort du salarié, nous pourrons constater également l'*insécurité* la plus complète et la plus douloureuse.

Pour l'employé en effet peu d'indépendance matérielle et partant peu d'indépendance morale. L'ouvrier qui veut travailler pour vivre, et qui n'a en sa possession que sa force, manuelle ou intellectuelle, doit louer cette force à qui détient les instruments de production, demander une place au patron dans son entreprise. Certes il a le droit de choisir son travail, de rejeter le salaire qui ne lui convient pas; il traite librement avec l'employeur; mais qui ne voit que cette liberté peut ne devenir que nominale et apparente? L'ouvrier qui doit travailler, sous peine de mourir de faim, ne saurait écouter longtemps les revendications légitimes de sa conscience ou de ses droits; il est bien obligé de se résigner aux conditions faites par le patron, dont quelquefois l'avidité, les nécessités de la concurrence, et l'offre considérable de bras font un maître oublieux de ses devoirs.

La liberté économique n'est que superficielle et factice, dans une lutte qui ne se fait pas à armes égales[1].

Étant données les difficultés de la concurrence qui ont pour conséquence l'avilissement du coût de production, il faut trop souvent payer au plus juste prix le travail des ouvriers. *Faire*

---

1. Exemples : J'ai *le droit* de manger à ma faim, mais *je n'ai pas le moyen* d'acheter le nécessaire. J'ai *le droit* d'exprimer librement ma pensée, de voter pour qui je veux, d'avoir une religion ou de n'en avoir pas : mais je dépends d'un patron qui est intolérant ; si j'agis en homme libre, je perds mon pain, celui de ma femme et de mes enfants. Je n'ai le moyen d'user de mon droit qu'en me condamnant à ne plus vivre. *Je n'ai pas, en réalité, le moyen* d'user de mon droit. Inférieur, ma *liberté* n'est qu'*apparente*.

travailler le plus et *le plus longtemps possible* au prix *le moins cher possible*, voilà le moyen d'obtenir le maximum de rendement avec le minimum de frais. Qu'arrive-t-il dans ces conditions ! C'est que bien souvent, dans la seule considération du gain recherché, les préoccupations morales et humanitaires disparaissent. Hommes, femmes, enfants travailleront, jour et nuit, s'il le faut, dans des ateliers ou des usines, entassés, surmenés, respirant un air malsain, se livrant à des occupations dangereuses peut-être, pour des salaires maigres ou même dérisoires. Dans ces conditions le salarié est à la merci des maladies, des accidents, du chômage, de la misère. C'est pour lui la déchéance physique et morale, l'abandon et le découragement.

Le régime économique actuel a donc des défauts graves. Il faut les regarder sans crainte et avec sang-froid pour y remédier. Les dissimuler ou s'en effrayer ne servirait à rien et même créerait de sérieux dangers. Quels que soient d'ailleurs les sentiments philanthropiques des employeurs, en un régime d'arbitraire et de force, nous assistons par moments à *une guerre* à outrance entre les producteurs et les employeurs d'une part, entre les entrepreneurs eux-mêmes d'autre part, à une lutte effrénée d'intérêts antagonistes, où le plus faible, le moins armé socialement, périt fatalement.

II. **Idéal.** — Il convient d'examiner maintenant le sens de l'évolution pour déterminer ensuite dans quelle mesure nous pouvons raisonnablement l'accélérer.

L'histoire nous montre qu'à Rome aussi bien qu'à Athènes et dans les républiques italiennes du moyen âge les luttes pour la capacité économique ont toujours suivi les conquêtes de la liberté politique. C'est une loi dont on peut constater à nouveau les effets dans la deuxième partie du xixᵉ siècle. La Révolution de 1789 a proclamé l'égalité politique, la Révolution de 1848 l'a réalisée ; les travailleurs revendiquent aujourd'hui des réformes sociales, et une amélioration de leur sort. Si on discute sur les moyens de les satisfaire, il n'est pas un homme intelligent et de bonne foi qui ne reconnaisse le bien fondé du but général qu'ils poursuivent.

D'ailleurs les transformations économiques actuelles se font suivant la loi intime et fondamentale de solidarité. La production, d'abord individuelle, est devenue *collective*; les travailleurs collaborent dans des entreprises géantes; les capitaux se sont concentrés en des sociétés anonymes où la *propriété* des moyens de production et d'échange reste *commune*, indivise. Des associations internationales, trusts[1] et cartells[2] se sont formés pour exploiter et monopoliser telle ou telle branche d'industrie, l'exploitation du pétrole ou de l'acier, par exemple.

La science sociale permet de prévoir un régime où un mode de répartition solidaire correspondra au mode collectif de production; où tous les travailleurs, qu'ils dirigent et exploitent, qu'ils inventent et perfectionnent ou qu'ils exécutent, désormais coassociés, interviendront dans l'organisation des entreprises et la répartition des profits, où *le travail* sera la *base de* la rémunération comme il est au centre de la production. Tout homme, pourvu qu'il veuille travailler, doit vivre de ce travail en pleine sécurité.

Moyens actuels. — Cette évolution économique s'accomplit chaque jour; déjà se dessinent dans la société présente les linéaments de la société future. Les travailleurs conscients des bienfaits de la coopération créent toutes sortes d'associations mutuelles d'assurance et de prévoyance, des *coopératives de consommation* où le travailleur, supprimant l'intermédiaire et s'adressant directement au producteur fait l'apprentissage de l'échange; des *coopératives de production* où il s'initie à la fabrication; des *syndicats* régionaux, nationaux, ou internationaux, en vue de défendre et d'améliorer son salaire; des *fédérations*

---

1. On appelle trust une association formée entre les principaux producteurs d'une marchandise (pétrole, sucre, acier, moyens de transport) association telle qu'il n'y ait à peu près plus qu'eux qui puissent fournir cette marchandise sur le marché. Ils peuvent alors la vendre au prix qu'ils veulent et ne fabriquer que ce qui est nécessaire aux consommateurs. C'est en somme l'accaparement, le monopole au profit d'un petit nombre.

2. Le cartell est une entente entre tous les producteurs d'une marchandise pour vendre à un prix déterminé.

du travail où les salariés revendiquent pour *tous* l'émancipation matérielle et morale. Toute une *législation ouvrière* vient sanctionner, quoique très imparfaitement encore, le droit au travail, le droit à l'assistance. Le droit de grève, accordé à la fin de l'Empire (1864) a permis aux ouvriers, en suspendant tous ensemble tout travail dans une usine, d'avoir une force égale à celle des patrons, qui de leur propre autorité pouvaient, parce qu'ils possédaient seuls les instruments nécessaires au travail et à l'échange, baisser les salaires, renvoyer sans motif qui leur plaisait, rendre plus dures les conditions du travail. Un ouvrier isolé était sans défense contre ces procédés. Tous les ouvriers peuvent avoir désormais une *volonté collective* aussi forte que la volonté patronale et capable de discuter avec elle. La loi de 1898 protège l'ouvrier contre les accidents. La loi des retraites ouvrières est à l'ordre du jour. Bref, la solidarité s'accuse partout. À toutes les bonnes volontés d'accélérer l'évolution en donnant à tous la conscience de leurs véritables intérêts pour l'établissement en commun d'un *contrat social* où les droits de tous soient équitablement garantis.

Questionnaire.

Énumérez les prodigieuses richesses actuelles, les ressources accumulées composant le capital humain. — Montrez la disproportion qui existe entre la production, merveilleuse et intense, et la répartition, inégale, source de misère et de paupérisme. — Le régime économique actuel présente-t-il des caractères d'ordre, de sécurité, d'équité? — Sert-il le bonheur de tous les travailleurs? — Énumérez les maux de la vie ouvrière, ses misères matérielles et morales. — Le droit à la vie, au travail, à la vie libre et consciente est-il respecté? — Quel est le sens de l'évolution économique? — Comment pouvons-nous accélérer cette évolution? — Comment devons-nous concourir à l'établissement graduel de l'égalité sociale?

QUARANTE-NEUVIÈME LEÇON

JUSTICE ET FRATERNITÉ SOCIALES (*Suite*).

V. Respect des produits du travail : La propriété.

I. Consommation. — Les richesses sont créées pour être consommées : c'est leur unique raison d'être. La consommation ne va pas sans la possession, sans le pouvoir d'utiliser ces richesses au gré des désirs. Le droit de propriété apparaît donc comme la garantie même de l'existence et le moteur essentiel de l'activité humaine en quête de bien-être [1].

Sans propriété, sans part de richesse individuelle dans la richesse collective, *point de sécurité*, point d'indépendance matérielle ou morale. Le travail sans la possession et la jouissance de ses fruits, répartis d'une façon équitable, n'a point de but solide.

La propriété qui n'est pas fondée sur le travail, qui n'est pas légitimée par les efforts ininterrompus du propriétaire n'est pas respectable.

II. Évolution de la propriété. — La propriété n'a pas toujours revêtu la forme qu'elle a aujourd'hui. C'est par la force brutale, par la guerre qu'on s'appropria d'abord les objets nécessaires à la satisfaction du besoin. On se battait pour conquérir, on conquérait pour détruire et pour consommer. Plus tard, quand les besoins furent satisfaits, on consomma, sans détruire,

---

1. Le bien-être, la santé physique et morale, le bonheur résultent de la satisfaction de nos besoins essentiels. Nous avons tous un droit égal à satisfaire ces besoins. Mais ce droit ne sera exercé, nous ne vivrons d'une vie normale que si nous possédons les moyens de l'exercer, que si par conséquent nous avons la propriété d'une part de richesses, indispensables à la satisfaction de nos besoins.

le butin conquis. On se contenta d'utiliser les choses enlevées objets matériels ou être vivants. Il en résulta que *les personnes* furent le premier objet de propriété : *les esclaves* et *les femmes* furent employés aux divers services de la tribu, aux corvées répugnantes, aux besognes réputées déshonorantes. La propriété s'étendit aux *objets possédés directement* par le propriétaire (bijoux. armes, cheval, toutes choses enfermées dans le tombeau avec le propriétaire, y compris bien souvent les esclaves et les femmes), puis à la *maison* même « où étaient les dieux de la famille et du clan ». Quant à la *terre*, la richesse presque unique des anciens elle ne fut que très tardivement objet de propriété. Les troupeaux, les terres, avant l'apparition de l'agriculture étaient la propriété collective de la tribu ; quand l'agriculture fut pratiquée, des partages périodiques attribuaient aux chefs de famille une certaine part qui devint par la suite la possession définitive de la famille elle-même. Celle-ci n'eut d'abord d'autre droit que de jouir de son lot, de le faire mettre en valeur par des esclaves, des serfs, des fermiers.

Peu à peu, très lentement, s'ajoutèrent le droit de donner, c'est-à-dire d'abandonner à une autre personne la propriété d'un certain bien ; le droit de vendre, c'est-à-dire de céder quelque chose à autrui en toute propriété, en échange d'un prix convenu ; le droit de louer, c'est-à-dire de céder l'usage d'une propriété à quelqu'un, pour un temps déterminé, suivant certaines conventions ; le droit de léguer, c'est-à-dire de transmettre son droit de propriété à un survivant, par disposition testamentaire. L'exercice de ces droits était entouré de nombreuses restrictions tendant à entraver l'aliénation de la propriété familiale.

Mais il arriva qu'à la suite de circonstances politiques et sociales, disparition du régime féodal, avènement de l'égalité civile, progrès industriel, une classe moyenne d'hommes libres, vivant de son travail et vendant elle-même les produits de sa petite industrie, créa la propriété libre et individuelle, fruit du travail individuel.

Les premiers bourgeois de l'époque des communes, petits patrons organisant à leur profit les corporations, limitant le nombre de leurs ouvriers et de leurs apprentis, fabriquant et vendant eux-mêmes à des clients stables et proches, formèrent de leurs bénéfices un avoir individuel, toujours accru, une richesse exclusivement personnelle, qu'ils pouvaient librement consommer, employer ou accroître. A mesure que le marché prit de l'extension, devint successivement urbain, c'est-à-dire limité à la ville, régional, c'est-à-dire étendu à la région, national, c'est-à-dire ayant sa clientèle disséminée dans la nation, international, c'est-à-dire intéressant plusieurs nations qui échangent réciproquement leurs produits, cette propriété individuelle, créée par la bourgeoisie s'accrut dans des proportions importantes. Elle fut facilitée par les inventions et les fabrications nouvelles du xvie et du xviie siècle ; la révolution de 1789 brisa ses dernières entraves (jurandes, maîtrises, douanes provinciales). La vente des biens nationaux, opérée à la même époque, permit à un grand nombre de bourgeois riches d'acheter de la terre, à un certain nombre de paysans de devenir propriétaires. Dès lors était créée en France une nouvelle propriété individuelle, la *propriété terrienne*, entourée bientôt de toutes garanties et protections légales par le code civil napoléonien. Ainsi se trouvait fondée la propriété industrielle, commerciale et agricole, *propriété individuelle et mobile*, dont la puissance allait s'accroître prodigieusement dans la période suivante et dont le droit est caractéristique du régime économique de l'époque actuelle.

III. Le régime capitaliste. — Dans la première moitié du xixe siècle, l'application à l'industrie du machinisme, de la vapeur et de l'électricité a donné un essor merveilleux à l'activité économique, décuplé les moyens de production et d'échange.

Malheureusement les frais d'exploitation furent si considérables que seuls les détenteurs de capitaux nombreux furent à même d'utiliser les circonstances et de créer des entreprises. Les grands propriétaires, privilégiés, accaparèrent le sol, le sous-sol, les mines, les chemins de fer, les banques, les industries financières, etc. Ils tirèrent de ces *monopoles* des bénéfices énormes. La richesse alla de plus en plus à la richesse, la propriété à la propriété. Ce fut une accumulation prodigieuse de biens chez une minorité, la division toujours plus nette des membres de la société en deux classes, les grands possédants et les non possédants, la disparition fatale et progressive de la classe des petits propriétaires. Ce fut en conséquence *l'opulence*, la possibilité de toutes les jouissances pour la classe riche, *la gêne, la pauvreté*, pour certains autres. Il ne fut pas rare de rencontrer des gens oisifs tenant de leur fortune les moyens de vivre sans rien faire, et des gens laborieux mais pauvres manquer absolument de ce qui est nécessaire à l'existence.

IV. Sens de l'évolution. — Le régime de la propriété réservée à une minorité établit la domination du riche sur le pauvre, de celui qui possède sur celui qui n'a rien que ses bras. Il crée des classes antagonistes de favorisés et de déshérités. Il permet aux uns de monopoliser tous les profits ; il interdit aux autres la richesse et même l'aisance. Certains pourront, grâce à l'héritage, aux dividendes, jouir de tout sans rien faire. D'autres travailleront sans pouvoir même posséder le nécessaire.

Il apparaît juste à notre raison que tous les travailleurs, sans exception, aient la propriété des produits de leur travail, puisque le travail est le facteur véritable de la production. Les profits doivent revenir équitablement à ceux qui de leur bonne volonté, de l'utile emploi de leurs forces, de leurs aptitudes diverses, ont contribué à les former. Les essais coopératifs et l'évolution sociale, telle qu'elle se dessine, nous autorisent à prévoir le jour où les travailleurs seront à la fois *co-propriétaires, co-producteurs* et *co-associés* dans la production des richesses, où il n'y aura plus ni richesse excessive ni pauvreté, mais *l'aisance et la sécurité pour tous.*

Moyens actuels. — C'est aux citoyens éclairés et résolus d'être les agents patients mais inlassables de cette évolution, de favoriser l'extension des institutions ouvrières dont nous avons déjà parlé. Ainsi le régime économique s'adaptera de plus en plus aux conditions nouvelles de la production, aux exigences de la justice sociale et à la satisfaction normale de nos besoins essentiels.

Questionnaire.

Pourquoi produit-on des richesses? — Est-il nécessaire de posséder ? — Combien distinguez-vous de formes de possession? La propriété a-t-elle évolué? — Faites l'historique des formes revêtues par la propriété? — Sous quelle forme se présente la propriété actuelle? — Qu'appelle-t-on propriété mobilière, immobilière? — Énumérez les grands moyens de production et d'échange. — A qui appartiennent actuellement ces moyens de production ? — Indiquez le sens de l'évolution économique, en ce qui concerne la propriété. — Qu'est-il possible de prévoir? — A quelles réformes doit s'appliquer notre effort raisonné?

CINQUANTIÈME LEÇON

JUSTICE ET FRATERNITÉ SOCIALES (*Suite*).

VI. Respect de la parole donnée. — Respect des contrats.

I. — Le respect de la vérité, le devoir de solidarité sociale nous obligent à *tenir* la parole que nous avons donnée, à *réaliser* les conditions du contrat auquel nous avons librement participé. La promesse d'un honnête homme vaut un acte; fondée sur la bonne foi, elle se passe volontiers d'écritures légalisées. L'accomplissement d'une promesse faite est une affirmation de notre probité morale, de notre loyauté; le mensonge et la défection sont en pareil cas de véritables abus de confiance, de réelles escroqueries.

Étant donné que les relations sociales sont établies sur la confiance réciproque, on conçoit que la bonne foi active doit être à la base de toute coopération. Il n'est plus de sécurité possible, plus d'activité sérieuse et féconde, s'il est avéré que les membres de la cité ne peuvent pas compter entièrement les uns sur les autres, si l'hypocrisie et la fraude viennent corrompre l'harmonie de leurs rapports. De même que l'usage répandu de la fausse monnaie discrédite fatalement la bonne, de même l'altération de la parole en avilit le prix. Ce sont les faux monnayeurs de la parole donnée qui ruinent tout lien social.

Il est indispensable que, dans une société appelée à vivre de plus en plus sous le régime de la solidarité volontaire, chacun des individus qui la compose fasse l'apprentissage de la loyauté. Il faut que dans une société qui cherche de plus en plus à reposer sur la pratique collective de la liberté nous puissions absolument faire fond les uns sur les autres : chacun des individus engagés se doit absolument de remplir la mission privée ou publique qu'il s'est fait fort d'accomplir sur sa parole d'honnête homme.

S'il en est ainsi, nous devons tenir nos engagements, quels qu'ils soient, qu'il s'agisse d'un simple rendez-vous, d'un mandat important ou d'une tâche excessivement grave.

Pour ne point manquer à notre parole, si légèrement que ce soit, prenons la ferme résolution de ne rien promettre que nous ne puissions exactement tenir. Réfléchissons attentivement à toutes les conditions de l'engagement à conclure, avant que de le prendre à notre compte et sous notre responsabilité.

Toute parole donnée peut se ramener à un contrat verbal que passent deux parties ayant confiance l'une dans l'autre. Et tout contrat comporte nécessairement un certain nombre de *clauses* qui doivent être respectées de part et d'autre, pendant toute la durée du contrat, jusqu'à ce que tel ou tel article soit partiellement ou totalement modifié.

II. Classification des principaux contrats. — Le devoir de respecter les clauses d'un contrat s'appelle *obligation*. L'obligation est un « rapport entre personnes qui contraint l'une à faire ou ne pas faire quelque chose en faveur de l'autre ». L'obligation est dite juridique quand la justice en assure l'exécution légale.

Nous allons donner, selon le droit usuel, les définitions du contrat juridique et des principaux contrats (d'après Métin, *Cours de Droit usuel et d'économie politique*, p. 282-309. Masson, éditeur).

« Un *contrat* ou convention est un accord de volontés pour faire naître une obligation. Dans la plupart des cas un contrat est prouvé par un acte sous-seing privé ou par un acte authentique.

« Un contrat est *unilatéral* quand il ne fait naître d'obligations qu'à l'égard d'une des parties ; exemple : une donation.

« Il est *bilatéral* ou *synallagmatique* quand il fait naître des obligations à l'égard des deux parties ; exemple : un prêt à intérêt.

« Le *mandat* est un contrat par lequel une personne ou une collectivité ayant la personnalité civile charge une autre personne de faire à sa place certaines opérations.

« L'acte qui sert de preuve au mandat s'appelle *procuration*. »

Outre les contrats fréquents ou importants comme le mariage, le contrat de mariage, l'adoption, l'hypothèque, le cautionnement, etc., il y a les contrats suivants dont nous donnerons aussi la définition :

« La *vente* est un contrat par lequel une personne transfère la propriété d'un de ses biens à une autre appelée acheteur qui s'engage à payer en échange un prix convenu.

« La *donation* est un contrat par lequel une personne abandonne à une autre la propriété d'un de ses biens, soit à titre absolument gratuit, soit avec certaines obligations plutôt morales, par exemple prendre telle profession, se marier.

« Les *contrats de louage* se divisent en louage de choses (appartement, ferme) et en louage d'ouvrage (services d'un ouvrier, d'un voiturier).

« Le *louage de choses* est un contrat par lequel une personne appelée *bailleur* assure à une autre personne appelée locataire ou fermier la possession précaire d'une chose déterminée moyennant une redevance appelée loyer ou fermage.

« Le *louage d'ouvrage* est un contrat par lequel ceux qui ont fait un certain ouvrage (transports, constructions), sont responsables dans une certaine mesure de l'ouvrage qu'ils ont accepté de faire.

« Le *contrat de travail* est un louage d'ouvrage.

« Le *prêt* est un contrat par lequel le propriétaire d'un bien, prêteur, permet à une autre personne, l'emprunteur, de se servir de ce bien.

« L'*assurance* est un contrat par lequel une société ou un particulier (assureur) garantit à une ou plusieurs personnes (assurés) une compensation en cas de perte résultant d'un risque déterminé.

« L'*association* est le contrat par lequel plusieurs personnes mettent en commun certains avantages tels que leurs connaissances, leur activité. Le terme *société*, en droit, s'applique plus particulièrement à celles des associations qui ont pour but le partage des bénéfices. »

Dans les relations civiles, économiques et professionnelles, le contrat a un rôle considérable. Soit verbal, soit écrit, il vient préciser la plupart des relations. Dans les deux cas, il doit être observé rigoureusement, dans son esprit plutôt que dans sa lettre, comme la convention de personnes éclairées sur les conditions de leur accord, libres et égales en droit.

Parmi ces contrats, il en est un qui mérite ici un examen particulier : le contrat de travail.

III. Le contrat de travail. — Le *contrat de travail* est celui qui lie le patron à l'ouvrier. D'un côté le salarié loue à l'employeur pour une certaine durée sa force de travail manuel ou intellectuel, de l'autre l'employeur s'engage à lui fournir tel ou tel salaire dans des conditions déterminées. Sans doute, nous l'avons vu, dans l'élaboration du contrat de travail, la liberté de l'ouvrier n'est pas toujours entière vis-à-vis du patron. Aussi bien l'évolution économique que tous doivent accélérer, nous permet-elle d'espérer une *égalisation progressive* de conditions pour les deux parties en présence. Il n'en reste pas moins vrai, qu'en attendant ces légitimes améliorations, le contrat de travail doit être respecté de l'employeur et de l'employé. Le salarié doit fournir à son patron, présent ou absent, le travail convenu. Le patron doit de son côté remplir ses engagements. Contreviendrait-il au contrat que les ouvriers useraient du moyen légal qui convient, du droit de coalition, du droit de grève.

Le droit de grève, dont on use pour faire respecter le contrat dans son esprit plus encore que dans sa lettre, n'est pas une rupture de ce contrat. C'est une suspension de travail destinée à permettre le rétablissement de l'équité dans les conventions, de mettre en harmonie les conventions du contrat avec les transformations qui se sont opérées soit dans l'outillage, soit dans la discipline, soit dans l'hygiène et la sécurité, en un mot de rétablir l'équilibre faussé au détriment des ouvriers. Le contrat doit être modifié, les salaires améliorés, aussitôt que la prospérité de l'entreprise s'accuse d'une façon notable. Il est équitable que les travailleurs, agents de la production soient associés au partage de bénéfices qu'ils ont assurés pour la plus large part.

IV. Le respect des contrats est une condition essentielle de la liberté, de l'égalité et de la fraternité sociale. — L'importance du respect dû au contrat est primordiale dans la société moderne, et ira sans cesse croissante. *Le régime du contrat est en effet le régime normal d'une société formée par des hommes égaux et libres.*

Dans la société antique où la vie sociale repose essentiellement sur l'inégalité, la contrainte et le privilège, le contrat n'existe à peu près pas. La tradition règle tous les actes entre individus. Mais à mesure que l'individu s'émancipe, l'organisation sociale laisse toute une partie de l'activité individuelle en dehors de son contrôle et de son autorité. Comment son activité peut-elle alors s'exercer ? Il est facile de voir qu'une seule solution se présente : celle d'après laquelle les individus s'entendent librement les uns avec les autres, par des engagements et des obligations mutuels, c'est-à-dire par des contrats.

En effet si chaque individu agissait à sa guise, d'après son bon plaisir, sans se soucier des autres, il serait constamment en lutte avec ceux-ci. Cet état de guerre continuel est incompatible avec la vie sociale. Il faut donc de toute nécessité pour que les hommes puissent agir sans se gêner, sans abuser de la force quand ils le peuvent et pour que la *liberté* de chacun soit *également* sauvegardée, que les hommes s'entendent entre eux. Le régime de la libre entente ou du contrat, voilà le régime d'une société égalitaire et libre.

C'est ce qu'ont bien vu les philosophes du xviiiᵉ siècle qui ont préparé, avec la Révolution française, l'avènement d'une société de ce genre quand ils fondaient la société humaine sur le contrat. Le titre de « Contrat Social » donné par Rousseau à son principal ouvrage sur la société est significatif.

Mais les contrats ne peuvent avoir de valeur, et par suite la vie sociale qui se fonde de plus en plus sur la multitude des contrats que font entre eux les individus ne peut avoir de stabilité, de tranquillité et de durée que si les contrats sont respectés. Le respect des contrats est donc une des conditions essentielles et nécessaires d'une vie sociale qui veut réaliser la liberté, l'égalité et la fraternité.

Questionnaire.

Qu'entend-on par respect de la parole donnée? — Exemple: Est-il besoin qu'une promesse soit dûment enregistrée et officiellement sanctionnée pour être valable? — Une société peut-elle vivre sans la bonne foi entre ses membres? — Quelle est la précaution à prendre avant de conclure un engagement?

Qu'est-ce qu'un contrat? un contrat professionnel? un contrat de louage? — Un contrat est-il valable, lorsque l'un des deux contractants n'est pas libre vis-à-vis de l'autre? — Un employeur a-t-il le droit de fausser un contrat, un ouvrier de manquer à ses engagements? Dans quelles circonstances les ouvriers se concertent-ils pour user du droit de grève? — Dans quelles conditions s'améliorera de plus en plus le contrat de travail?

CINQUANTE-UNIÈME LEÇON

JUSTICE ET FRATERNITÉ SOCIALES (*Suite*).

VII. Liberté de conscience.

I. -- L'homme n'est pas seulement un être qui vit matériellement et cherche les moyens matériels de vivre ; il est aussi un être qui pense, un être qui a besoin d'exprimer ses idées et de publier ses opinions, qui veut s'instruire et développer son intelligence aussi bien que son corps. Il a donc le droit d'examiner librement tout ce qui sollicite sa pensée, que ce soit aux points de vue scientifique, politique, économique, artistique, religieux ou philosophique. Il a la liberté de formuler son jugement, d'exprimer ce qu'il estime être la vérité, par la conversation, la conférence, le livre, le journal ou la gravure. *Ce droit de libre examen, de libre discussion, de libre communication des idées*, s'appelle communément *la liberté de conscience*.

La liberté de conscience, le libre échange des idées est la seule condition du progrès, dans la recherche de la vérité comme dans sa vulgarisation. Aussi bien pour découvrir le vrai que pour le propager, l'intelligence doit être en perpétuel travail, agir en toute indépendance, vérifier *par elle-même* le contenu de toutes les affirmations en présence et ne donner son adhésion qu'à bon escient, en toute sincérité. Dans la lutte entre les diverses opinions, justes ou erronées, la victoire dernière reste toujours à la vérité qui a pour elle la force et la durée ; de la libre recherche résulte tout progrès individuel ou social. « Du choc des idées différentes, librement soutenues et discutées, jaillit la lumière. »

Nous devons ajouter immédiatement que cette libre communication de toutes les opinions ne saurait se faire qu'entre personnes *adultes*, capables de nier ou d'accepter *sciemment* l'affirmation qui leur est proposée. Personne n'a le droit de présenter à un enfant autre chose que des *vérités positives*, définitivement établies et solidement démontrées. Hors de ces limites, la liberté d'enseignement ne serait que la liberté de l'erreur.

II. — Il n'y a pas longtemps que la morale humaine a formulé nettement et commencé à réaliser dans l'organisation politique et sociale la liberté de conscience. Au Moyen âge, ni les savants, ni les philosophes n'avaient le droit de publier le résultat de leurs observations ou de leurs méditations. L'Église, dépositaire à ses propres yeux de la vérité révélée, condamnait la pensée libre. Elle forçait Galilée à rétracter son affirmation sur la rotation de la terre ; elle brûlait l'hérétique Dolet, elle faisait faire la Saint-Barthélemy, les Dragonnades ; elle persécutait Voltaire.

C'est elle qui créa l'Inquisition et l'Index. L'*Inquisition* ou Saint-Office était un tribunal ecclésiastique, définitivement constitué par Grégoire IX en 1223, pour extirper l'hérésie de France, après la croisade des Albigeois.

Il avait pour mission de rechercher et de punir les hérétiques, les juifs et les infidèles. Ce tribunal infligeait d'ordinaire les peines suivantes : la torture, la mise au cachot, l'emmurement à vie, le bûcher, la pendaison. Jeanne d'Arc fut brûlée à Rouen par le Saint-Office comme hérétique et relapse.

L'Inquisition espagnole se montra particulièrement féroce. Torquemada, inquisiteur général, fit plus de cent mille cadavres. L'Inquisition fit périr en trois siècles trois cent mille Espagnols. Aux Philippines, au Pérou, au Mexique, dans l'Amérique du Sud, on brûla pendant des siècles. L'Inquisition reste dans l'histoire synonyme de fanatisme, de cruauté et de terreur. Sa procédure « était en réalité la plus monstrueuse des iniquités ».

L'*Index* est une congrégation, une commission d'ecclésiastiques chargés d'examiner les écrits et d'établir le catalogue des livres que le Saint-Siège condamne comme pernicieux et dont il interdit la lecture. Tout livre suspecté d'esprit libre et antidogmatique est rigoureusement dénoncé par lui comme impie et dangereux. La plupart de nos classiques, tous les grands écrivains du xix⁰ siècle, en particulier Victor Hugo et Renan, sont à l'Index.

Aujourd'hui la pensée s'exerce librement dans tous les domaines ; *la science* poursuit sa vaste enquête sur l'univers, combat les préjugés, dissipe les erreurs ; la vérité, loin d'être crainte, apparaît aux esprits conscients comme la libératrice des corps et des cerveaux ; aussi la veut-on sincère, entière, dans toutes ses manifestations. Certes il se trouve encore des attardés pour ne point supporter une opinion adverse, pour haïr et persécuter les esprits curieux de science, pour se ruer aveuglément sur tous ceux qui n'acceptent pas l'ordre de choses établi par la religion ou la coutume. Ces fanatiques iraient jusqu'à ramener les violences d'un autre âge, jusqu'à susciter des guerres civiles : mort aux juifs, mort aux protestants, mort aux hérétiques seraient encore leur cri de guerre. Il n'y a pas encore longtemps que des instituteurs laïques trouvaient en Bretagne des intolérants farouches pour les violenter ou les affamer. Il existe encore des municipalités qui réservent l'assistance publique à leurs clients électoraux, des infirmiers ou des infirmières fanatiques qui prodiguent plus particulièrement leurs soins à leurs coreligionnaires.

III. — Heureusement ces mœurs disparaissent devant la notion éclairée du devoir social. Nous avons *l'obligation* de respecter et même de favoriser l'expression de toutes les opinions, pour notre profit individuel et pour le bien social.

Nous devons admettre toutes les opinions sincères, reconnues telles après vérification, quitte à les réfuter, si elles nous paraissent erronées, par la causerie, la conférence, la discussion, le livre. L'erreur même est respectable, si elle est sincère, et si elle ne se présente pas elle-même comme intolérante. Ce n'est pas par la force, mais par la persuasion, par les faits et le raisonnement qu'on peut la combattre. Quant au charlatan, il doit être tenu pour ce que les faits et la raison ont démontré qu'il valait ; il faut mettre en garde contre lui toutes les personnes de bonne foi.

En un mot, ne refusons jamais d'écouter un adversaire loyal ; ne nous fermons pas de parti pris à toute critique sincère. Le respect et l'amour de la vérité doivent nous pousser à *vérifier* nos affirmations *chez nous comme chez les autres.*

IV. — Quant aux opinions proprement religieuses, aux *croyances confessionnelles* [1], reposant sur la tradition et l'autorité, incapables d'être démontrées scientifiquement et se rapportant à des choses qui échappent par définition à l'expérience comme à la raison, elles doivent être considérées comme des questions d'ordre privé, de conscience individuelle.

Il y a peut-être un millier de religions qui toutes se déclarent dépositaires de la vérité sur l'origine, la nature et la destinée des choses. Comme elles reposent sur l'autorité d'une révélation, c'est-à-dire de faits incontrôlables, qu'elles s'imposent, qu'elles ne se proposent pas, chacun est libre d'admettre telle ou telle de ces religions ou de n'en admettre aucune, c'est-à-dire d'être libre penseur. Ne renouvelons plus les guerres de religion et maudissons de toutes nos forces, empêchons par tous les moyens, par notre propagande et par nos actes, s'il le faut, des faits comme, pour parler d'événements récents, les massacres de chrétiens en Arménie ou de juifs à Kichinev. Il serait temps que l'humanité ne se dispute plus, ne se massacre plus pour des questions auxquelles elle ne saurait donner une réponse admissible pour l'universalité des hommes. Cherchons à faire de la société une organisation où, avant tout, les hommes seront unis pour *la conquête de la justice et du bonheur,* par la solidarité fraternelle.

Il faut bien admettre pourtant que le respect de la religion ne va pas jusqu'à empêcher de discuter un dogme religieux. La religion n'a droit à la liberté qu'autant qu'elle respecte la liberté d'autrui. Respecter son intolérance, si par malheur cette intolérance se traduisait par des actes effectifs, et, comme avec l'inqui-

---

1. Confessionnelles = qui a rapport à une religion établie. Ex : confessions catholique, protestante, sont synonymes de religions catholique, protestante, etc.

sition, par des crimes, ce serait commettre un attentat contre la liberté de conscience et contre la tolérance, favoriser la violence, la haine et le crime. *Un dogme* est à la fois une explication du monde et une morale. Si ce dogme renferme des propositions en contradiction avec les résultats de la science, si cette morale est immorale selon nos idées modernes du droit et de la justice, nous aurons le droit de les discuter et de les combattre comme nous avons le droit de discuter un régime politique ou une opinion philosophique, mais par le raisonnement, et non par la force ou la violence.

Bref, tout en respectant les consciences individuelles, nous avons le devoir d'exprimer chacun notre idéal, de dire hautement ce que nous croyons vrai, de propager partout la vérité scientifique, de rapprocher graduellement les esprits, dans la conquête de la justice et du bonheur.

Leçon 53 *bis* ; voir leçon 21, p. 95 : *La Tolérance*.

Questionnaire.

Qu'entend-on par liberté de conscience ? — Montrez que cette liberté suppose les droits de libre examen, de libre discussion, de libre communication des idées. — Dans quelles limites concevez-vous la liberté d'enseignement ? — Quelles sont les conditions nécessaires à l'éclosion et au contrôle de la vérité ? — La liberté de conscience est-elle favorable au progrès ? — Comment la liberté de conscience a-t-elle été respectée autrefois ? — Respecte-t-on aujourd'hui toutes les convictions ? Quel est notre devoir ?

Qu'appelle-t-on plus particulièrement tolérance religieuse ? libre pensée ? esprit laïque ? — Une religion ne peut-elle être discutée ? — Montrez comment la vérité démontrée peut rapprocher tous les hommes de bonne foi.

CINQUANTE-DEUXIÈME LEÇON

JUSTICE ET FRATERNITÉ SOCIALES *(Suite)*.

VIII. Insuffisance morale et sociale de la stricte justice.

I. Définitions. — La *Justice* consiste à rendre à chacun ce qui lui est dû. La *Charité* ou la *Bienfaisance* consisterait, d'après la définition commune, à faire du bien à ses semblables, à leur donner plus qu'il ne leur est dû strictement.

Exemple : Respecter la vie de ses semblables, voilà qui est exigé par la *Justice*.

Faire quelque chose pour que la vie de ses semblables soit plus heureuse, voilà un devoir de *Charité* ou de *Fraternité*, ou de *Bienfaisance*, ces trois mots étant synonymes ou plutôt désignant les trois aspects d'une même vertu : la pratique active et complète de la solidarité.

La loi considère dans la société actuelle que, pour être un homme de bien, il suffit de pratiquer la *Justice* ; mais la *Morale* est plus exigeante, elle ajoute à la pratique de la *Justice* celle de la *Fraternité*.

Pourquoi cela ? C'est qu'au fond les devoirs de charité sont encore des devoirs de justice. C'est parce que les hommes sont imparfaits, c'est parce qu'ils sortent peu à peu d'un état de barbarie, dans lequel ils ressemblaient beaucoup aux animaux, qu'ils estiment suffisant pour être honnête de remplir seulement certains devoirs très nécessaires. Ils ne voient pas qu'à côté de ceux-là il en est d'autres qui sont, pour une conscience intelligente et réfléchie, aussi impérieux. L'homme juste, vraiment juste, est celui qui remplit tous ses devoirs, qu'ils soient de justice ou de fraternité, et non pas seulement ceux que les autres peuvent exiger de lui au nom de la loi.

En résumé, tandis que d'ordinaire on appelle justice l'ensemble des devoirs que la loi nous ordonne d'accomplir à moins d'être punis et qu'on appelle fraternité tous les autres devoirs qui ne sont exigés que par la conscience, la morale ne reconnaît aucune différence entre les devoirs de charité, de bienfaisance ou de fraternité et les devoirs de justice et les trouve tout aussi impérieux, tout aussi nécessaires au maintien de la solidarité les uns que les autres. Non seulement nous nous sentons obligés de rendre aux autres leur dû, mais nous nous sentons obligés aussi, et aussi strictement, de faire tout le bien qu'il est en notre pouvoir de faire.

II. Différences entre la justice et la charité. — La fraternité rentre donc dans la justice telle que la définit la morale : le devoir de l'homme de bien, c'est de se considérer comme tenu *en bonne justice* de faire *tout le bien possible* à ses semblables. La seule différence que l'on puisse faire entre les règles de justice et les règles de fraternité, c'est que les unes, celles de justice, sont sanctionnées par les lois de l'État, tandis que les autres ne le sont pas. Mais il n'y a là qu'une différence qui tient au développement incomplet de la morale, à l'imperfection de nos sociétés actuelles et au moment du développement historique auquel nous sommes arrivés. C'est parce que les hommes ne sont pas assez bons, assez intelligents, assez conscients, c'est parce qu'ils sont trop près encore de l'état sauvage, que la société ne peut exiger de tous ses membres qu'ils fassent tout le bien possible. Elle est obligée de se contenter pour être obéie de demander un *minimum*, ce sans quoi elle ne pourrait plus continuer à exister, parce que les hommes qui la composent se détruiraient entre eux. Mais, heureusement, les sociétés comme les individus grandissent et se développent ; elles s'instruisent peu à peu, deviennent plus intelligentes, plus morales. Nous voyons alors que l'ensemble de leurs lois, ce qu'on appelle *le droit*, s'améliore, s'élargit, devient plus complexe, exige davantage de chacun. Autrefois, respecter la liberté d'un homme était un devoir de *charité* ; on croyait qu'on pouvait être juste en ayant des esclaves. *Aujourd'hui, respecter la liberté humaine est un devoir de stricte justice.*

Un civilisé ne peut avoir d'esclave à moins d'être puni très fortement par la loi et l'opinion.

Ce *développement progressif du droit* va nous être montré par un historique sommaire qui retracera les différentes façons dont on a conçu aux différentes époques les devoirs des hommes exigés par la loi.

III. La justice et le droit d'autrefois. — Nous avons des moyens de nous renseigner sur la justice et le droit d'autrefois en examinant les *codes* en usage dans les anciennes civilisations. Exemple : la loi des douze Tables, le livre des lois de la Bible, les législations des peuples à demi-sauvages, que nous pouvons connaître, les recueils de coutumes germaniques qui étaient en vigueur chez les Barbares (Saxons, Goths) qui envahirent nos pays aux iv<e>, v<e>, vi<e>, vii<e> et viii<e> siècles et dont nous sommes descendus. *Tous ces codes se ressemblent plus ou moins.*

1° En ce qu'ils comprennent *peu de prescriptions*, tandis que nos codes actuels en comprennent une multitude. 2° En ce que ces prescriptions sont à peu près toutes des *prescriptions pénales*, ce qui veut dire qu'elles ont à peu près toutes pour objet de réprimer des fautes et des crimes. 3° En ce que les *sanctions sont très sévères* : c'est la mort pour la plupart des cas. Les codes militaires actuels rappellent assez bien ces recueils primitifs de lois. On peut donc dire que les lois très anciennes se bornent à défendre à l'aide des *châtiments les plus sévères*, les *fautes les plus grossières* qui peuvent être commises ; pour tout le reste, elles sont muettes. Quelqu'un donc qui aurait voulu être honnête et pratiquer la stricte justice dans ces sociétés primitives aurait eu très peu de chose à faire ; il se serait simplement contenté d'éviter les fautes les plus considérables, ce que nous appelons des *crimes* ; tout le reste lui eût été permis. Il eût pu en particulier n'avoir aucun souci de ses semblables, tuer un étranger, un esclave, tromper et mentir (comme Ulysse) et continuer à être estimé honnête, tout en étant parfaitement égoïste, d'où cette ancienne maxime romaine : « Le Droit strict, c'est la stricte injustice », maxime qui signifie que si quelqu'un s'était borné à faire ce que lui demandait la loi, il aurait commis sans cesse de véritables injustices. Cette formule était exacte dans ces sociétés anciennes, puisque la loi tolérait quantité de fautes morales, même graves.

Évolution de la justice. — À mesure que les sociétés progressent, que les hommes deviennent plus conscients et un peu plus instruits, qu'ils voient mieux ce qu'il faut faire et ce qu'il ne faut pas faire, les mœurs s'adoucissent et alors les efforts des législateurs et des peuples dont ils expriment l'opinion visent à ajouter aux lois des dispositions nouvelles qui empêchent certaines injustices. On ne se borne plus à défendre le crime ; on défend avec des peines moins fortes, des fautes moins fortes qui exigent pour être discernées un sens moral plus délicat. Le droit devient ce qu'on appelle *restitutif* au lieu de rester simplement pénal et *coercitif*, c'est-à-dire qu'au lieu de condamner simplement à des peines, il cherche à rendre à chacun ce qui lui est dû. Ainsi il ne se contentera pas de prohiber l'assassinat ou le vol, mais il cherchera à réaliser les relations sociales les plus favorables à la vie des gens, à la sécurité de tous. Au lieu d'intervenir seulement lorsqu'une faute est commise, la loi essaiera de protéger également tous les individus contre les risques qui ne sont pas de leur faute.

IV. Le droit d'aujourd'hui. — Rendre à chacun ce qui lui est dû n'est pas encore suffisant : il faut tâcher de rendre les gens le meilleur possible et de les aider dans la mesure de nos forces. La justice de *rétributive* devient *distributive* et se confond cette fois avec la fraternité. Comme nous l'avons vu, il ne faut pas croire que l'on a fait son devoir lorsqu'on s'est contenté de ne pas faire du mal aux autres, il faut encore leur faire tout le bien que l'on peut : c'est la seule condition qu'aujourd'hui on devra estimer juste pour les hommes d'intelligence et de cœur.

Nos lois actuelles (et c'est là le grand progrès effectué par les peuples civilisés) cherchent précisément à ce que tous les hommes se fassent entre eux le plus de bien qu'il peuvent : elles essaient de rendre solidaires tous les hommes de telle façon que chaque individu puisse compter sur l'aide et l'assistance de tous les autres, par conséquent de la société tout entière, lorsqu'il en a besoin. On exprime cette nouvelle et dernière transformation du droit en disant que le droit devient coopératif : il fait en effet coopérer tous les hommes au bien particulier de chacun ; et que la justice devient distributive : elle veut donner à *chacun selon ses œuvres.*

Certes, cette nouvelle période ne fait que commencer ; quelques germes en ont été jetés dans toute l'Europe en 1848. Mais, c'est depuis 1880 qu'un peu partout dans les pays civilisés on s'est efforcé de rendre le droit coopératif : l'Allemagne jusqu'à présent a le plus fait dans cette voie en instituant la première des lois relatives aux accidents du travail, une caisse nationale d'assurance en vue de ces accidents et une caisse de retraite pour tous les travailleurs, dès qu'ils ne peuvent plus travailler. La France et l'Angleterre ont suivi, puis l'Italie et l'Autriche.

Les grandes nations proclament donc par leurs lois mêmes la fraternité universelle, l'assistance que la société doit donner à tous ceux qui en ont besoin : mais tout ceci est loin d'être suffisant. Nous n'avons qu'à regarder autour de nous pour voir combien il y a de misères imméritées et combien aussi malgré les lois il y a de bonheurs durement égoïstes. Il est certain que si nous n'y mettons pas tous du nôtre, si nous n'ajoutons pas l'initiative privée à l'initiative publique, dans l'état d'imperfection où sont encore nos sociétés et nos lois, la véritable justice et la véritable fraternité seront beaucoup plus des mots que des choses.

Règles morales. — 1° Il faut d'abord, quelle que soit la situation où nous sommes, respecter strictement toutes les lois de l'État, en matière d'assistance publique. Un patron qui dans son usine, violerait les prescriptions légales relatives à l'hygiène, tournerait la loi pour faire travailler plus longtemps qu'il n'est permis, serait un criminel au même titre qu'un voleur ou qu'un assassin, car il volerait la santé ou la vie des ouvriers.

2° Il faut de plus, en dehors des lois, puisque celles-ci sont malheureusement insuffisantes, faire tout ce que nous pouvons pour aider nos semblables,

a) lorsqu'ils ont besoin d'argent et que nous avons du superflu ;

b) lorsqu'ils sont moins instruits que nous et que nous pouvons les instruire, car l'instruction et l'intelligence sont, dans la vie, tout aussi nécessaires au bien-être que la nourriture ;

c) lorsqu'enfin ils sont sur le point de mal faire et que nous pouvons les en empêcher par nos conseils.

3° Nous devons toujours, non seulement remédier au mal présent, mais encore faire en sorte qu'il ne se reproduise pas. Exemple : si nous sommes patrons, augmenter dans la mesure du possible les salaires de nos ouvriers ou de nos domestiques, lorsque nous les croyons insuffisants, trouver du travail pour les bonnes volontés qui en manquent, etc.

4° Enfin, il faut que l'assistance que nous donnons soit éclairée et intelligente ; nous ne devons assister que ceux qui méritent de l'être parce qu'ils ont fait leur possible ; sans cela nous nuirions à nos semblables ; nous encouragerions la paresse, l'immoralité, et, en assistant ceux qui ne le méritent pas, nous diminuerions forcément l'aide que nous devrions apporter à ceux qui le méritent.

Questionnaire.

Qu'est-ce que la justice ? la charité ? — Donner des exemples. — Qu'est-ce qui différencie les devoirs de justice et les devoirs de charité ? — Sont-ils exigés au même titre par la loi ? la morale ? — A quoi est due la différence entre les devoirs de justice et les devoirs de charité ? — L'homme était donc moins développé au point de vue moral, dans les temps très anciens, il y a trois mille ans, par exemple, qu'il ne l'est aujourd'hui ? — Donner des preuves ? — L'homme n'est donc pas naturellement bon, et est-il vrai qu'il devient bon à mesure qu'il se civilise ?

Comparer le droit actuel au droit primitif. — Retracer l'histoire des idées que l'homme s'est faites au sujet de la justice. — Quelles sont nos idées modernes sur la justice ? — Qu'est-ce que le droit à l'assistance, le droit à la vie ? — Les sociétés modernes réalisent-elles complètement l'idéal de la justice humaine ? — Y a-t-il encore beaucoup à faire pour cela ? — Donner un aperçu des réformes les plus urgentes ? de l'idéal qu'on peut se proposer d'atteindre ?

CINQUANTE-TROISIÈME LEÇON

JUSTICE ET FRATERNITÉ SOCIALES (*Suite*).

IX. Les hasards de la naissance. — Les inégalités physiques et intellectuelles. — Les inégalités d'origine sociale.

I. — Nous avons vu que nous naissons tous avec des aptitudes différentes, aptitudes physiques ou aptitudes intellectuelles (voir quarante-quatrième leçon). Nous sommes déterminés par l'hérédité, nous devons bon gré mal gré accepter la succession de nos parents avec ses avantages, ses bienfaits, mais aussi avec ses tares et ses infériorités. Il en est parmi nous qui naissent vigoureux, bien constitués, avec des organes sains et intacts ; d'autres sont frappés de décadence à leur berceau ; ils tiennent de leurs ascendants des prédispositions à telle maladie, un sang pauvre ou vicié. Les uns ont une intelligence ouverte à toute étude, capable d'assimilation, une imagination riche, une mémoire souple et tenace ; les autres ont un cerveau rebelle à tout enseignement, une mémoire faible ou nulle, une imagination pour ainsi dire atrophiée.

Au physique comme au moral, les qualités ou les défauts que nous apportons, les aptitudes de vie et de développement sont variés à l'infini, tout à fait inégaux. Si notre *droit* à l'existence est le même, les *moyens* qui nous sont fournis par la nature au point de départ de notre vie sont très inégalement répartis.

II. — De même le hasard des circonstances fera que notre développement s'accomplira dans un milieu plus ou moins favorable. Dans une société où l'argent confère encore des privilèges, l'inégalité des fortunes déterminera souvent l'inégalité du développement physique et moral chez les individus, et par suite l'inégalité de la vie, de la sécurité et du bonheur.

Un enfant né dans un milieu indigent manquera bien souvent du nécessaire ; il respirera l'air malsain d'un taudis mal éclairé, n'aura pour s'alimenter qu'une nourriture imparfaite, pour se couvrir que des vêtements insuffisants. Sa vie matérielle sera précaire. Que le père soit débauché, ivrogne ou joueur, la mère bavarde, coquette ou paresseuse, que le chômage, la maladie, l'accident viennent atteindre un ou plusieurs membres de la famille, cet enfant sera à la merci de toutes les détresses. Au contraire l'enfant né dans un milieu sain, aisé ou riche, ne manquera de rien : vêtements propres et confortables, nourriture saine et bien préparée, air pur, etc.

III. — Au point de vue intellectuel, même inégalité : tandis que l'enfant de l'indigent, retenu à la maison pour soigner ses frères et sœurs plus petits ou même pour travailler, manquera très souvent l'école, son voisin, qui croît dans un milieu bien pourvu, poursuivra régulièrement son instruction.

Le fils ou la fille de l'ouvrier pauvre seront obligés de quitter l'école le plus tôt possible pour entrer à l'usine, à l'atelier, pour gagner leur vie par eux-mêmes. Le fils de famille pourra recevoir l'instruction secondaire, à la suite de l'enseignement primaire ; peut-être même, s'il en est capable, jouira-t-il de l'enseignement supérieur ; rien n'entravera son développement intellectuel ; les ressources de ses parents feront face à toutes les difficultés pécuniaires.

Au point de vue moral, la même inégalité reparaît. L'enfant de l'indigent, vivant dans une complète promiscuité, aura sous les yeux maints exemples pernicieux de paresse ou d'ivrognerie, si ses parents sont débauchés. Dans bien des cas ces parents, quels qu'ils soient, n'auront même pas les moyens de veiller à son éducation, occupés qu'ils seront toute la journée. Cette éducation sera faite quand même, dans la rue, par des vagabonds, et c'est tant pis. La jeune plante qui n'aura pas été redressée, pourra contracter certaines déformations, certains vices que l'habitude rendra incurables et chroniques.

Dans tout le cours de la vie notre développement est donc entravé ou favorisé par deux sortes d'inégalités : des inégalités naturelles, comme les inégalités de vigueur et d'esprit, dues aux hasards de la naissance, dues aussi à la fatalité de certains accidents : des inégalités d'origine sociale, qui sont les effets d'un mauvais régime économique. La combinaison de ces deux éléments fait de nous des favorisés ou des déshérités. Aux uns et aux autres, selon qu'ils sont riches ou pauvres, valides ou infirmes, sains ou estropiés, intelligents ou faibles d'esprit, des sorts bien différents. A ceux qui sont armés de santé, de richesse et d'instruction les situations les plus avantageuses, les plus confortables, les plus fertiles en loisir, les plus favorables à la vie consciente, aux joies de l'intelligence et du cœur, aux nobles émotions artistiques. Aux invalides, aux indigents, le surmenage épuisant, les sujétions, les humiliations, la misère, la souffrance et le désespoir.

Nous allons examiner dans les leçons suivantes comment la solidarité doit intervenir pour atténuer les inégalités sociales résultant des inégalités naturelles et pour égaliser le plus possible les conditions du développement individuel dans le milieu social.

IV. — Les inégalités d'origine naturelle, provenant d'infirmités physiques ou intellectuelles (surdité, rachitisme, folie, etc.) sont inévitables. On ne peut chercher qu'à en atténuer les effets, par des compensations qui dépendront de la bonne organisation du régime social. Les inégalités d'origine sociale, au contraire, résultant des salaires insuffisants, des chômages, des accidents du travail, du paupérisme, peuvent être évitées par notre volonté et nos lois.

Il appartient à la société, dont tous les membres sont étroitement solidaires, de se préoccuper à la fois par justice, par fraternité et par intérêt général du problème des inégalités. Dans une association où tous mettent en commun leurs efforts et leurs capacités, où tous ont les mêmes droits à la vie libre et au bonheur, il convient de donner à toutes les personnes, équivalentes, les moyens de réaliser le développement relatif et inégal dont ils sont susceptibles, d'égaliser le plus possible leurs chances de bonheur. La société d'ailleurs est responsable pour une large part des tares qu'elle a mises en chacun de ses membres par contagion physique et morale. Bien des inégalités naturelles ont leur origine dans des inégalités sociales précédentes. L'enfant qui naît tuberculeux a hérité sans doute cette tare de son père: mais celui-ci a pu être atteint lui-même de cette maladie par le fait d'un travail social malsain.

Solidaire dans les bénéfices qui résultent de la coopération, la société doit être solidaire dans les pertes et responsable des dommages causés.

C'est un devoir pour elle, à titre public ou à titre privé, de rechercher tous les moyens d'atténuer les inégalités naturelles, d'atténuer d'abord, de supprimer peu à peu les inégalités d'origine sociale.

Questionnaire.

Si notre droit à l'existence est le même, les moyens qui nous sont fournis par la nature au point de départ de la vie sont-ils égaux pour tous? — Énumérez des inégalités naturelles.

Aux inégalités naturelles ne s'ajoute-t-il pas des inégalités d'origine sociale? — Exemples: Au point de vue matériel, individuel et moral, indiquez les conséquences graves de ces deux sortes d'inégalités combinées? — Dans une société conçue comme une association librement consentie d'individus égaux en droits, comment la solidarité doit-elle intervenir pour atténuer les inégalités irrémédiables, diminuer ou supprimer les iniquités d'origine sociale?

CINQUANTE-QUATRIÈME LEÇON

JUSTICE ET FRATERNITÉ SOCIALES (*Suite*).

X. Correctifs apportés aux inégalités naturelles et
sociales : L'instruction publique.

I. — Examinons la grave infériorité sociale causée par le manque d'instruction et tâchons de déterminer en quelle mesure la
société responsable peut et doit se préoccuper de l'enseignement
pour tous.

Nous savons déjà qu'à travers l'histoire la science et l'instruction, servies par la pensée libre, furent toujours, malgré les obstacles, les causes essentielles d'émancipation et de progrès.
Tous les progrès, matériels, politiques, économiques, ont leur
source dans le progrès intellectuel. La moralité s'est accrue en
proportion de l'instruction. Pour pratiquer son devoir, il faut
d'abord le connaître. Pour être un citoyen actif, il faut être un
citoyen conscient des droits humains et des questions sociales.
L'oppression fut toujours fondée sur l'ignorance[1], l'erreur,
la superstition, le préjugé ; l'abêtissement des foules n'a pas
cessé d'être un sûr instrument de servitude. Les rois d'autrefois
avaient bien soin de négliger les services d'enseignement dans leurs
états. Si la bourgeoisie a pu conquérir en 1789 la liberté et l'égalité politiques, c'est qu'elle possédait l'instruction et la richesse,

---

1. Il est facile de tromper, par suite d'opprimer celui qui ne sait pas ;
on lui fait prendre l'erreur pour la vérité, l'injustice pour le droit, le
dommage pour l'intérêt, la servitude pour la liberté.

fruit de son instruction. Si quelques-uns ont pu confisquer presque immédiatement la Révolution à leur profit, si des restaurations monarchiques se sont produites, c'est que la masse du peuple était restée dans l'inconscience de ses droits et de ses véritables intérêts. Qui permet aujourd'hui à certaines gens, issus du peuple, d'occuper certaines places rémunératrices, certaines professions dites libérales ? C'est encore l'instruction. Le grand bienfait de la troisième république a été précisément de rendre l'école publique, laïque, obligatoire ; ainsi se trouve réalisée au moins l'égalité du point de départ dans le domaine intellectuel ; ainsi les fils d'ouvriers ou de paysans sont-ils en mesure d'acquérir auprès de l'instituteur ou de l'institutrice laïques la culture nécessaire au futur citoyen et à la future citoyenne, la science et la conscience, l'esprit scientifique de libre examen et de libre recherche, des habitudes de travail et de vérification personnelles, la solidité du jugement, la trempe du caractère et l'amour actif de la justice sociale.

II. — On conçoit pourtant que cette instruction et cette éducation données entre six et treize ans, c'est-à-dire à un âge où la mémoire est plus développée que le jugement, où l'esprit n'est pas mûr pour examiner la plupart des questions, soient bien insuffisantes. Ceux qui se dévouent aux œuvres post-scolaires d'initiative privée l'ont bien compris. Aussi continuent-ils l'instruction et l'éducation de la masse dans les *universités populaires, les sociétés d'émancipation ouvrière.* Là, à certains jours de la semaine, ils distribuent à leurs camarades les dividendes de ce capital intellectuel qu'ils tiennent de la société et qu'ils lui restituent équitablement ainsi. Est-ce à dire que ces moyens soient bien efficaces ? Malheureusement cette œuvre excellente est entravée, paralysée par les conditions du travail. Il est difficile, pour ne pas dire impossible, de commencer une journée intellectuelle après une journée manuelle épuisante ; au sortir de 10 ou 12 heures de labeur, l'attention de l'ouvrier est faible, sinon nulle ; il est fatal que des démonstrations scientifiques données le soir à des gens exténués leur apparaissent fastidieuses et rébarbatives. On ne saurait en tous cas faire un grief raisonnable aux ouvriers de ne pas assister ou de ne point participer assidûment à des œuvres qui sollicitent leur effort en de si malencontreuses conditions.

III. — Malheureusement le défaut d'instruction met l'individu dans un état d'infériorité considérable.

L'ignorant est à la merci du premier charlatan venu. Il est incapable de faire son métier avec intelligence et avec goût. Il est sans cesse obligé de s'en remettre à autrui du soin de ses propres affaires. Il est inutile à lui-même et aux autres, toujours soucieux, toujours embarrassé. A chaque instant de la vie on a besoin de savoir prendre un parti en connaissance de cause, de donner un conseil utile, d'écrire une lettre avec clarté, de comprendre le sens exact de celles qu'on reçoit. Au point de vue strictement utilitaire, l'instruction est un outil indispensable.

L'instruction, dont on ne peut se passer, dans la vie courante, même pour les besognes les plus vulgaires, est encore une source de plaisirs élevés pour l'homme cultivé. Elle le met à même de goûter les chefs-d'œuvre des artistes, de se récréer à la lecture d'une poésie, de se réconforter en compagnie d'un écrivain puissant, bref, de donner à ses loisirs et à sa vie toute entière une saveur et un charme particuliers.

Il est donc à regretter qu'actuellement un nombre considérable de citoyens soient *privés* de la jouissance d'une *richesse intellectuelle* accumulée par *tous* au profit de *tous*, qu'ils soient déshérités des joies supérieures de l'instruction et de l'art. Quelle déperdition de forces inconnues, d'aptitudes latentes, dont le choc de la vérité, dans des conditions favorables, aurait déterminé l'éclosion et le développement ! Il est bien certain que parmi les ouvriers ou les paysans restés incultes couvait le germe de nombreux talents, peut-être même la promesse d'une intelligence supérieure qui eût pu faire bénéficier l'humanité de quelque précieuse découverte.

Beaucoup de gens estiment qu'il est tout à fait injuste de priver les individus d'une instruction à laquelle ils ont droit, et la société d'énergies fécondes qui sont nécessaires à son amélioration. *L'enseignement gratuit à tous les degrés*, primaire, secondaire, supérieur, pour tous les citoyens, *sans autre distinction* que *leur aptitude reconnue*, leur a paru la formule la plus équitable et la plus avantageuse. Ainsi serait supprimée toute barrière pécuniaire entre les divers enseignements ; *tous* les jeunes gens des deux sexes, jugés capables de tirer parti d'études plus complètes, graviraient naturellement les échelons d'un enseignement unifié et graduel. Le collège, le lycée, la Faculté, ne seraient plus le privilège des enfants aisés.

IV. — L'évolution des idées et des réformes dans le domaine de l'instruction nous autorise à espérer cette *unification* et cette *démocratisation* de l'enseignement. Elle sera féconde pour la culture des individus, la perfection sociale corollaires, l'émancipation de tous ceux qui aspirent à exercer réellement tous leurs droits, politiques ou économiques, dans une République où il n'y a d'autre distinction que les capacités pour les emplois et les fonctions. En tout cas voilà l'idéal qu'il est bon d'avoir sans cesse en vue, dans les réformes et les transformations que nécessite notre enseignement public.

Questionnaire.

Énumérez les bienfaits de l'instruction. — Est-il vrai qu'on peut en raison de ce qu'on sait ? — En quoi la science et la science morale ont-elles concouru à l'émancipation individuelle et à l'affranchissement social ? — L'ignorance n'a-t-elle pas toujours été la grande cause d'oppression au cours des âges ? — Après le pain, quel est le premier besoin de citoyens libres et voulant rester libres ? — Parlez de l'instruction publique et laïque, scolaire et post-scolaire. Ne serait-il pas juste de démocratiser l'enseignement à tous les degrés ? Comment ?

CINQUANTE-CINQUIÈME LEÇON

JUSTICE ET FRATERNITÉ SOCIALES (*Suite*).

XI. Correctifs apportés aux inégalités naturelles et sociales (*suite*) : L'Assistance publique.

I. — Par le fait des inégalités d'origine naturelle ou sociale, la société renferme un grand nombre d'individus *incapables* de subvenir *par eux-mêmes* à leur subsistance. Infirmités natives, accidents, chômages, alcoolisme, salaires insuffisants, mort des soutiens de famille, vieillards à charge mènent rapidement de la pauvreté à l'indigence, de l'indigence à la misère absolue. On commence par vivre au jour le jour ; puis les dettes s'amassent, la gêne survient ; qu'il arrive un malheur quelconque, c'est la détresse, le désespoir, souvent la souffrance physique et la déchéance morale.

Dans une société démocratique où l'on pose en principe *l'égalité absolue* des droits, où l'on affirme l'étroite solidarité de tous les associés, il est important de se demander quelle devra être l'attitude de chaque individu et des pouvoirs publics en face de la *misère* et de *l'iniquité sociale*.

II. — L'idéal en pareille matière implique, nous l'avons vu, non seulement la disparition complète des misères imméritées, mais encore la recherche de *moyens* permettant à *tous* de réaliser la vie la plus riche dont ils soient susceptibles, sans autre entrave à leur développement que les fatalités inéluctables de leur constitution naturelle. Notre devoir actuel est tout à la fois de combattre la misère de toutes nos forces, et d'organiser la solidarité de telle sorte que nous fournissions à nos coassociés, à nos frères, les moyens de se relever et de goûter la saveur de la vie. Autant par justice que par fraternité, par intérêt général que par bonté, tous les membres de la société auront la stricte obligation de venir en aide aux indigents, d'atténuer leurs souffrances, de les ramener au foyer commun pour y puiser un nouvel espoir et de nouvelles forces.

III. — Le *problème économique* actuel, celui qui est au centre même de la question sociale, devra particulièrement retenir notre attention et stimuler notre zèle en faveur de la justice. Il arrive que les privilégiés de la richesse ou de la naissance détiennent entre leurs mains la plupart des pouvoirs sociaux. C'est en vain que tous les citoyens sont déclarés équivalents au point de vue politique, s'ils sont dépourvus des moyens économiques *indispensables* à l'exercice de toute liberté. L'égalité civile et civique n'est rien sans l'égalité économique. Le malheureux, quoi qu'on dise, n'est pas l'égal du riche devant la loi, devant l'instruction, devant les emplois; il lui manque pour cela l'argent qui crée des relations, rend le succès plus facile en toutes choses. Dans le contrat de travail, le salarié, nous l'avons vu encore, est, dans certains cas, *désarmé* en face du patron tout-puissant, fort de ses capitaux et de lois protectrices. À la pensée que tant de gens sont obligés bon gré mal gré d'accepter des salaires insuffisants pour eux et leurs familles, que les travaux sont épuisants et souvent dangereux, que le chômage atteint et dépasse 10 pour 100 tous les ans, on comprend vraiment l'infériorité de l'ouvrier, sa détresse et sa misère en général *imméritées*.

En présence du paupérisme[1] navrant et inquiétant, *la charité privée* est intervenue. L'initiative de certains philanthropes a pu apporter quelques soulagements incontestables. Mais la charité, élan spontané d'un cœur ému de pitié, est faite de résignation devant les inégalités d'origine sociale, qu'elle suppose impos-

---

1. Indigence sociale, due à des causes sociales, déterminée par les conditions défectueuses (excès de travail, nourriture insuffisante, privations nombreuses, etc.) dans lesquelles vit ou plutôt végète toute une classe d'individus.

sibles à corriger ou à amender. Ajoutons qu'elle est parfois partiale et toujours humiliante. Le travailleur indigent a droit à l'existence, a droit au pain : lui faire l'aumône, c'est lui manquer de respect. La charité sanctionne indirectement la supériorité du fort sur le faible, sépare de plus en plus des hommes qui se haïssent et se jalousent, s'isolent au lieu de collaborer équitablement en personnes égales. Ce n'est point une aumône banale jetée avec mépris et indifférence, ou remise avec ostentation, qui résoudra le problème social ; cette sorte de soulagement, insuffisant et momentané, ne fera qu'entretenir le mal dans sa racine. Elle est bonne tout au plus à endormir facilement chez celui qui donne la conscience de son devoir, et à le mettre en paix avec son égoïsme. *Ce qu'il faut, c'est supprimer les causes foncières* de la misère, en s'inspirant du principe humain de la solidarité.

C'est la considération d'une dette sociale *obligatoire* qui doit animer aussi bien les initiatives privées d'assistance que les services publics d'assurance et de prévoyance.

Voici les moyens généraux qui s'offrent à l'initiative privée soucieuse de relever des frères tombés dans la mêlée sociale : visite discrète des pauvres à domicile, recherche de leurs besoins, œuvre patiente de relèvement, orphelinats, travaux fournis, emplois proposés, prêts momentanés, colonies de vacances, éducation, conversations consolantes, encouragements soutenus, etc. On préviendra la misère en favorisant la création de *groupements* d'éducation et d'action, de *syndicats*, de *coopératives*, de *caisses de secours* en cas d'accidents, de chômages ou de maladies.

La société, l'État ont le devoir d'améliorer et d'étendre les services *d'assistance publique*, hôpitaux, asiles, orphelinats, enfants assistés, maisons de retraite. Ils ont le devoir particulier de protéger le faible contre le fort, de rétablir l'équilibre dans les rapports entre patrons et ouvriers, de veiller sur l'enfance et sur la vieillesse.

Déjà la loi du 6 novembre 1892 protège les femmes, les filles et les enfants contre tout surmenage dans les ateliers ou les usines. La loi du 31 mars 1900 qui la modifie, exige qu'ils ne soient pas occupés plus de onze heures par jour. A partir du 1er

avril 1902 la durée fut réduite à dix heures et demie. Depuis le 1er avril 1904, cette durée est descendue à dix heures. La loi du 10 avril 1898 sur les accidents protège l'ouvrier victime d'un accident occasionné par son travail.

IV. — Parmi les réformes sociales instantes, nous trouvons *les projets* de caisses de retraites pour les ouvriers et d'assurance contre le chômage forcé.

Il faut bien se rendre compte que les lois ne font que sanctionner et fixer les volontés de l'opinion publique, les desiderata que font naître des mœurs nouvelles, des intérêts nouveaux ou mieux compris. La solution des questions d'assistance devra en conséquence être donnée *par les travailleurs eux-mêmes*, mieux éclairés, plus conscients de leurs légitimes revendications. Qu'ils s'associent, *se syndiquent* pour défendre leurs droits, leurs salaires, pour avoir des secours en cas de chômage ou de grève, en cas de malheur ou dans leur vieillesse, qu'ils se constituent en *coopératives* pour payer moins cher de meilleurs produits ; et *surtout* qu'ils *s'instruisent*, qu'ils gagnent à leur cause tous les hommes honnêtes, dévoués, intelligents et sincères qui pourront devenir les interprètes de cette cause. Alors de plus en plus les inégalités sociales disparaîtront, et les inégalités naturelles seront atténuées.

Questionnaire.

Énumérez les causes générales du paupérisme. — Est-il moral de se résigner aux iniquités sociales ? — Est-ce un devoir strict pour tous les membres d'une association de se venir en aide mutuellement ? — Appréciez la charité. — Montrez les avantages de la solidarité organisée. — Indiquez ce que doit être l'assistance privée, l'assistance publique. — Énumérez quelques lois d'assistance et d'assurance sociales. — Quel est le devoir particulier des travailleurs conscients ?

CINQUANTE-SIXIÈME LEÇON

JUSTICE ET FRATERNITÉ SOCIALES (*Suite*).

XII. Correctifs apportés aux inégalités naturelles
et sociales (*suite*) : Bonté. — Dévouement. — Solidarité.

I. — Il ne suffit pas à chacun de nous de respecter les hommes, nos semblables ; les liens de fraternité qui nous unissent à eux exigent que nous les aimions et que nous leur prouvions cet amour par des *actes*. On appelle *bonté* l'ensemble des sentiments généreux qui nous poussent à faire du bien autour de nous, dans notre famille, à l'école, et plus tard dans la société.

La bonté se manifeste sous différentes formes ; elle est d'abord *la bienveillance*, cette politesse de bon aloi qui consiste non pas à débiter un certain nombre de formules conventionnelles, à grimacer une série de gestes automatiques, mais à pénétrer de cordialité nos rapports sociaux. S'intéresser sincèrement à la vie des autres, prendre souci de leur santé, de leurs joies ou de leurs ennuis, témoigner le désir de leur plaire, voilà de la bienveillance.

La bienfaisance est précisément la bienveillance en action ; elle consiste à venir en aide aux nécessiteux, à faire autour de soi tout le bien possible, à apporter à autrui le secours de notre temps, de notre instruction, de nos efforts, de notre argent et de nos encouragements.

La bonté ne va pas sans *l'indulgence* pour les défauts ou les fautes des autres. Nous avons vu que les inégalités sociales déterminaient en chacun de nous des éducations très différentes, quelquefois détestables. Les individus ne sont responsables que pour une certaine part de leur développement plus ou moins heureux. Leurs fautes, leurs délits, leurs crimes sont *souvent* la faute, le délit ou le crime de la société qui absout d'ordinaire le vice élégant, l'iniquité triomphante, qui ne proteste pas suffisamment contre l'immoralité ou l'injustice, qui ne s'efforce pas assez d'améliorer pour tous le milieu social.

Nous devons *relever* le coupable ou le criminel, non le mépriser et l'abattre irrémédiablement. Nous avons l'obligation d'oublier sa conduite passée et de fortifier sa volonté pour l'avenir. Il nous faut également oublier des offenses contre lesquelles nous avons raisonnablement mais énergiquement protesté. Expliquons-nous loyalement, virilement, devant l'adversaire momentané ; mais ne conservons pas de rancune. Soyons plutôt généreux qu'intraitables.

Dans l'exercice de la bonté nous nous oublions nous-mêmes, spontanément ; la pensée d'une joie à procurer, d'un mal à soulager, nous enlève à la considération de nos propres intérêts. *Le désintéressement* est en effet la caractéristique de la vraie bonté.

II. — Ce désintéressement va jusqu'à nous faire accepter la souffrance même pour le bien des autres, jusqu'à nous faire subir durant des mois et des années toutes sortes de privations. Quand la bonté prend cette forme, elle prend le nom de sacrifice et de *dévouement*. Se dévouer, c'est vraiment *se consacrer* au bien de nos semblables, se donner tout entier, faire bon marché de ses intérêts, de sa vie même, pour arracher certaines personnes à la misère ou à la mort, pour servir la cause de la justice et de la liberté. Combien de héros, savants, philosophes, inventeurs, martyrs, travailleurs obscurs, ont payé d'angoisses et de sacrifices, de leur sang même leur dévouement à la vérité et au progrès humain ! Combien ont donné leur vie pour des biens qui leur paraissaient supérieurs à la vie même, l'indépendance et la dignité d'hommes libres.

III. — Le dévouement, la bienfaisance, l'indulgence, la bienveillance sont les manifestations diverses de la bonté, propre des âmes généreuses. Tous ces actes de fraternité sont plutôt les inspirations *du sentiment* que l'expression d'une volonté raisonnée. Or le cœur, source de la bonté et du sacrifice, est aussi la source de la passion aveugle et du fanatisme. L'amour peut se pervertir en égoïsme antisocial ou en résignation servile. Il convient donc de donner à l'acte moral une base plus solide en faisant de la raison la puissance directrice et du sentiment la puissance auxiliaire. Autrement dit, la notion du droit, de l'équité doit être présente et active dans toutes les manifestations de notre activité. La vision des conséquences sociales de nos actes doit présider à toutes nos délibérations, influencer nos décisions. Vais-je faire une chose juste ou injuste? Voilà la question que tout honnête homme doit se poser invariablement. Ce faisant, il prend nettement conscience des rapports véritables qui l'unissent à ses semblables et se prépare à agir en conséquence.

IV. — La solidarité, qui n'était jusqu'alors qu'un fait ou un sentiment, apparaît maintenant comme la notion réfléchie et fondamentale du droit et des devoirs.

Par solidarité nous serons justes, par solidarité nous serons bons et fraternels. Car la solidarité, c'est vraiment la justice en action, le devoir social partout également exigible, l'aboutissement naturel de la morale, établie par la science et l'évolution historique, conforme aux aspirations de notre cœur, fondée sur la conscience éclairée de nos rapports sociaux. Grâce à elle, notre vie se relie à la vie du passé et à la vie présente; elle se continue visiblement dans les existences à venir. Ainsi nous comprenons mieux notre place et notre raison d'être, sur la route infinie du progrès social. Nous nous sentons obligés de travailler à l'émancipation de la famille humaine, dont tous les membres sont solidaires, dans la joie comme dans la peine, dans l'adversité ou dans le bonheur.

Nous mesurons toute la portée de cette parole d'un écrivain latin : « Je suis homme et rien d'humain ne m'est étranger », comme nous possédons la formule pratique de la coopération universelle : Un pour tous, tous pour chacun.

Questionnaire.

Qu'est-ce que la bonté? la bienveillance? la bienfaisance? l'indulgence? le désintéressement? le dévouement? — Qu'entend on par fraternité, humanité?

Est-ce que la notion du droit ne doit pas inspirer tous nos actes? Montrez comment la raison peut éclairer l'amour. — La solidarité n'est-elle pas à la fois, un fait, un sentiment et un devoir social? — N'est-elle pas la formule même du progrès et du bonheur pour tous les hommes?

CINQUANTE-SEPTIÈME LEÇON

LA FAMILLE.

I. Généralités.

I. Définition. — On entend aujourd'hui par famille l'ensemble des ascendants et des descendants en ligne directe, c'est-à-dire d'ordinaire : les grands-parents, les parents et les enfants. En un sens plus large, on y rattache les plus proches parents et alliés [1] : frères et sœurs des grands-parents et des parents et leurs enfants ; mais actuellement il n'y a plus, en dehors des obligations générales imposées par la solidarité humaine, de règles morales ou légales spéciales concernant les rapports avec des parents — sauf pour les héritages.

Historique. — Il ne faut pas croire qu'il en a toujours été ainsi. Si loin que nous remontions dans l'histoire, nous rencontrons toujours des groupes d'individus reliés par la parenté, c'est-à-dire des familles ; seulement ces groupes sont constitués d'une façon bien différente de notre famille actuelle.

1º Dans les temps les plus anciens que nous connaissions et encore aujourd'hui chez les peuplades les plus arriérées, les familles forment ce qu'on appelle des CLANS.

Le clan se distingue absolument de tous les autres genres de famille en ce qu'il n'admet de parenté que par les femmes ; on appartient à un clan lorsqu'on a une mère qui est de ce clan : l'homme ne compte pas au point de vue juridique dans le clan.

1. On appelle alliés les personnes mariées à des parents.

Le clan est formé par un certain nombre de femmes qui se considèrent toutes comme sœurs, de leurs frères, de leurs mères, des frères de celles-ci et de tous leurs enfants. On appelle cette famille la famille *matronymique* ; elle peut être très nombreuse (jusqu'à 30 000 individus).

2° Au moment où les peuples commencent à devenir sédentaires et où la propriété individuelle se constitue, il se produit une révolution complète dans la famille ; l'homme joue au point de vue juridique un rôle plus important. Il devient le véritable chef de la famille, le patriarche ; et alors sont considérés comme membres d'une même famille tous ceux qui descendent du même ancêtre mâle ; c'est la famille que nous trouvons chez les Hébreux, les Grecs, les Romains, enfin chez nous à l'époque féodale, car il faut remarquer que les tribus germaines dont nous descendons avaient, lorsqu'elles s'établirent en Europe vers le ${}$IVe siècle, le système du clan matronymique.

3° Dans les temps modernes, la famille a perdu beaucoup de son importance sociale et juridique. Tandis que dans les deux périodes précédentes elle était l'unité sociale par excellence, le gouvernement s'exerçant par l'intermédiaire des familles, aujourd'hui, au contraire, le gouvernement s'exerce à peu près partout par l'État, et la famille ne représente plus que des liens d'affection et de sentiment ; elle s'est donc beaucoup restreinte et nous avons vu qu'elle n'est plus que la réunion des parents et des enfants.

But social de la famille. — La famille est absolument nécessaire pour élever les enfants dans le jeune âge. Si elle a disparu pour des causes exceptionnelles (la mort, la disparition, l'indignité des parents par exemple), il faut la remplacer, sinon l'enfant court de très grands risques physiques et moraux ; il lui est presque fatalement impossible de survivre. Mais il est à remarquer, pour des raisons qui tiennent à notre constitution organique, que c'est au préjudice de l'enfant que l'on remplace la mère par une autre femme dans le premier âge. Il faut donc maintenir que normalement l'enfant doit être élevé par sa famille et que les personnes de sa famille ne peuvent être remplacées que dans des cas exceptionnels.

C'est la raison pour laquelle nous ne pouvons pas trouver de société sans familles, car les sociétés qui auraient abandonné au hasard le soin d'élever les enfants auraient été forcées de disparaître, les enfants disparaissant à peu près tous.

II. La morale de la famille. — De ce but social de la famille il est facile de déduire les règles morales qu'elle doit respecter :

1° **Devoirs des parents envers les enfants.** — *a.* Il est à peine besoin de dire, puisque la famille est fondée sur l'affection réciproque de ses membres, que les parents doivent aimer leurs enfants. Sans cet amour il n'y aurait même pas de famille possible. Ce devoir, heureusement, n'a en général pas besoin d'être imposé, il est accompli instinctivement et on pourrait plutôt reprocher aux parents de trop aimer leurs enfants ou tout au moins de les aimer avec trop de faiblesse. L'amour des parents doit se répartir également sur tous les enfants. Les préférences peuvent quelquefois avoir de très graves conséquences. Bien entendu lorsque les enfants sont devenus grands et lorsqu'ils sont capables à leur tour de rendre à leurs parents les soins et les affections que ceux-ci leur ont prodigués, il peut y avoir préférence des parents pour certains enfants qui s'acquittent mieux de ces dettes de reconnaissance.

b. Les parents doivent nourrir leurs enfants, leur donner tous les soins matériels qui leur sont nécessaires, en particulier, en ce qui concerne la propreté et l'hygiène, ce qui est extrêmement important.

c. Les parents doivent à leurs enfants une instruction conforme à leur situation sociale et aux capacités de l'enfant. Il serait à souhaiter que les enfants puissent être instruits conformément à leurs capacités, quelle que soit la situation de fortune de leurs parents: l'instruction devrait être gratuite à tous les degrés pour tous ceux qui seraient capables d'en profiter. En France, en Allemagne, dans plusieurs autres pays, on a déjà rendu l'instruction primaire gratuite et obligatoire. Mais une instruction plus complète n'est encore accessible que pour ceux qui ont les moyens de la payer. C'est évidemment un préjudice social pour tous ceux qui ne le peuvent pas, et c'est le plus grand nombre.

La société a le droit d'imposer aux parents l'instruction des enfants, parce que le développement d'un enfant n'est complet que s'il comprend à la fois le développement du corps et le développement de l'esprit, l'homme étant essentiellement raisonnable. De plus, la société ne subsiste et ne progresse que par l'intelligence et l'instruction de ses membres. C'est donc pour elle une condition de vie ou de mort que l'instruction des individus qui la composent.

2° Devoirs des enfants envers les parents. — Les principaux devoirs des enfants envers leurs parents sont : les aimer et leur obéir. Ils doivent les aimer (piété filiale) parce qu'ils ont envers eux une dette de reconnaissance qui ne peut se payer que par une affection de tous les instants. Ils doivent leur obéir parce que les parents ont plus de raison et d'expérience qu'eux.

Toutefois, dès que la raison des enfants est suffisamment éveillée et leur instruction morale assez avancée pour apprécier qu'un ordre des parents est contraire à la morale, que l'action commandée est mauvaise, ils sont par cela même dispensés du devoir d'obéissance.

L'État qui représente la société organisée devient dans ce cas le tuteur naturel de l'enfant. La loi peut prononcer la déchéance de l'autorité paternelle si l'immoralité des parents est manifeste. On voit donc que le devoir d'obéissance aux parents qui se légitime parce que les parents ont plus de raison que l'enfant a pour limite la raison même de l'enfant ; il cesse dès que celle-ci vaut autant ou mieux que celle de leurs parents, ou devant un ordre dépourvu de raison. D'où il résulte que lorsque les enfants sont majeurs, c'est-à-dire que la loi leur reconnaît l'entière possession de la raison, le devoir d'obéissance n'existe plus. L'enfant devenu un homme se conduit sous sa responsabilité propre d'après sa conscience. Mais le devoir de respect et de reconnaissance subsiste en entier vis-à-vis des parents, quel que soit l'âge de l'enfant.

Questionnaire.

Qu'entend-on actuellement par « famille » ? — Indiquer rapidement l'évolution historique de la famille. — Utilité de la famille dans la société ! Doit-il y avoir une morale de la famille ? — Parlez des devoirs des parents envers les enfants. — L'enfant a-t-il des droits, et lesquels ? Montrez leur importance. — Devoirs de l'enfant envers les parents. Développer et discuter le devoir d'obéissance. Exemple : un enfant peut-il, dans certains cas, avoir le droit de désobéir ? — Croyez-vous que l'idéal que doive se proposer un enfant soit de ressembler en tout et servilement à ses parents ? — Un enfant peut-il rester respectueux et aimant, et cependant ne pas partager toutes les idées de ses parents ?

CINQUANTE-HUITIÈME LEÇON

LA FAMILLE (*Suite*).

II. Rôle social et moral de la Famille.

I. — Lorsque la famille comprenait un très grand nombre d'individus, son rôle social était immense. L'État en effet était à peine organisé ; ce que nous appelons aujourd'hui la nation ou la patrie n'existait pas encore et c'est la famille qui, à peu près seule, représentait l'autorité sociale.

Au début de l'histoire romaine nous voyons en effet que le père de famille était le seul maître et concentrait toute l'autorité dans sa famille. Il avait droit de vie et de mort sur ses enfants et sur ses esclaves. Il avait eu, dans des temps plus anciens, ce même droit sur sa femme. La Bible nous représente chez les Hébreux une autorité paternelle plus grande encore. Là, c'est la famille qui remplace exactement le gouvernement.

A la suite des transformations que nous avons notées dans la famille et pour des raisons très nombreuses et très diverses, l'autorité sociale s'est détachée peu à peu de la famille et la famille est devenue ce qu'elle est aujourd'hui : un petit groupe d'individus unis plus par le sentiment que par les nécessités sociales. C'est dire que le rôle social de la famille est allé sans cesse décroissant. L'autorité y est surtout maintenant d'ordre moral. Le père commande plus par le respect qu'il impose et l'amour qu'il mérite que par l'autorité que lui confère la société.

Seulement dans cette diminution du rôle social de la famille il est facile de voir qu'il y a une limite que l'on ne saurait dépasser. L'enfant, surtout dans le jeune âge, ne peut guère être élevé que par ses parents, car non seulement, l'hygiène nous l'apprend, il est dans des conditions de vie bien meilleure au milieu de sa famille, mais encore les soins continuels physiques et moraux qu'exige l'enfant nécessitent un dévouement et un esprit de sacrifice qu'on ne rencontre guère que dans la famille.

Or, comme l'enfant est le citoyen de demain, la société a un intérêt immédiat à ce que l'enfant soit préparé à ce rôle de citoyen. Et, comme la famille seule est qualifiée pour élever l'enfant, il en résulte que la famille a un rôle social : elle contribue à la formation des citoyens.

La famille constitue une petite société où l'enfant pourra faire sans heurt et plus facilement l'apprentissage de la vie qu'il doit mener plus tard dans la grande société.

II. Contrôle de la Société et de l'État qui la représente sur la famille. — Mais précisément, parce que la famille a un rôle social d'éducation, d'une part, elle doit dans ce rôle être soumise au contrôle de la société, et d'autre part, elle doit elle-même être l'image d'une société bien organisée.

1° Elle doit être soumise au contrôle de la société ; d'abord parce qu'il se peut qu'elle n'ait pas elle-même la moralité requise pour donner à l'enfant l'éducation à laquelle il a droit. C'est dans ce but par exemple que la loi a institué des peines pour les parents qui maltraitent leurs enfants, qui usent contre eux de châtiments corporels exagérés (notons qu'à ce point de vue les châtiments corporels ne sont jamais indispensables et que l'on peut toujours, par une étude approfondie du cœur de l'enfant et par une étude non moins approfondie des divers procédés d'éducation, arriver à réformer ce caractère sans faire usage de châtiments corporels).

b) Il se peut aussi que les parents, même avec les meilleures intentions du monde, se trompent sur l'éducation à donner aux enfants. L'éducation des enfants est une tâche extrêmement difficile : elle exige des études et des aptitudes spéciales ; former un homme est forcément plus malaisé que les tâches professionnelles considérées comme les moins accessibles. Or personne n'aurait l'idée de confier ces tâches professionnelles à quelqu'un qui n'en a jamais fait l'apprentissage ; la société ne peut donc pas non plus donner sans contrôle l'éducation des enfants aux parents quand ceux-ci ne sont pas qualifiés pour cette éducation ; il est de simple bon sens que des précautions spéciales soient prises contre l'incompétence des parents. C'est dans ce but que la loi a décrété par exemple les lois relatives à l'instruction obligatoire et les autres dispositions relatives à l'enseignement ; c'est dans ce but que dans tous les pays civilisés la loi exige certaines garanties de ceux qui font profession d'enseigner aux enfants et réglementent les conditions et droits d'enseignement.

Le principe de cette intervention sociale dans la famille, c'est que l'enfant est un faible, tant au point de vue physique qu'au point de vue intellectuel, et que les parents représentent vis-à-vis de ce faible l'autorité et la force. Or, le rôle de l'État, c'est d'empêcher précisément que dans son sein les forts n'abusent de leur autorité sur les faibles. Les lois et la force publique qui en assure l'exécution ont été instituées dans ce but.

Il est donc de stricte justice que l'État intervienne dans la famille par ses lois pour protéger le faible qui est l'enfant contre tous les abus possibles de l'autorité familiale, tant au point de vue physique qu'au point de vue intellectuel.

2° La famille doit être l'image de la société bien organisée. Pour que l'éducation sociale qui doit faire de l'enfant un bon citoyen soit effectivement donnée dans la famille, il faut que la famille soit en petit l'image de la société elle-même aussi bien organisée qu'on la peut concevoir. A quels caractères reconnaît-on qu'une société est bien organisée ? Ces caractères sont évidemment que la liberté de chacun et l'égalité de tous soient respectées le plus qu'il est possible ; à ces conditions seulement les différents membres de cette société auront entre eux une solidarité, c'est-à-dire une affection, profonde et sûre. Il résulte de là que la famille doit être composée de membres aussi libres et aussi égaux qu'il est possible.

Bien entendu il ne peut pas être question de l'égalité absolue des enfants et des parents tant que les enfants ne sont pas ma jeurs, c'est-à-dire n'ont ni assez de raison ni assez d'expérience pour se conduire tout seuls, mais entre tous les enfants doit régner l'égalité la plus complète. La vraie famille ignore les préférences. Enfin les parents doivent faire appel le moins possible à l'autorité dans leurs rapports avec leurs enfants. Ils doivent s'adresser toujours à la raison, à l'esprit d'observation, au sentiment surtout et à l'affection. La famille ainsi constituée sur la plus grande liberté et la plus grande égalité possible entre tous ses membres sera la meilleure école d'éducation sociale que l'on puisse trouver. L'enfant y apprendra peu à peu avec l'amour des siens l'amour du prochain, c'est-à-dire l'amour de l'humanité. Il y apprendra en même temps que tous les hommes sont égaux et libres et qu'ils se doivent tous entr'aider, c'est-à-dire le respect des droits de chacun.

Questionnaire.

Définissez le rôle social de la famille. — La société a-t-elle le droit d'intervenir dans la famille? — Trouveriez-vous logique, étant donné le but de la famille, qu'elle fût un domaine fermé et autonome? — La société n'a-t-elle pas le devoir de s'assurer que l'éducation donnée à l'enfant par la famille le prépare à son rôle social? — Quelle doit être logiquement l'organisation de la famille? — Sur quels grands principes doivent reposer les rapports entre les divers membres de la famille?

CINQUANTE-NEUVIÈME LEÇON

LA FAMILLE (*Suite*).

III. LES DROITS DE LA FEMME. — L'ESPRIT DE FAMILLE.

I. Les droits de la femme et le rôle de la femme dans la famille. — Depuis l'époque primitive jusqu'à nos jours, la femme n'a cessé d'être, à divers degrés, suivant l'état de la civilisation, la serve et l'inférieure, l'esclave ou le jouet de l'homme, rarement sa compagne et son égale. C'est à peine si de nos jours on commence à parler sérieusement des droits de la femme et si la loi entreprend de fixer quelques-uns de ces droits; c'est à peine si une éducation digne de ce nom se propose de lui en donner conscience et de la préparer à la conquête des revendications légitimes.

a) A travers toute l'histoire, la femme, plus faible que l'homme physiquement, a dû subir de son maître la loi du plus fort. A l'origine des sociétés, dans la division très élémentaire du travail, c'est elle qui a le lot des travaux pénibles, des besognes répugnantes, des occupations jugées alors inférieures et déshonorantes. Quand le clan est vaincu, elle est volée par le clan ennemi au même titre que tel ou tel objet, telle ou telle bête d'un troupeau.

Dans la cité grecque et dans la cité romaine, elle doit s'occuper exclusivement de son intérieur et de la surveillance des esclaves; il lui faut subir l'autorité absolue du chef de famille. Le christianisme la relève de sa déchéance; la chevalerie consacre officiellement le respect dû à la femme. C'est un progrès réel, mais peu considérable, théorique plutôt que pratique, car il n'en passe à peu près rien dans les mœurs. Au moyen âge et sous l'ancien régime la puissance maritale est souveraine : la femme et les enfants appartiennent vraiment à l'époux et au père. L'examen du droit nous en fournit la preuve la plus convaincante. Le Code civil napoléonien, qui ne fit en somme qu'enregistrer et fixer en les combinant les coutumes de l'ancienne France, n'accorde pas à la femme le droit de témoigner dans les actes de l'état civil, d'exercer la puissance paternelle vis-à-vis de ses enfants, de se soustraire à la domination du mari à qui elle doit « obéissance ». La protection que celui-ci doit lui accorder, selon la loi, n'est encore qu'un moyen supplémentaire et légal d'oppression. Dans l'intérieur du mariage, la femme ne saurait disposer de son bien sans l'autorisation du mari ; il ne lui est pas permis, même dans l'intérêt du ménage et de l'association, de donner, de vendre, d'aliéner, d'hypothéquer, et, en général, d'administrer. Tous ces droits appartiennent exclusivement au mari qui dispose souverainement de tous les biens de sa femme, meubles ou immeubles, qui peut tirer profit, s'il lui plaît, de l'argent qu'elle peut gagner dans une profession quelconque. En vain la Convention avait-elle considéré le mariage comme une république égalitaire où il y aurait eu à la fois communauté d'affection, de droits, de devoirs et d'intérêts ; le Code napoléonien fit de l'homme, du mari, aussi bien que du père de famille, le maître légal dont les abus sont solidement consacrés.

Mais peu à peu, sous l'influence des idées morales chaque jour plus larges et plus équitables, le droit de la femme naquit et grandit dans l'esprit public et dans le Code. Nous en donnerons ici comme preuves la loi du 25 juillet 1850, autorisant la femme à verser de l'argent à la Caisse des retraites, sans permission du mari. La loi du 9 avril 1881 l'autorise à déposer de l'argent aux caisses d'épargne, où à l'en retirer, de sa seule volonté. La femme qui travaille pourra ainsi amasser quelques économies bien à elle, prendre dans la cité la place économique à laquelle elle a droit.

b) Mais les lois et les mœurs sont en retard sur la morale et l'équité. La femme doit être à tous les points de vue l'égale de l'homme, jouir comme lui de tous les droits, civils, politiques, économiques.

Elle a droit comme l'homme à son émancipation complète, physique, intellectuelle et morale. Elle a droit comme lui au bienêtre, à la liberté, à l'autonomie, à la vérité scientifique, aux joies supérieures de l'art. Il n'y a aucune raison, pour que certaines aptitudes, particulières à son sexe, constituent à son égard on ne sait quelle infériorité, quand par tous les besoins de son corps, de son esprit et de sa conscience, dans tous ses intérêts comme dans toutes ses aspirations, elle se rapproche de l'homme, quand elle pense, sent et agit comme lui. Il n'y a pas de vie féminine, restreinte et mutilée, de vérité pour hommes et de vérités pour femmes, de morale pour homme et de morale pour femme. S'il est vrai que la femme a le même intérêt que l'homme à vivre dans une société émancipée, pacifique, laborieuse, juste et fraternelle, si elle a les mêmes besoins, les mêmes charges et les mêmes aspirations sociales, il est équitable qu'elle ait sa place égale à côté de l'homme, son compagnon naturel. Les mœurs aussi bien que les lois devront consacrer cette égalité. À tous les points de vue, éducatif, politique, social, économique, humain, les droits de l'homme et du citoyen se confondront, non plus nominalement et théoriquement, mais *réellement*, avec les droits égaux et semblables de la femme et de la citoyenne.

c) C'est à l'éducation, dans la pratique, de réaliser cette égalité, en préparant la jeune fille à la vie de la cité, en lui donnant, à côté des renseignements particuliers à son sexe et à son rôle d'épouse et de mère, le moyen de réaliser son développement intégral, semblable à celui de l'homme. Il ne faut plus aujourd'hui pour elle cette éducation de poupée ou cette éducation de domestique qu'on lui a donnée trop souvent jusqu'ici. Formons-la pour la vie large, généreuse, affranchie, non pour la vie mesquine, futile, hypocrite ou servile. Que la femme, tout en satisfaisant à son rôle spécial, s'intéresse aux grandes idées du jour, aux graves problèmes de notre époque, à la littérature, à l'art, aux découvertes scientifiques, au progrès social. Qu'elle s'intéresse à la politique, à l'action économique, qui ne sauraient laisser indifférentes ses préoccupations de femme, d'épouse ou de mère de famille. C'est à l'éducation de faire des femmes des agents conscients d'amélioration sociale, de canaliser vers les fins supérieures du progrès humain toute l'énergie sentimentale dont elles sont douées. Ainsi ne seront-elles plus ce que la loi du plus fort a fait d'elles pour la plupart jusqu'ici : des serves ou des inutiles, les esclaves ou les jouets de l'homme et souvent des agents inconscients du recul social.

II. Conclusions générales sur la famille. — L'esprit de famille. — Il est une dernière et suprême condition que la famille doit remplir, si elle veut être vraiment l'éducatrice morale et sociale. Il ne faut pas que, par suite de sots préjugés qui n'ont aucune raison d'être, la famille se croie privilégiée vis-à-vis d'autres familles. Il ne faut pas qu'elle habitue les enfants qui sont élevés dans son sein à se considérer comme supérieurs à d'autres enfants élevés dans des familles moins fortunées. En résumé, si la famille doit être composée de personnes égales et libres autant qu'il est possible, elle doit aussi se donner comme l'égale de toutes les autres familles qui contribuent avec elle à former l'État.

Rien ne serait plus ridicule et plus absurde qu'un enfant qui n'a encore rien fait par lui-même pour la société et qui se donnerait comme supérieur à tel ou tel de ses camarades sous prétexte que sa famille est plus riche, qu'il a eu des hommes célèbres dans sa famille ou que la situation de ses parents est « supérieure ». Il faut, de très bonne heure, que dans la famille on habitue l'enfant à considérer les autres hommes comme ses égaux et comme ses frères et à n'estimer aucune supériorité qui ne soit due à son propre travail.

On appelle esprit de famille, dans le mauvais sens du mot, cet esprit qui consiste à se croire supérieur aux autres parce que la famille à laquelle on appartient se trouve dans une situation privilégiée à un point de vue quelconque. Cet esprit de famille est un reste de l'ancien esprit féodal, qui avait alors une certaine utilité parce que la famille jouait un rôle social beaucoup plus considérable qu'aujourd'hui. Elle remplaçait à peu près ce que nous appelons maintenant l'État ; on n'appartenait pas à une nation ; on appartenait à une famille. Aussi l'esprit de famille y jouait le rôle qu'y joue aujourd'hui le patriotisme.

Maintenant que toutes les familles ont un rôle égal dans la nation et qu'elles n'ont plus aucune autre tâche que celle de former de bons citoyens pour la société, l'esprit de famille qui consisterait en autre chose que l'amour réciproque des parents et des enfants et le respect et la reconnaissance des enfants pour les parents doit être absolument banni : il est immoral. En particulier, qui ne voit combien il serait mauvais d'excuser ou de dissimuler les crimes et les fautes graves commis par quelqu'un des siens ou de faire servir son influence pour avantager un membre de sa famille aux dépens de personnes qui auraient des titres et des droits supérieurs (népotisme).

Il n'y a de véritable noblesse que celle que l'on acquiert soi-même par le travail, la réflexion et l'honnêteté. On n'est pas noble parce que l'on descend de tel ou tel ancêtre, mais par ce que l'on a fait soi-même de bien, d'intelligent ou d'utile. Chacun ne doit être que le fils de ses œuvres.

Questionnaire.

I. — La femme a-t-elle toujours eu la même condition dans la famille? Son rôle n'a-t-il pas varié? — Comment a-t-elle été considérée jusqu'à notre époque? — Qu'entendez-vous par « droit de la femme »? Justifiez cette expression. — L'infériorité physique de la femme — qui est discutable — est-elle une raison suffisante à votre avis pour justifier l'infériorité intellectuelle et sociale dans laquelle on la maintenait? les plus faibles ne vous semble-t-ils pas devoir, en stricte justice, être mieux armés que les plus forts? — Comment, ceci posé, doit-on concevoir l'éducation de la femme? — En quel sens peut-on dire que le mariage est une petite république égalitaire?

II. — Qu'entend-on par « esprit de famille » au mauvais sens du mot? — Montrez l'absurdité et l'immoralité de ce préjugé. — A quels excès, à quels crimes peut-il conduire? — Montrez que l'esprit de famille n'est en somme que « l'esprit de fraternité humaine » appliqué plus directement au groupement familial.

SOIXANTIÈME LEÇON

LA NATION ET LA PATRIE.

Comment notre société est en même temps une nation. L'idée de nation et de patrie. Son fondement moral. L'esprit national. Solidarité des générations, unité de direction.

I. L'idée de nation et de patrie (Historique et définition). — Les relations politiques ont pour centre l'idée d'un groupe dont tous les membres cherchent à défendre, à maintenir et à augmenter la puissance, les conditions de vie de chacun d'eux dépendant d'ailleurs dans une large mesure des conditions dans lesquelles se développe le groupe tout entier. Ce groupe s'appelle un *peuple*, quand on songe de préférence aux *individus* qui le composent, ou une *peuplade*, s'il s'agit de groupes très peu civilisés.

On donne le nom de *nation* à un peuple lorsqu'il se trouve réuni sur un territoire bien défini et indépendant, et qu'on pense surtout à l'intégrité et l'indépendance de ce territoire parce qu'on le considère comme la condition d'existence du groupe politique. Le mot de *pays* au contraire désigne uniquement un territoire géographique, sans qu'on s'occupe des liens politiques de ceux qui l'habitent.

La nation est donc une notion essentiellement territoriale. C'est un groupe d'individus rapprochés par la place qu'ils occupent sur la terre à la suite d'un certain nombre de circonstances historiques. Il a acquis des manières de penser analogues, des instincts semblables, qui se traduisent par un système d'institutions et de lois propres à ce groupe. Une *patrie* n'est pas autre chose qu'une nation, lorsqu'on considère, au lieu du territoire, le sentiment qui lie entre eux les membres du groupe, et qui le rattache aux générations passées.

L'idée de patrie, et son nom fait songer à la famille, était autrefois liée à l'idée de gens faisant partie du même clan. Clan et patrie étaient alors synonymes ; si la guerre éclatait entre deux clans tous ceux qui en faisaient partie devaient, sous les peines les plus dures, venir combattre avec leurs frères de clan.

Lorsque les clans commencèrent à s'effacer, la patrie se confondit avec la famille patriarcale. La féodalité, par exemple, nous montre dans ses débuts (et tous les peuples ont traversé une époque féodale) une patrie de ce genre. On est alors de la patrie à laquelle vous attachent les liens du sang ou les liens de l'adoption et de la suzeraineté. L'idée d'un territoire national reste encore au second plan.

Lorsque les différentes familles patriarcales se fédèrent ensemble et forment une cité ou une tribu ou un peuple, alors, mais alors seulement, la patrie se confond avec le territoire, avec la nation dont on fait partie. Être d'une nation, avoir une nationalité, une patrie, cela veut dire, et c'est le sens que ce mot a actuellement, être né dans une circonscription territoriale donnée de parents qui eux-mêmes y sont nés. C'est faire partie d'un groupe qui historiquement et géographiquement s'est individualisé sur un territoire donné. Il y a du reste encore des pays (sans parler des peuplades sauvages) qui comme la Turquie, la Russie, l'Autriche-Hongrie, sont habités par des individus appartenant en réalité à des patries différentes, parce que le territoire est habité par des individus appartenant à des peuples différents et qui n'ont pu être absorbés par le peuple vainqueur. Le principe des nationalités auquel on a si souvent fait appel au xixe siècle consiste précisément à revendiquer pour chaque patrie un territoire national indépendant.

II. L'esprit national. — A) *Ce que n'est pas la nation.* — La nation n'est pas une notion mystérieuse et tyrannique qui imposerait à l'individu des devoirs, sans les justifier. Les devoirs que nous avons vis-à-vis d'elle sont ceux que nous révèle notre réflexion quand nous songeons au but et à la raison d'être de la nation et à ce qu'elle est réellement. *La conscience de ces devoirs, et des droits qui nous sont conférés si nous les avons accomplis, voilà l'esprit national.*

L'esprit national est encore ce qu'on appelle le *patriotisme*, puisque nation et patrie tendent à se confondre de plus en plus.

Pour nous rendre bien compte de ce qu'est cet esprit national, de ce que doit être le véritable patriotisme, il importe que nous ayons bien compris ce qu'est une nation, au sens réel et positif du mot. Et pour cela il faut que nous insistions sur ce *que n'est pas la nation*, car certains essayent de faire de cette notion toute autre chose qu'elle n'est, en la confondant avec d'autres ou en en faisant quelque chose de surnaturel. Ils voudraient que la nation, au lieu de représenter un libre accord de volontés, dans la solidaire acceptation des charges qu'impose toute une vie commune de travail et d'efforts menée depuis des siècles pour l'intérêt général, fût quelque chose d'incompréhensible que nous devrions rendre toujours plus puissant, plus menaçant, plus violent pour tout ce qui n'est pas elle. Cette exagération abusive et criminelle de l'esprit national a été appelée le chauvinisme. Elle vient de ce qu'on considère la nation comme fondée soit par un principe dynastique, un droit divin[1], soit par une race spéciale dont il faut maintenir envers et contre tous la pureté[2], soit par une circonscription géographique[3] que déterminent des frontières soi-disant naturelles et qu'on doit conquérir tout entière, soit par une communauté de langue (on devrait une association

---

1. L'empereur d'Allemagne a été considéré quelquefois par des Allemands chauvins comme l'héritier du Saint-Empire Romain germanique qui comprenait la moitié de la France, l'Italie, l'Autriche, etc. D'après eux, il devrait reconquérir tout cet héritage, sans trève ni repos. Aussi fous sont les Français qui rêvent de reconstituer à notre profit l'empire de Charlemagne.

2. Les *panslavistes* voudraient par exemple réunir à la Russie, tous les peuples de race slave ou soi-disant telle : les Tchèques, les Polonais, etc., les *pangermanistes*, de même pour les peuples de race germanique.

3. Exemple : il faudrait donner à la France le Rhin pour limites !

d'individus qui a un but et une raison d'être, chercher à ranger sous le même drapeau, même par la force, tous ceux qui parleraient la même langue)[1], soit par la communauté de religion (seraient considérés comme nationaux seuls ceux qui pratiqueraient une religion donnée)[2].

En effet, si nous examinons brièvement chacune de ces obligations du nationalisme nous verrons combien elles sont peu scientifiques :

1° Le *droit dynastique* ne peut même être discuté sérieusement. Une nation tout entière ne saurait dépendre d'un homme, d'une famille. Le droit national doit remplacer le vieux principe du droit des princes — droit fondé sur la violence, l'intrigue, une chance heureuse — et perpétué par l'esprit de routine.

2° Mais la *race* peut-elle servir de criterium au droit national ! D'après les partisans de cette théorie tous les membres d'une même race mêmes épars, même disjoints, devraient être réunis pour former un seul tout. — Quel que soit d'ailleurs à ce sujet leur désir, on crée ainsi une sorte de droit primordial, aussi arbitraire que le droit divin, aussi dangereux pour le progrès.

A l'origine dans la tribu, la cité antique, la race avait une importance de premier ordre, mais ensuite, au cours des conquêtes, des invasions, le principe de l'unité ethnographique fut totalement oublié. *Aucune nation moderne n'est de race pure.* La France est celtique-latine-ibérique-germanique, l'Allemagne est celtique-germanique-slave, l'Angleterre celtique et germanique, etc. D'ailleurs peut-on jamais être certain de la pureté d'une race ?

Donc faire reposer le droit national sur le principe de la race, c'est le faire porter sur une chimère.

3° Il en est de même pour la *langue* ; elle ne forme en rien l'unité nationale. Combien de pays parlent la même langue et

1. Cette raison a été donnée pour justifier la conquête de l'Alsace par l'Allemagne.
2. Exemples : expulsion des juifs, des protestants, réclamée chez nous par quelques sectaires.

ne sauraient former une même nation (États-Unis et Angleterre, Espagne et Amérique du Sud)? La langue subit l'influence de toutes les fluctuations de la vie d'un peuple. Peut-on prendre pour criterium du droit national ce qui est soumis au hasard, à l'arbitraire? Voyez la Suisse, cette nation formée du consentement de ses différentes parties; elle compte au moins trois langues, en est-elle moins une pour cela, et l'homme de Zurich qui parle allemand est-il plus proche de l'habitant de Berlin, ou de son compatriote de Neufchâtel qui parle français? On ne peut donc accepter comme fondement du droit national le principe de l'unité de langue.

4° De même et plus encore pour *la religion*. Les religions ne sont plus maintenant, comme à l'origine, des *religions d'état* variant d'un état à l'autre comme les formes de gouvernement. Actuellement un Chinois peut être catholique comme un Français ou un Anglais. On trouve pratiquées en France toutes les formes religieuses, catholique, protestante, israélite, etc. La religion est maintenant affaire de *conscience individuelle*; elle est une *forme de la pensée*, et elle prend des nuances différentes avec chaque individu. Malgré l'unité des dogmes fondamentaux acceptés par tous les adeptes du catholicisme par exemple — cette religion varie en somme avec chaque individu. Donc l'idée de *religion* ne pouvait que morceler à l'infini les peuples, non former une unité nationale.

5° Et l'*unité géographique* peut-elle être invoquée? Certes la configuration d'un pays joue un rôle très important dans son histoire; tel pays limité par des montagnes sera plus qu'un autre à l'abri des invasions, des conquêtes, etc. Mais fonder sur les limites dites *naturelles* le droit national, c'est autoriser toutes les violences, c'est ouvrir la voie aux ambitions, à l'arbitraire. Et d'ailleurs, comme le dit Renan, « sont-ce les montagnes, ou bien sont-ce les rivières qui forment ces prétendues frontières naturelles? Il est incontestable que les montagnes séparent, mais les fleuves réunissent plutôt. Et puis *toutes* les montagnes ne sauraient découper des états; quelles sont celles qui séparent et celles qui ne séparent pas? »

6° Quant à la *communauté des intérêts économiques*, malgré son importance toujours croissante, on ne peut l'invoquer comme principe national. L'intérêt seul n'est pas assez puissant pour fonder une patrie, et d'ailleurs ceci n'est-il pas plus que tout le reste sujet à fluctuations?

Ces prétendues causes du droit national ont été souvent les *agents accidentels* qui ont *favorisé* le groupement d'un certain nombre d'individus, mais elles ne sauraient être les conditions suffisantes et les conditions nécessaires pour maintenir l'union intime et la solidarité du groupement. Si l'on veut persuader à ses membres qu'ils doivent rester unis et qu'ils doivent supporter certaines charges, remplir certaines tâches motivées par cette union, il faut absolument faire appel à leur *consentement voulu et raisonné*.

II. L'esprit national. — B) *Ce qu'est la nation : l'œuvre de la nature et de la raison ; solidarité des générations, unité de direction*[1].

La nation est donc l'œuvre de la raison et de la conscience individuelle, d'un contrat social accepté facilement par tous, à cause de l'utilité du groupement social : « Un instinct naturel rapproche les hommes les uns des autres, les fait se grouper et s'unir pour leur commune défense... mais si la nature seule engendrait la cité, qu'arriverait-il ? La force y régnerait seule, et le droit n'y aurait point de place. Loin de là, la cité est essentiellement une *association de droits*, de là l'expression de Cicéron. La raison y intervient donc plus ou moins pour régler les relations selon la justice et contenir la force. » Une société, dit-on, qui rompt avec son passé perd nécessairement l'équilibre. Mais une société qui resterait enfermée dans son passé irait à sa ruine, car elle se mettrait, par une chimère follement réactionnaire, en lutte contre la loi naturelle. La stagnation indéfinie est aussi immorale que la révolution et l'agitation continues. En réalité toute révolution doit être la consécration d'une *évolution*. Elle ne rompt pas avec le passé, elle le continue en vertu d'impul-

1. D'après A. REY, Leçons élémentaires de psychologie et de philosophie, p. 423.

sions naturelles. Révolution n'implique nullement violence, mais progrès définitif et sanctionné, et en ce sens, c'est elle qui est la véritable tradition, car elle est le développement normal du passé. La raison, en la rendant inévitable, ne fait que déduire en quelque sorte de la marche des choses ce qui doit nécessairement se réaliser et ne peut se réaliser que par les volontés des individus. Les lois naturelles de la société et les exigences des consciences individuelles, loin de se contrarier, s'impliquent mutuellement dans l'évolution de la société.

Si les révolutions paraissent parfois des ruptures brusques et violentes, ce n'est pas parce que les élans généreux des raisons individuelles vers la liberté et l'idéal social sont contraires à la marche naturelle des choses ; mais c'est à cause des forces rétrogrades ignorantes ou intéressées qu'elles rencontrent sur le chemin. La révolution ne paraît brusquer l'évolution que parce qu'elle apparaît seulement lorsqu'on accumule les obstacles devant l'évolution. 1793 n'eut lieu que parce que les privilégiés de l'ancien régime essayèrent par tous les moyens de violer et de rompre le contrat de 1789. Mais les principes, identiques en 1789, et en 1793, étaient voulus par les faits comme par les consciences. Et ils sont restés. « Qui oserait prétendre que l'idéal est, ␣ ␣r l'homme comme pour les bêtes, de rester à jamais dan␣ ␣e même état social... de faire à jamais ce que nos ancêtres ont fait, de subir toujours ce qu'ils ont subi ? N'est-il pas naturel, nécessaire même au regard de la conscience morale que l'homme fasse acte de raison en toutes choses, et d'abord dans ce qui l'intéresse par dessus tout : l'organisation de la cité. Il y a donc quelque chose de généreux et de souverainement respectable dans ce continuel désir du mieux, dans cet instinct rationnel qui pousse certains hommes, et non pas seulement les esprits téméraires et aventureux, mais souvent les meilleurs de nous à demander ou à tenter des réformes dans l'organisation sociale de leur pays... Ce désir du mieux est toujours plus ou moins révolutionnaire ; mais, quand il est sincère et juste, le moraliste se voit forcé de l'accepter et de le soutenir. Ce qu'il faut éviter, ce sont les longs sommeils dans la coutume et dans les traditions injustes, les longs oublis de soi-même » (*Marion, Morale*, 333).

Concluons donc avec cette admirable page de *Renan*, au sujet de l'origine et de la nature de la nation : « Une nation est une âme. Deux choses qui, à vrai dire, n'en font qu'une, constituent cette âme. L'une est dans le passé, l'autre dans le présent. L'une est la possession en commun d'un riche legs de souvenirs ; l'autre est le consentement actuel, le désir de vivre ensemble, la volonté de continuer à faire valoir l'héritage qu'on a reçu indivis. L'homme ne s'improvise pas. La nation comme l'individu est l'aboutissant d'un long passé d'efforts, de sacrifice et de dévouement. Une nation est donc une grande solidarité constituée par le sentiment des sacrifices qu'on fait, et de ceux qu'on est disposé à faire encore. Elle suppose un passé, elle se résume pourtant dans le présent par un fait tangible, le *consentement*, le *désir clairement exprimé* de continuer la vie en commun.

« L'existence d'une nation est (pardonnez-moi cette métaphore) un plébiscite de tous les jours, comme l'existence de l'individu est une affirmation perpétuelle de la vie. »

IV. L'œuvre de la nation dans la civilisation humaine. — Ce n'est du reste pas d'une façon imagée que Renan dit de la nation qu'elle est une *âme* et que l'on dit couramment qu'elle a une *personnalité morale*. Chaque nation en effet a un *tempérament* et un *caractère* propres comme chaque individu ; elle a son *esprit particulier* qui se laisse nettement apercevoir dans ses œuvres et dans ses actes historiques. Il résulte de là que, de même que chaque individu a dans la nation une mission spéciale à remplir, d'après les dispositions particulières qu'il manifeste, ainsi chaque nation dans l'humanité semble assumer une *tâche spéciale* à laquelle elle est préparée mieux que tout autre par son rôle général. Ce rôle spécial que chaque nation a à jouer dans le concert général des nations donne à l'idée de nation une *réalité effective*, une vie véritable, et montre que l'esprit national peut rendre à l'humanité tout entière des *services* incontestables, s'il se débarrasse de tout *particularisme* inintelligent, et de tout *chauvinisme* odieux.

Tout le monde reconnaîtra par l'exemple que depuis le XVIII° siècle la *France* a joué en Amérique et en Europe un *rôle émancipateur* pour la raison et la personnalité humaines. Les grandes idées qui dominent le droit politique dans les états américains, et de plus en plus dans les états européens, sont les idées des *philosophes* du XVIII° siècle et de la *Révolution française* : idées que résume la devise de la République française : « *liberté, égalité, fraternité* ».

L'*Allemagne* avec sa lignée de philosophes au XIX° siècle : *Kant, Fichte, Schelling, Hegel, Marx* a repris les idées de la philosophie française, mais en leur donnant un caractère plus *social* que politique. Les *aspirations socialistes* qui de plus en plus tendent à imprimer au droit économique leurs tendances générales ont été précisées par la nation allemande, et de là ont pénétré tous les autres peuples.

L'*Angleterre* a eu le mérite d'apporter dans toutes les questions un *esprit positif* et *rationaliste* : elle nous a habitués à traiter toutes les questions d'une *façon méthodique* en suivant pas à pas les *faits* et en nous défiant des chimères construites par l'imagination.

Voici trois nations auxquelles un grand rôle historique est indéniable et l'humanité serait incomplète, elle n'aurait certainement pas atteint le degré de civilisation et de progrès moral et social qu'elle nous présente actuellement, si l'une de ces nations avait disparu ou si son esprit national s'était obscurci et anéanti.

Voir pour la : *défense de la patrie, l'armée, le service obligatoire, la discipline militaire* : 66° Leçon sur les droits et devoirs du citoyen (p. 314).

Questionnaire.

Comment a-t-on conçu la patrie dans les temps primitifs, l'antiquité, etc. ? — Qu'est-ce qu'une nation ? — Concevez-vous une nation s'immobilisant dans les mêmes formes et refusant d'évoluer ? — Les révolutions ne sont-elles pas nécessaires pour le progrès social des nations ?

(exemple : le progrès réalisé par la révolution de 1789 eût-il pu l'être sans révolution ?...) — Comment à votre avis doit-on concevoir la patrie et le patriotisme ? — Étant donné qu'on admet en principe la grande idée de la fraternité humaine, vous semble-t-il possible de professer un patriotisme exclusif et haineux envers les autres nations ? — La guerre vous semble-t-elle nécessaire à la grandeur d'une nation ? ne pensez-vous pas qu'on puisse être utile à sa patrie, autrement et mieux qu'en se battant pour elle ? — Qu'est ce que la race ? Peut-elle être une barrière entre les hommes ? — La langue est-elle une distinction suffisante pour les diviser ou les unir... la religion...? Que pensez-vous des « limites géographiques » ? — Tout ceci posé, peut-on considérer comme justes, nécessaires et immuables les divisions politiques actuelles ?

Voir leçons 10, 12, 13 (p. 45, 53, 59).

SOIXANTE-UNIÈME LEÇON

L'ÉTAT

I. L'État et les Lois.

I. Ce qu'est l'État. — Il ne faut pas confondre des termes qui sont souvent employés les uns pour les autres dans le langage ordinaire. Ces termes sont : État, Nation, Patrie, Gouvernement. Quand on veut préciser, on s'aperçoit avec un peu de réflexion qu'on ne doit pas employer ces mots les uns pour les autres.

Le mot *état*, d'après son sens étymologique, signifie : manière d'être générale ; c'est dans ce sens que l'on dit encore aujourd'hui : l'état d'une personne. Appliqué à une société, le mot signifiera donc, la manière d'être générale de cette société, « l'*état* de cette société », la situation dans laquelle se trouvent tous les individus qui la composent les uns par rapport aux autres. Toutes les sociétés, en effet, ne sont pas organisées de façon identique. On peut même dire qu'il n'y a jamais eu deux sociétés semblables. Les Athéniens, par exemple, ne formaient pas une société identique à celle que formaient les Spartiates. Ils n'étaient pas organisés de la même façon ; ils n'étaient pas dans le même *État*. On en dirait autant aujourd'hui des Chinois et des Japonais.

Si nous regardons les hommes qui peuplent la terre actuellement ou si, grâce à l'histoire, nous nous représentons ceux qui l'ont peuplée avant nous, nous constatons qu'ils se distribuent en groupes, en sociétés différentes et chacune de ces sociétés ayant une manière d'être, un *état* particulier, constitue ce que nous appelons un État. Exemples : les hommes groupés ensemble dans le pays de France constituent l'État français parce qu'ils ont tous entre eux une organisation générale qui leur donne une manière d'être particulière. De même, tous les individus qui font partie d'une tribu arabe, bien que cette tribu, si elle est nomade, n'habite pas nécessairement un territoire spécial. On en dirait autant de la tribu australienne ou du clan sauvage. Les individus qui forment un même clan en Australie centrale peuvent vivre, habiter, constituer une famille dans d'autres clans que le leur et cependant leurs coutumes, leurs lois, leurs manières d'être générales dépendent uniquement du clan dont ils font partie et non pas de celui dans lequel ils passent leur vie.

En cas de guerre, ils se rangeront tous sous la bannière de leurs clans avec des gens qu'ils n'ont peut-être jamais vus pour combattre leurs voisins et leurs parents. C'est qu'en effet ces voisins et ces parents font partie d'un autre état que le leur.

Nous en avons un exemple historique dans la célèbre légende des Horaces et des Curiaces. D'après nos renseignements historiques, les Curiaces et les Horaces étaient, bien que vivant ensemble sur le même sol, dans le même foyer, deux clans différents. Et comme à cette époque c'était le clan qui jouait le rôle de ce qu'on appelle aujourd'hui l'État, chaque membre de ces deux groupes continuait à être régi par les coutumes de son clan et à faire partie d'un État différent.

II. Les lois. — Leur fondement social et national. — Les individus qui constituent une même société sont réunis entre eux par un certain nombre de liens ; ce sont ces liens qui précisément donnent à la société sa physionomie générale, son organisation, ses institutions, ce que nous appelons aujourd'hui sa constitution. Autant nous compterons de groupes obéissant chacun à des institutions, à une constitution spéciales, autant nous compterons d'États. Or, où trouvons-nous les institutions, l'organisation, la manière d'être d'une société ? Dans ses lois, dont l'ensemble forme le droit, si c'est un pays civilisé qui a des lois écrites ; dans les coutumes, si nous avons affaire à des sauvages.

On peut donc définir l'État « la personnification juridique d'une société, d'un groupement d'hommes », ou encore l'ensemble des liens juridiques qui réunissent un certain nombre d'individus dans une société déterminée.

Le gouvernement désignera l'ensemble des personnes qui, dans un état ainsi défini, sont chargées de veiller à l'exécution des lois, c'est-à-dire de maintenir les liens juridiques constitutifs de l'État.

III. Origines de l'État. — 1ᵉʳ *Stade*. — L'État est une notion sociale et morale qui s'est dégagée lentement d'autres notions sociales et morales voisines telles que la religion ou la famille.

Au début des temps historiques, il n'y a pas à proprement parler d'états. Les sociétés humaines qui comptent toujours un nombre assez restreint d'individus (quelques milliers au plus) sont organisées uniquement d'une façon religieuse. La forme religieuse est donc la première forme que revêt la société humaine. A ce moment de l'évolution, il n'y a pas de familles, il n'y a pas de nations, il n'y a que des groupements religieux. Les individus sont réunis ensemble dans ce qu'on appelle un clan totémique, par un certain nombre de croyances communes. Tous les membres d'un même clan se considèrent comme parents, portent le même nom, sont unis par le même signe qui est un signe religieux. Ils se croient associés entre eux et à ce signe qui est le totem par une identité de nature. Ils doivent s'entr'aider, se secourir ; en particulier ils ne doivent ni se tuer, ni se manger. Comme le totem est en général un animal ou un végétal, il est également défendu de tuer cet animal ou ce végétal, puisqu'ils font partie du même clan et sont au fond de même nature que les membres humains du clan.

A une époque de l'année, en général au commencement du printemps, tous les membres du clan se réunissent pour une cérémonie très importante, la plus importante de toutes ; dans cette cérémonie seulement il est permis de manger l'objet totem. C'est une sorte de sacrifice qui a pour but de ranimer les forces des membres du clan.

Cette cérémonie est un sacrifice communiel; nous le retrouvons dans toutes les religions primitives, et c'est la part prise à ce sacrifice qui fait considérer un individu quelconque comme faisant partie du groupe de ceux avec qui il l'a accompli.

Il faut retenir de ces faits, assez bien établis maintenant d'après les travaux des historiens récents, que le groupement primitif est un groupement religieux. Il est fondé sur la communauté d'une même tradition religieuse. Font partie du même groupe, de ce que l'on appellera plus tard le même État, ceux qui suivent les mêmes croyances et ceux-là seulement.

2ᵉ Stade. — A mesure que la civilisation progresse, les liens qui relient les hommes dans une même société se multiplient: en particulier, les relations familiales, reposant sur un lien de filiation réel, naissent, se développent et se fixent. A côté des liens religieux se montrent alors les groupements par famille: et comme ceux-ci ont une très grande importance sociale, puisque les membres d'une même famille vivent ensemble, ils ne tardent pas à prédominer sur les liens purement religieux. Le mode de groupement de religieux devient familial. La famille, au sens très large où nous l'avons dépeinte précédemment, se superpose à la communauté religieuse et accapare presque toute l'importance sociale, si bien que la religion passée au deuxième plan se subordonne à la famille. Et nous avons un état social analogue à l'état de Rome sous les rois, à l'état de la Grèce au moment de la guerre de Troie. Chaque famille forme en quelque sorte un petit état avec ses dieux particuliers (lares) qui obéit au patriarche chef de famille et seul souverain.

3ᵉ Stade. — Mais par la force des choses les familles ne tardent pas à se confédérer ensemble quand le territoire qu'elles habitent est attaqué par un ennemi très fort. Alors commence à apparaître ce qu'on a appelé groupement féodal.

La base du groupement social est bien toujours la famille, seulement les familles sont groupées ensemble, autour de certaines familles privilégiées qui commandent aux autres, comme dans la féodalité européenne, ou la féodalité chinoise ou japonaise, il y a quelques milliers d'années.

La famille supérieure est appelée la famille suzeraine, les familles inférieures, vassales ; et c'est cette organisation hiérarchique qui repose sur l'allégeance d'une famille envers une autre qui constitue l'état féodal.

4° État territorial ou national. — Toujours sous la force des circonstances extérieures, les familles groupées féodalement ne tardent pas à considérer le territoire qu'elles habitent comme indispensable à leur existence. L'idée de souveraineté passe peu à peu des familles aux terres qu'elles habitent et alors les individus ne se considèrent plus comme subordonnés à tels autres individus parce qu'ils sont membres d'une famille vassale et que ces autres individus sont membres d'une famille suzeraine, mais parce qu'ils habitent une terre qui est soumise à l'autorité de telle seigneurie suzeraine. L'ensemble des terres qui obéissent à un même suzerain commence à former ce que nous appelons une nation. L'État devient alors l'ensemble des relations juridiques qui définissent la manière d'être et les rapports d'un groupe social habitant une même division territoriale. C'est l'État dans le sens actuel du mot, tel que nous le voyons au sein de ce que l'on appelle le monde civilisé.

Questionnaire.

Qu'est-ce que l'État dans une nation, son rôle, ses attributions ? — Les lois ; en quoi elles sont indispensables ? que doivent-elles représenter ? que doivent-elles respecter ? — Distinguez l'état de la nation. Comment s'est formée historiquement la notion d'état ? Définissez le clan totémique, les familles, l'état féodal, l'état territorial national. — Étant donné le sens de cette évolution qui montre une conception toujours plus large de l'état, comment pensez-vous que la société actuelle pourra évoluer ?

SOIXANTE-DEUXIÈME LEÇON

L'ÉTAT (*Suite*).

II. Rôle de l'État. — Formes diverses de cette autorité. — Le Despotisme.

I. Rôle de l'État. — Puisque l'État est par définition l'ensemble des relations juridiques qui aujourd'hui unissent dans un même groupe les habitants d'un territoire déterminé, il représente vis-à-vis de chacun de ces habitants le groupe tout entier. Son rôle peut donc être défini la représentation de la collectivité.

Une collectivité en effet ne peut subsister que si tous ses membres acceptent en commun un certain nombre de règles. Prenons un exemple caractéristique : si au sein d'une collectivité les individus ne respectaient pas la règle qui ordonne le respect de la vie de ses semblables, il est bien évident que la société n'existerait bientôt plus. De même si les parents abandonnaient leurs enfants à la naissance, et ainsi de suite. Il est facile de s'apercevoir en lisant un code que les lois établies dans un État ne sont que les conditions plus ou moins importantes dans lesquelles un État peut vivre et se développer ; les lois traduisent les exigences sociales. L'État est donc le représentant de ces exigences et il faut qu'il maintienne les lois qui les expriment, qu'il empêche qu'elles soient violées soit par les citoyens qui le forment, soit par les étrangers. Ainsi, non seulement l'État représente la collectivité, puisque les lois de l'État ne sont que l'expression des conditions dans lesquelles la collectivité peut subsister, mais encore l'État personnifie l'autorité de la collectivité vis-à-vis de chacun de ses individus. Une règle, une loi n'existe qu'autant qu'il y a une autorité pour la faire respecter ; si chacun peut violer impunément la loi, il n'y a plus de loi.

Le rôle et la mission de l'État consiste donc en ceci que l'État, représentant de la collectivité, impose l'autorité de cette collectivité à chacun des individus qui la forme. Il serait facile de confirmer par des exemples que telle est bien la mission de l'État. Il vaut mieux montrer par un historique, qui paraît un peu plus difficile, comment on a compris aux différents âges ce rôle et cette mission de l'État. Car ce qui nous intéresse, c'est de savoir comment il faut les comprendre aujourd'hui ; et si nous voulons accomplir cette tâche d'une façon impartiale et utile, il est nécessaire que nous nous demandions comment l'humanité, au fur et à mesure de ses progrès, a conçu elle-même le rôle et la mission de l'État. Nous pourrons peut-être alors décrire le terme vers lequel elle se dirige, l'idéal que nous devons nous former du rôle et de la mission du meilleur État possible.

On conçoit en effet que l'on puisse comprendre de plusieurs manières ce qu'on appelle l'autorité et, en particulier, l'autorité que s'arroge la collectivité ou que nous lui reconnaissons vis-à-vis de chacun de nous. L'autorité peut être très sévère ou très douce, elle peut se faire sentir d'une façon tracassière, rude, cruelle, comme l'autorité des anciens maîtres d'école qui avaient constamment la férule à la main. Elle peut être très atténuée, ne restreignant la liberté de chacun que lorsqu'on est tenté d'abuser de cette liberté, à peu près comme les maîtres d'aujourd'hui avec les idées que nous avons sur la discipline à l'école. Il faut se demander précisément si nous devons concevoir l'autorité, l'état, sous une forme très dure ou sous une forme atténuée ; et pour cela le meilleur moyen c'est de voir comment l'humanité, en s'élevant peu à peu, a elle-même organisé l'autorité de l'État. Si l'autorité est allée en s'éteignant à mesure qu'un état devient plus civilisé, c'est dans ce sens qu'il faudra marcher, ou sinon, dans le sens contraire.

II. Historique des formes diverses de l'autorité

de l'État. — **Le Despotisme et l'autocratie. Monarchies absolues.** — *1re période*. — A l'origine l'État est extrêmement autoritaire ; le pouvoir dans l'État se confond avec le pouvoir religieux et ensuite avec le pouvoir du chef de famille. L'État se maintient, grâce à un petit nombre de traditions immuables. Qui viole ces traditions, qui essaye d'y changer quelque chose, qui tente d'apporter une innovation, est puni de mort. Les légendes antiques sont pleines de récits où nous sont racontés les châtiments terribles subis par les innovateurs ou par ceux qui ont désobéi aux lois de l'État.

Pour maintenir ces lois, pour punir ceux qui les transgressent, l'autorité est déléguée dans ces États primitifs, soit à un homme, soit à un petit nombre d'hommes. Ce sont les chefs qui reçoivent le nom de rois, de juges ou de pontifes. Les ordres de ces chefs doivent être obéis par tous sans discussion, sous peine de châtiments très graves.

On peut résumer les caractères de cet état primitif en disant que la liberté des individus, des sujets, y est à peu près nulle et que le pouvoir de l'État, c'est-à-dire de la société, exercé par l'intermédiaire de ceux à qui est déléguée l'autorité, est à peu près sans limites. De plus, ces États gardent pendant très longtemps la même physionomie ; il ne s'y produit à peu près aucun changement ; leur coutume reste immuable.

2e période. — A peu près au moment où l'État de patriarcal devient féodal, nous assistons à une révolution notable. Cette révolution se produit lorsque les États primitifs sont obligés d'entrer dans des luttes continuelles, pour se défendre ou pour s'agrandir, lorsque leurs besoins augmentent. Tout alors est subordonné à la défense ou à l'attaque, c'est-à-dire à la guerre ; l'État devient essentiellement militaire ; la guerre est presque son unique affaire ; l'autorité est alors surtout exercée par les chefs militaires qui l'acquièrent ou plutôt la conquièrent par la force. Ce sont des guerriers heureux qui ont réussi à triompher avec leur tribu ou leur clan (comme par exemple Clovis en France). Les membres du clan constituent la classe noble, le conseil de ses chefs, leurs compagnons, leurs comtes. Les vaincus forment la classe des sujets et des artisans. Et nous sommes en présence de l'État féodal.

Les chefs de ces États, par suite du butin acquis par leurs victoires, deviennent très puissants et très riches. Leurs descendants héritent de cette puissance et de ces richesses : ce qui les désigne pour conserver le pouvoir de leurs ancêtres. Les chefs, d'électifs tendent donc à devenir héréditaires.

L'autorité de ces chefs, et par suite le pouvoir de l'état qu'ils représentent, est toujours absolu. Mais l'État, à cause des luttes continuelles, ne reste pas aussi immuable. Les guerres le mettent en contact avec d'autres peuples dont ils prennent les coutumes. Les vainqueurs n'imposent jamais complètement leurs lois aux vaincus : c'est ainsi qu'après la conquête romaine de la Gaule, les lois romaines se mêlèrent aux coutumes franques; c'est de là qu'est sortie la Gaule du moyen âge.

3e partie. — *Constitution des états nationaux.* — Petit à petit, suivant la même voie que nous venons de décrire, les petits états féodaux se groupent autour des plus puissants et le chef de l'état puissant devient ainsi le chef accepté par une multitude de seigneuries féodales. D'ailleurs, il s'appuie habilement sur les sujets de ses vassaux contre les seigneurs eux-mêmes. Nous arrivons ainsi à la formation de grands États dans lesquels les seigneurs féodaux n'ont plus qu'une autorité de parade et où tout le pouvoir est concentré en une seule main, celle du monarque (la France à partir de Henri IV).

Caractéristique de l'autorité pendant ces 3 périodes. — Pendant ces 3 périodes l'autorité de l'État a à peu près la même forme, elle est absolue. On entend par autorité absolue de l'État, que l'État représenté par les individus qui en sont les chefs a tous les droits sur ses membres et que ceux-ci n'en ont aucun. L'État est maître souverain des biens de tous les sujets. Le roi qui représente l'État peut confisquer selon son bon plaisir tout ou partie de ses biens, réclamer comme impôt ce qu'il veut. La vie même des sujets appartient à l'État puisque, sans consulter aucun des sujets, l'État peut entrer en guerre et incorporer dans ses armées qui bon lui semble. En un mot l'État représenté par son chef est tout, les individus ne sont rien. Le régime de l'État est le régime du bon plaisir du chef (l'État, c'est moi ! disait Louis XIV).

On appelle cette forme d'autorité de l'État, *le despotisme* : le despotisme est donc le régime social où l'individu n'a point de droit et où l'État les a tous, que l'autorité y soit représentée par un seul individu ou par plusieurs.

Questionnaire.

Comment concevez-vous la mission de l'état ? — Comment a-t-elle été conçue au cours des âges : dans l'état patriarcal, dans l'état féodal, dans l'état national ? Que pensez-vous de ces différentes conceptions ? — Tout en les critiquant, si elles vous semblent erronées, pouvez-vous expliquer comment ces conceptions politiques sont nées des nécessités sociales de l'époque ?

SOIXANTE-TROISIÈME LEÇON

L'ÉTAT (*Suite*).

III. Formes diverses de l'autorité dans l'État (*suite*). — **L'Aristocratie et les Monarchies constitutionnelles. — La Démocratie et la République.**

I. Historique (*suite*). — **L'Aristocratie.** — *4ᵉ période.* — Généralement, pour centraliser sous son autorité les fiefs dépendant d'autres seigneurs, le roi s'est appuyé sur les habitants de ces fiefs, sur les sujets de ces seigneurs. D'autre part l'esprit de ses sujets s'élargit à mesure que la civilisation progresse. Ils comprennent peu à peu, surtout si les monarques font des fautes, ce qui arrive fatalement, qu'il n'est ni juste, ni intelligent de laisser un seul homme maître absolu des destinées de l'État. La collectivité, à mesure qu'elle s'élève, qu'elle prend conscience d'elle-même et que, par les progrès de l'industrie et du commerce, elle joue un rôle plus important dans l'État, ne veut plus s'abandonner au bon plaisir d'un despote qui d'ailleurs est quelquefois inintelligent, immoral ou cruel. Il arrive alors que cette collectivité qui représente la force dans l'État est assez éclairée et assez puissante pour limiter l'autorité du chef; d'abord, ses essais sont timides, partiels; mais peu à peu ils se coordonnent, ils s'étendent à toute la nation. Nous avons alors ce qu'on appelle une *monarchie constitutionnelle*, c'est-à-dire une monarchie où les droits du roi sont limités par les droits du peuple.

De plus en plus, le peuple acquiert l'habitude de s'organiser,

de se gouverner lui-même, et de moins en moins il paraît nécessaire de laisser une part d'autorité non contrôlée.

Parfois il arrive qu'un peuple parvenu à ce degré de maturité
et de raison entreprend de se gouverner complètement lui-même
en supprimant la royauté (comme les républiques d'Athènes et
de Rome autrefois, comme aujourd'hui les républiques de Suisse,
de France, d'Amérique, etc.). Cependant la tradition laisse
encore souvent subsister le titre de roi, mais sans aucune
autorité personnelle. Et alors, tant que le pouvoir central reste
héréditaire et monarchique, on ne peut pas dire que le gouvernement appartienne absolument au peuple, que l'autorité de
l'État est tout entière sous le contrôle de la nation. Il reste toujours au roi quelques privilèges qui ne relèvent pas du contrôle
de la collectivité : d'abord son droit héréditaire (la collectivité ne choisit pas elle-même son chef), ensuite il y a toujours
dans les gouvernements monarchiques une classe sur laquelle
s'appuie plus directement le roi : aristocratie de naissance ou de
fortune (en Belgique, par exemple, les citoyens qui ont une certaine situation, ont plusieurs voix à leur disposition dans les
votes). Cette classe sur laquelle s'appuie la royauté a des privilèges,
et ce sont surtout ces privilèges qui maintiennent la monarchie,
car la classe privilégiée est intéressée à soutenir le monarque
contre le reste du pays, de même que le monarque est intéressé
à soutenir cette classe privilégiée pour conserver sa couronne.

On peut donc dire que toutes les monarchies constitutionnelles
laissent subsister un certain nombre de privilèges dont profitent
à la fois le monarque et une noblesse.

Cette noblesse et ce monarque ont toujours une autorité plus
grande que le reste des citoyens de l'État. Car si tous les citoyens
avaient exactement même autorité, on comprend facilement qu'il
n'y aurait plus ni noblesse, ni roi.

On appelle cette forme de l'autorité dans l'État qui tout en
limitant le pouvoir absolu d'un seul conserve toutefois à une
partie de la nation une part d'autorité plus grande qu'au reste
de la collectivité, *la forme aristocratique* ou *oligarchique.*

II. La forme républicaine. — *5ᵉ période.* — Un petit

nombre d'États dans l'antiquité comme Athènes et Rome (et encore avec des restrictions nombreuses) et quelques états modernes dont le nombre a d'ailleurs une tendance à augmenter, comme la France, la Suisse, les États de l'Amérique, ont dépassé toutes les formes précédentes et essaient de réaliser le gouvernement du peuple par le peuple, par le peuple tout entier, et rien que par le peuple. Tous les citoyens par définition ont exactement la même autorité dans l'État; s'il est des fonctionnaires qui représentent le Gouvernement et l'autorité, ces fonctionnaires sont constamment sous le contrôle du peuple; ils ne peuvent qu'exécuter ou que faire exécuter les lois qui ont été voulues par le peuple. Sous peine d'être criminels, ils ne peuvent pas s'insurger contre elles ou se refuser à les appliquer. En un mot les dépositaires de l'autorité, quels qu'ils soient, depuis le plus humble jusqu'au plus puissant, ne sont que des délégués mandatés par le peuple, des serviteurs de la volonté du peuple, sous le contrôle constant du peuple, et rien de plus. Toute trace de division entre les citoyens au point de vue de la puissance est abolie. Tout au moins, théoriquement elle l'est, et pratiquement elle devrait l'être. Car il faut bien avouer que l'époque où les États, qui ont cherché à réaliser *la forme républicaine*, étaient encore en monarchie, n'est pas encore assez éloignée pour qu'il ne subsiste pas des vestiges, des préjugés, des traditions de l'ancien État monarchique. En particulier les différences de fortune semblent créer toujours des privilèges, parce que ceux qui ont de grandes fortunes croient que cette fortune leur donne des prérogatives spéciales. L'intelligence n'allant pas malheureusement de pair avec la fortune, ils ne voient pas qu'avoir une grande fortune, ce n'est pas avoir des droits, en plus des autres citoyens, mais que c'est seulement avoir plus de devoirs envers eux; et d'autre part ceux qui sont dans une situation misérable ne savent pas en général, soit par crainte, soit par timidité, soit par manque d'instruction et d'éducation, faire valoir leurs droits comme ils le devraient. De l'arrogance des uns et de la servilité des autres subsistent encore, il faut bien le dire, des inégalités dans l'État, des différences d'autorité. Mais il faut reconnaître qu'avec les progrès de l'instruction qui arment de mieux en mieux les citoyens pour la défense de leurs droits, ces différences d'autorité vont en s'éteignant. Et si la forme républicaine n'est pas encore vraiment et complètement réalisée dans les pays qui cherchent à l'atteindre, elle tend du moins à s'y réaliser de plus en plus.

Questionnaire.

Qu'est-ce que la monarchie constitutionnelle ? — Comment est-il nécessaire, pour qu'elle subsiste, qu'il existe une classe privilégiée : *aristocratie* ? — Définir ce qu'on entend par régime républicain. Développer cette idée que dans l'état républicain tout doit émaner de la volonté générale du peuple. — Quel serait l'idéal de la République ? Peut-il exister avec l'état social actuel ?

SOIXANTE-QUATRIÈME LEÇON

L'ÉTAT (*Suite*).

I. Lois générales qui marquent les transformations de l'autorité dans l'État. — Si nous résumons rapidement l'historique précédent, en essayant de dégager ses traits principaux, nous arrivons aux conclusions suivantes : l'autorité de l'État, qui représente le pouvoir collectif en face de chacun des individus, tend à devenir de moins en moins tyrannique, à laisser une initiative de plus en plus grande à l'individu, à garantir en un mot le plus qu'elle peut la liberté de chaque citoyen.

Si de toute façon il faut que l'État conserve une certaine autorité, car il s'agit d'empêcher que les plus forts abusent de la liberté aux dépens des plus faibles, à tout le moins cette autorité semble-t-elle se restreindre au minimum possible pour sauvegarder également les libertés de tous.

Certes, nous ne voulons pas dire qu'il existe actuellement un État qui ait réalisé cet idéal. Nous croyons, au contraire, que dans les États les moins autoritaires, comme les républiques européennes ou américaines, on est encore loin d'avoir réduit au minimum l'autorité de l'État et d'avoir sauvegardé également toutes les libertés. Mais, ce qui est certain, c'est qu'il y a une tendance universelle, quand on consulte l'histoire, à faire de l'État non le tyran, mais le serviteur des citoyens, et à donner au principe d'autorité, sous toutes ses formes, la place la plus petite possible, le rôle le plus minime. En tout cas, les formes républicaines actuelles qui reposent sur le principe du gouvernement du peuple par lui-même, marquent-elles un progrès énorme dans ce sens et s'améliorent-elles constamment dans la même direction.

C'est ce qu'ont constaté les philosophes qui se sont occupés du gouvernement des sociétés humaines, soit qu'ils aient développé l'idéal que toute conscience raisonnable porte en elle, comme les philosophes du XVIIIe siècle (J.-J. Rousseau, Diderot, Voltaire, Condorcet, Kant, etc.), soit qu'ils aient cherché dans la science des faits sociaux et dans l'histoire les lois de l'évolution de l'autorité dans l'État. Ils ont exprimé cette constatation en disant que l'État doit être un simple garant de l'ordre public. Il doit se borner à légiférer de façon à ce que tous les citoyens aient la plus grande somme de liberté et, bien entendu, à ce qu'aucun citoyen n'ait pas moins de liberté qu'un autre, car, dans ce cas, il serait opprimé.

Nous allons voir quelles sont les garanties que la constitution des États modernes, qui sont le plus rapprochés de l'idéal que nous venons de tracer, ont prises pour assurer sa réalisation la plus complète.

II. Principe et supériorité de la forme républicaine : issue de notre consentement et modifiée par notre volonté, elle ne peut avoir rien d'arbitraire. — La souveraineté nationale. — Nous avons dit que la forme républicaine était celle qui nous présentait l'autorité dans l'État sous son jour le plus favorable. Pourquoi cela ? Dans une république, au sens moderne du mot, tous les citoyens ont des droits égaux pour contrôler l'autorité de l'État. Et sauf quelques très légères exceptions, comme, en France, la possibilité de conclure des traités secrets avec les puissances étrangères, tous les actes de ceux qui représentent l'autorité sont soumis au contrôle des citoyens. Enfin, ceux qui représentent l'autorité sont tous réélus par le peuple ou nommés par les élus du peuple. On comprend que, dans ces conditions, l'autorité puisse arriver à être la moins lourde possible, puisqu'elle est toujours celle qui plaît à la majorité des citoyens, qu'elle est constamment sous leur contrôle et qu'elle est révocable à des intervalles très courts. C'est ce qui fait la supériorité de la forme républicaine sur toutes les autres formes de l'État : issue de notre consentement, elle ne continue à exister que par lui; elle peut toujours être modifiée par notre volonté; elle ne peut donc jamais être l'arbitraire, puisqu'elle dépend exclusivement de nous, qu'elle est ce que nous voulons qu'elle soit.

Le principe de la forme républicaine qui veut que le peuple tout entier soit gouverné par lui-même et rien que par lui-même, s'appelle le principe de *la souveraineté nationale* : souveraineté nationale, c'est-à-dire souveraineté des citoyens qui composent la nation, souveraineté du peuple, souveraineté de tous. Ce principe a été posé pour la première fois, dans toute sa clarté, par la constitution des États-Unis en 1775, il a été repris et considéré non plus comme un principe particulier à un pays, mais comme un principe qui s'impose, au moins dans l'idéal, à tout homme raisonnable, par la Déclaration des Droits de l'Homme et du Citoyen en 1789.

ART. 3. — « Le principe de toute souveraineté réside essentiellement dans la nation; nul corps, nul individu ne peut exercer d'autorité qui n'en émane expressément. »

III. La démocratie. — Le suffrage universel. — Le seul procédé qui semble convenable dans les conditions actuelles pour assurer le gouvernement du peuple, c'est le suffrage universel sans aucune restriction : tous les citoyens, qu'ils soient riches ou pauvres, qu'ils aient une situation plus ou moins considérable, ont les mêmes droits pour choisir ceux à qui ils délèguent l'autorité collective ou pour exercer cette autorité, s'ils ont été choisis eux-mêmes. Les républiques européennes et américaines ont jusqu'à présent seules admis le suffrage universel sans restriction. Mais, on peut dire qu'elles l'appliquent encore en général d'une façon parfois défectueuse : en France, par exemple, on peut remarquer que certaines circonscriptions électorales renferment un nombre de votants très inférieur au nombre des votants d'une autre circonscription électorale et n'ont pas droit à une représentation plus forte : il y a là évidemment une injustice dont sont en général victimes les habitants des grands centres ou des pays très peuplés, c'est-à-dire des pays industriels, au bénéfice des campagnes peu peuplées.

On pourrait ajouter encore qu'en France, à côté de la Chambre des Députés élus au suffrage universel, nous avons une assemblée possédant les mêmes droits et dont les membres sont élus seulement au suffrage restreint dans des conditions particulières, le Sénat. Or, on note souvent des divergences profondes, notamment en ce qui concerne la législation ouvrière, entre ces deux assemblées. Il est évident que ces divergences proviennent de la différence qui existe entre les modes de recrutement de ces deux assemblées.

Comme l'une d'elle est élue au suffrage universel, on peut dire que les résistances qu'oppose le Sénat aux lois votées par la Chambre des Députés sont en somme des résistances opposées au suffrage universel.

On a fait au suffrage universel quelques objections qu'il importe de dissiper, puisque actuellement il nous paraît le fondement le plus sûr d'un gouvernement reposant sur la souveraineté du peuple.

Le suffrage universel, dit-on, est excellent en théorie, mais il est d'une application pratique difficile. C'est très beau de donner à tous les citoyens les mêmes droits ; seulement sont-ils tous capables également d'exercer ces droits ? Avec le suffrage universel, le plus sot ou le moins renseigné a autant de pouvoir que le plus intelligent et le mieux renseigné.

Or, pour conduire l'État, il faut des connaissances très profondes, une grande intelligence. Si nous donnons aux sots autant de pouvoir qu'aux individus intelligents, l'État sera très mal dirigé. Nous ne confierions pas à un mauvais cordonnier le soin de nous faire des souliers et nous allons confier la direction de l'État, qui est chose incomparablement plus difficile, à n'importe qui.

On peut répondre d'abord à cet argument, qui est, comme on le voit, très grave, que dans les pays démocratiques où est institué le suffrage universel, l'État met gratuitement et obligatoirement les moyens d'instruction au service de tous les citoyens. Si bien qu'en France, par exemple, si la loi est respectée, il est impossible de trouver des gens absolument ignorants et illettrés; par conséquent tout le monde a la faculté de se renseigner sur les différentes questions politiques qui importent à la direction du pays. L'argument qui repose sur le peu de renseignements et d'instruction de certains tombe donc. Il faut ajouter d'ailleurs que plus l'on va, et plus l'instruction augmente dans les pays civilisés, en particulier dans les pays à tendance démocratique. La presse se répand de plus en plus, et au meilleur marché; elle renseigne tout le monde sur les questions que l'on agite, et, comme elle est libre[1], toutes les opinions possibles y sont soutenues ou critiquées, selon le journal que l'on considère. D'autre part, en dehors du service public d'instruction qui fonctionne sous le contrôle de l'État, il y a encore dans les pays démocratiques une foule d'œuvres d'instruction entièrement libres qui cèdent aux inspirations les plus diverses et complètent l'éducation civique des citoyens en dehors de l'école. — D'ailleurs, il est déloyal ou peu intelligent d'exagérer les difficultés des questions politiques. Ce qu'il y a de difficile dans les questions politiques, ce sont les applications, les détails pratiques, l'organisation administrative que suscite une loi. Mais cela n'est pas directement résolu et ne peut pas l'être par le suffrage universel. Ces questions sont du ressort de certaines commissions techniques qui fonctionnent bien entendu sous le contrôle du suffrage universel, mais sur qui le suffrage universel se décharge de tous les détails qui exigent des capacités spéciales. Quelles sont donc les questions qu'a à résoudre le suffrage universel ? Ce sont les questions de principe et non les détails techniques de la pra-

---

1. Bien entendu, à cause de cette liberté de la presse, il faut *savoir lire* les journaux, et ne pas croire tout ce qu'ils disent. Il faut *critiquer leurs assertions*, et *confronter toujours* des journaux d'opinions différentes. Il faut éviter de lire et d'acheter les journaux d'insultes ou de chantage, et s'adresser seulement aux journaux de chaque parti connus pour leur sérieux et leur pondération.

tique. Il est chargé de dire : « Nous voulons que la politique soit dirigée dans telle direction générale et il confie à des gens particulièrement compétents l'exécution et l'application de cette décision. A propos de chaque loi le suffrage universel n'a qu'à émettre un vote de principe, un ordre général qui enjoint en quelque sorte à ceux qui sont compétents de travailler à l'exécuter pratiquement. Le peuple donne des ordres à ceux à qui il a confié un mandat d'obéir. Or, pour émettre des votes de principe, pour assigner à la politique une direction générale, il n'est pas besoin d'une érudition étendue ou d'une instruction supérieure. Il suffit d'avoir du bons sens, d'être raisonnable et, comme le disait Descartes : le bon sens, c'est-à-dire le jugement est la chose du monde la mieux partagée. Ainsi on peut conclure que dans une démocratie où l'instruction élémentaire est gratuite et obligatoire, où tout le monde sait lire, chacun peut très suffisamment se renseigner pour résoudre les questions que le suffrage universel a à débattre.

Mais reste la seconde partie de l'argument : tout le monde n'est pas également intelligent, tout le monde n'est pas également raisonnable ; si on peut admettre que tout le monde puisse être renseigné, il est difficile d'admettre que tout le monde puisse tirer partie de ces renseignements. Il reste qu'une grande intelligence saura toujours mieux ce qui importe à la conduite de l'État qu'un individu médiocre.

Eh bien, nous répondons que cela encore n'est pas établi. L'État a pour mission non de faire le bonheur de quelques-uns, mais le bonheur de tous, tout au moins du plus grand nombre. Plus exactement il ne doit faire le bonheur de personne mais il doit laisser à chacun la possibilité la plus complète pour faire son bonheur comme il l'entend. Et c'est là qu'on a raison d'affirmer que chacun est juge de son bonheur : « Le plus sot comme le plus intelligent. » Rien ne prouve que la vie, telle que le plus intelligent la conçoit, serait heureuse pour les autres. Un grand artiste, par exemple, voudrait que l'on consacrât la plupart des revenus de l'État à organiser de vastes musées. Il est peu probable que cela fasse l'affaire du charbonnier. Celui-ci aimera mieux avoir un trottoir et une rue bien entretenus pour faire ses transports. De quel droit irions-nous dire au charbonnier, sous prétexte qu'il est moins génial que l'artiste, que seule la voix de l'artiste comptera dans l'État et que la sienne comptera pour zéro? Le suffrage universel doit ressembler d'aussi près que possible à la manifestation totale des volontés, et à la libre entente qui pourrait en résulter.

Questionnaire.

Quelle conception les philosophes se font-ils du rôle de l'État? Nommez quelques-uns des philosophes qui ont envisagé cette question. — Comment entend-on de nos jours la forme républicaine de l'État? — Insistez sur le principe de la souveraineté nationale. Qu'est-ce que le suffrage universel? — Le suffrage universel s'exerce-t-il actuellement d'une façon parfaite? En France spécialement ne voyez-vous pas des défauts dans la façon dont il est pratiqué? Exemples. — Pensez-vous qu'on puisse arriver à le pratiquer absolument et qu'il y ait avantage à le faire? Que pensez-vous des objections qu'il a provoquées? Comment pouvez-vous les réfuter?

SOIXANTE-CINQUIÈME LEÇON

L'ÉTAT *(Suite)*.

V. La Démocratie française. — L'Élite dans la démocratie.

1. La démocratie française. — Quelques réformes souhaitables. — Il est juste de dire d'ailleurs que les états qui ont jusqu'ici essayé d'appliquer la forme républicaine ne sont pas arrivés à la réaliser d'une façon complète et parfaite. Dans la plupart de ces états, il y a un siècle au plus que l'on a fait des efforts pour organiser la République. La République est encore un gouvernement de date récente et, comme chacun sait, les institutions sociales ont besoin d'un temps considérable pour s'organiser d'une façon stable et donner sinon satisfaction complète, puisque la perfection est irréalisable, du moins toute leur mesure.

Il y a donc encore des progrès, de grands progrès, à réaliser dans la forme républicaine, et les assemblées législatives ont pour but, quand elles ne s'occupent pas du contrôle de l'autorité, d'aviser aux réformes à faire afin de faire progresser la république.

Il est certain qu'en ce moment, en France, pour ne pas examiner toutes les Républiques, la façon dont est institué le suffrage universel n'est pas absolument satisfaisante: 1° Tous les électeurs ne sont pas également représentés, car avec le scrutin d'arrondissement certaines circonscriptions qui comptent un nombre restreint d'habitants sont représentés par un seul député tout comme celle qui compte jusqu'à 100 000 habitants. Si l'on additionne toutes les voix représentées par les députés de ces petites circonscriptions il est certain qu'elles atteignent un total infiniment moins élevé, à égalité de représentants, que les voix des circonscriptions très peuplées. 2° Souvent le représentant élu ne l'emporte que de quelques voix sur celui qui représente des opinions contraires: on se trouve alors en présence d'une minorité, qui est presque aussi forte que la majorité, et qui n'est pas représentée du tout. 3° La loi scolaire est loin d'être complètement respectée, surtout dans les campagnes, puisque l'on trouve encore des conscrits illettrés. L'instruction d'une bonne partie de ceux qui vont à l'école est trop restreinte, parce qu'ils y vont d'une façon irrégulière, que l'enseignement est quelquefois insuffisamment donné, dans des établissements qui ne sont pas contrôlés d'assez près, ou enfin parce que l'État donne aux instituteurs des classes trop nombreuses, par insuffisance d'argent. D'autre part l'instruction primaire, telle qu'elle est comprise par la loi relative à l'obligation scolaire, n'est pour beaucoup pas assez complète. L'enfant est dispensé d'aller à l'école dès qu'il a atteint 13 ans : à 13 ans, non seulement il n'a pas encore eu le temps d'apprendre tout ce qui lui serait nécessaire, mais il est des choses (et ce sont précisément celles qui lui seront le plus utiles, pour pouvoir exercer ses droits de citoyen) qu'il ne peut pas comprendre à cet âge. 4° Les élus restent en général trop loin de leurs électeurs et ont une liberté trop complète, puisqu'ils peuvent trahir leur programme, sans que la loi ait à intervenir. Il est évident alors qu'ils ne représentent plus du tout la volonté de ceux qui les ont élus.

Pour toutes ces raisons, on peut dire qu'en France le suffrage universel n'est pas organisé d'une façon irréprochable. De nombreux projets sont à l'étude pour le réformer. Il est à souhaiter, en dehors des lois qui devraient assurer la sincérité du suffrage universel en assurant le secret du vote (lois qui sont à l'étude en ce moment) :

1° Que l'on organise d'une façon équitable la représentation des minorités par un système dit système des représentations proportionnelles ;

2° Que les circonscriptions soient constituées de façon que le nombre des représentants réponde aussi exactement que possible au nombre de votants ;

3° Que des sacrifices considérables soient faits pour l'instruction générale ; que des cours d'adultes soient institués pour continuer l'enseignement des hommes, et que des cours obligatoires continuent également cet enseignement pour les jeunes gens de plus de 13 ans ;

4° Enfin que les élus soient tenus ou de respecter leur mandat ou de démissionner dès qu'ils seraient en désaccord avec la majorité de leurs électeurs ; ce qu'on pourrait constater grâce à un système déjà institué aux États-Unis et en Suisse et qu'on appelle le referendum ; chaque loi adoptée par les représentants ne devient exécutoire que si elle est approuvée par la majorité des électeurs consultés par oui ou par non.

Il faut surtout éviter, et on peut constater que malheureusement cela n'est pas toujours évitable, que certains individus ne puissent pas exprimer librement leurs opinions par leur vote et que par des moyens déloyaux on puisse connaître le sens du vote de certains électeurs et leur faire supporter la conséquence de ce vote. C'est une infamie dans un pays républicain qu'un homme puisse être atteint dans sa situation, dans sa considération, être chassé de sa place parce qu'il a voté de telle ou telle façon ou qu'il a telles opinions politiques. Des lois extrêmement sévères devraient être élaborées dans ce sens. Elles ne sont qu'à l'étude.

Ces questions touchent de très près à la corruption électorale. Donner de l'argent pour faire voter dans un sens, ou inquiéter moralement ou matériellement ceux qui usent de leur liberté civique, c'est contredire absolument la formule républicaine.

II. De l'élite dans la démocratie. — D'ailleurs, pratiquement, on peut éviter une certaine partie des inconvénients que nous venons de citer, et la plupart des objections que l'on peut faire au suffrage universel tombent, si on se rend un compte exact du rôle et de l'influence de l'élite, dans la démocratie. Certes il faut répéter bien haut que dans une démocratie tous sont égaux, tous ont exactement les mêmes droits, rien ne crée un privilège, et ce que nous appelons l'élite dans une démocratie est tout à fait différent de ce qu'on pourrait appeler l'élite dans les autres formes de l'État. Dans les autres formes de l'État en effet on appelle élite une minorité aristocratique qui par sa naissance, ses capacités, sa fortune ou, ce qui est le plus fréquent, par la force ou par la violence jouit de privilèges spéciaux : ce sont des gens qui ont plus de droit que les autres. Dans une démocratie il n'en peut être évidemment ainsi ; et nous dirons volontiers que l'élite ne s'y distingue pas par des privilèges, des droits qu'elle aurait et que n'auraient pas les autres, mais bien par les devoirs qu'elle a en plus des devoirs de tous les autres citoyens. Dans une démocratie l'élite est formée par tous ceux qui, grâce à une fonction, à une activité ou à une intelligence spéciales, grâce à une situation quelconque due au hasard, peuvent rendre plus de services que les autres à la communauté, ou sont aptes à rendre de meilleurs services.

Cette élite, au sens où nous l'entendons, a le devoir de mettre au service de la collectivité les avantages qu'elle retire de ses qualités sans chercher à en prendre le moindre profit. Un homme instruit, par exemple, a le devoir de chercher à instruire et à éclairer ceux qui, par les circonstances, se trouvent moins favorisés que lui à cet égard. Un homme plus intelligent ou qui sent mieux les besoins de ses semblables et voit mieux comment on y peut satisfaire a aussi le devoir strict de consacrer tout le temps et les forces qu'il peut, à organiser les autres, afin qu'ils puissent sentir comme lui ce qui leur manque et y pourvoir. C'est par exemple ce qu'ont fait dans les classes ouvrières ceux qui les premiers ont cherché à réaliser l'association et l'union de tous leurs frères, afin que la situation de tous fût améliorée (syndicats). C'est ce qu'ont fait encore ceux qui comme les pionniers de Rochdale ou les premiers mutualistes ont cherché à fournir, par la coopération, les marchandises nécessaires à l'existence, à meilleur marché. C'est ce que font encore tous ceux qui consacrent le temps qui n'est pas employé professionnellement à éduquer leurs semblables dans des associations d'instruction populaire.

Voilà quel est le rôle de l'élite dans la démocratie : à toutes les charges communes elle en ajoute volontairement d'autres pour faire progresser cette démocratie, sans aucun but égoïste.

Questionnaire.

I. — Quels sont les points principaux sur lesquels on peut reprocher à la démocratie française d'être encore imparfaite ? — Que faudrait-il souhaiter sur ces questions ? — Que pensez-vous de la pression exercée sur les électeurs par ceux dont ils dépendent matériellement ?

II. — Comment concevez-vous l'élite dans la démocratie ? — Quelles sont ses charges envers la communauté ? de quelle façon peuvent-ils lui venir en aide (syndicats, coopérations) ?

SOIXANTE-SIXIÈME LEÇON

L'ÉTAT (*Suite*).

VI. Devoirs et Droits du citoyen.

I. Devoirs du citoyen. — Nous avons vu qu'un groupe d'hommes, c'est-à-dire une société, ne pouvait subsister que si certaines règles étaient obéies par tous les membres de cette société. Ces règles, que l'on appelle coutumes dans les sociétés non civilisées, s'appellent des lois et sont codifiées dans les sociétés civilisées. Elles ont de plus, dans les sociétés où l'État revêt 'a forme républicaine, ce caractère d'être consenties par tous les citoyens : elles sont l'expression de la volonté nationale.

Les devoirs du citoyen sont contenus tout entiers dans ces lois. Sera un bon citoyen celui qui observe rigoureusement toutes les lois de l'État et cherche seulement à les améliorer sans jamais les enfreindre[1]. Il n'y a donc pas lieu d'insister sur les devoirs du citoyen parce qu'ils sont rappelés constamment à ceux-ci par les différents codes et par les différentes autorités. Rappelons en gros que le citoyen doit le respect de la constitution et des pouvoirs qu'elle établit, sans toutefois que ce respect lui interdise de poursuivre la revision de cette constitution par les moyens légaux

---

1. A condition que ces lois aient été consenties par lui. Le devoir d'obéissance aux lois cesse, dès que la loi n'est plus l'expression de la volonté générale. *Dans un pays d'absolutisme*, par exemple, le bon citoyen *doit* au contraire *se révolter* contre toute loi qui *blesse sa conscience*, car il n'y a pas d'autres moyens d'améliorer la loi.

et le contrôle de ces pouvoirs. Il doit encore l'impôt, la défense du groupement dont il fait partie contre ceux qui menaceraient ce groupement. Il doit encore prendre une part aussi active que possible à la bonne gestion de l'État sous un gouvernement républicain [1].

II. Droits du citoyen. — Il est beaucoup plus important d'apprendre au citoyen quels sont ses droits, parce que souvent il les ignore et, comme le dit la déclaration des droits de l'homme dans son préambule, la plupart des maux qui pèsent sur la société viennent de l'ignorance où les citoyens sont de leurs droits.

Il y a en effet tout un luxe d'autorité pour rappeler à tout moment aux citoyens quels sont leurs devoirs, mais il y a en général très peu de moyens par lesquels les citoyens peuvent être instruits de leurs droits : or rien n'est plus facile à l'autorité que d'abuser de ses pouvoirs, si les citoyens ignorent les limites dans lesquelles elle doit rester enfermée. Il résulte de là une oppression possible, des abus de l'autorité et, comme le dit la Déclaration des droits de l'homme de 1793 : « Il y a oppression du corps social tout entier quand un seul citoyen est opprimé... » Et celle de 1789 : « L'ignorance, l'oubli ou le mépris des droits de l'homme sont les seules causes des malheurs publics et de la corruption des gouvernements. »

Les principaux droits du citoyen tels qu'ils résultent de la Déclaration des droits sont :

1° Des libertés : liberté individuelle, liberté politique, liberté de conscience, liberté d'expression de ses opinions, liberté du travail, liberté d'association et de réunion, liberté des cultes.

La définition des limites dans lesquelles sont légitimées toutes ces libertés peut être donnée de la façon suivante : la liberté s'ar-

---

1. Le bon citoyen doit faire de la politique, non pas de la politique haineuse ou égoïste d'ambitions et d'intérêts inavouables, de la politique de personnalités, mais exclusivement de la politique d'idées et de principes. Celle-ci doit solliciter l'attention et les efforts de tous les hommes soucieux d'une meilleure organisation sociale. Il n'est permis à personne de se désintéresser de ce qui concerne les autres hommes, le bien-être général et la vie sociale.

rête dès que l'acte du citoyen devient nuisible pour d'autres. Jusque-là elle doit être laissée sans restriction aucune. Elle n'est nuisible que lorsqu'elle cause un dommage ou qu'elle empêche une autre liberté de s'exercer de la même façon qu'elle.

2° Dans la revendication de l'égalité la plus complète pour tous les citoyens. Ceci est un corollaire du droit à la liberté, car si quelqu'un a un droit supérieur à un autre, il est évident que cet autre n'est plus libre. Toute inégalité entraîne donc la suppression d'une part de liberté.

« **Droits civiques et politiques** [1]. — Les droits civiques et politiques qui résument les tendances de notre constitution actuelle, ont été énumérés par la *Déclaration de 1793*. Elle nous paraît plus précise, plus logique et plus complète que celle de 1789, plus près aussi de l'idéal républicain et démocratique.

« Tous ses articles sont la conséquence nécessaire des principes ici posés : voici les principaux droits qu'elle consacre :

« 1° Tous les citoyens ont droit à l'égale protection de la loi. Ils font ainsi respecter leur volonté, puisque la loi n'est que l'expression de la volonté générale. Il faut donc que celle-ci soit obéie dès qu'elle est promulguée, et il faut la faire obéir. C'est par la propagande sincère et raisonnée et non par l'insoumission qu'on doit chercher à amender et à perfectionner les lois ;

« 2° Il résulte de là que tous les citoyens ont droit à faire respecter les autorités constituées par la volonté nationale pour faire exécuter les lois, tant que ces autorités restent fidèles à leur mission légale.

« Toute usurpation, tout attentat à la Constitution, en dehors d'une revision légale par les mandataires du peuple, doit être punie de la peine la plus forte qui soit prévue par le Code, et soulever, si les autorités constituées ont été mises dans l'impuissance d'agir, ou ont failli elles-mêmes à leur mandat, la *révolte immédiate* de tous les bons citoyens. Le coup d'État est le crime le plus effroyable qui puisse être dirigé contre la société, car il

1. Extrait des Leçons élémentaires de psychologie et de philosophie de A. Rey (Cornély, éditeur), p. 431.

est une confiscation de tous nos droits au profit de quelques hommes; il suspend toutes les garanties morales et sociales;

« 3° Pour faire respecter lois et autorités, la volonté nationale a besoin d'une *force publique* à son service, et *uniquement* à son service : l'*armée*. Pour que l'armée remplisse intégralement sa mission, il faut qu'elle soit *nationale*, recrutée parmi *tous* les citoyens, et non *prétorienne*, c'est-à-dire formée de *professionnels*, dans la main de quelques individualités. Ses chefs doivent être de tous les plus respectueux des lois, puisqu'ils sont chargés de concourir à leur maintien. Le contrôle du suffrage universel a donc besoin d'être exercé sur eux d'une façon très directe et très forte. *L'armée doit toujours être subordonnée au pouvoir civil.*

« Tous les citoyens ont droit à la protection de l'armée, et tous ont droit à ce que les charges qu'elle entraîne pèsent également. Les familles pauvres, que le service militaire d'un ou de plusieurs de leurs membres grèvent trop lourdement, recevront un subside de l'État. D'ailleurs cette charge n'est lourde en ce moment que par l'état encore troublé et menaçant des relations internationales. Elles pourraient être allégées de beaucoup, comme en Suisse, où la caserne et tous ses inconvénients sont supprimés, et où l'armée prend la forme idéale d'une milice nationale.

« 4° Pour subvenir aux multiples charges de l'État : protection, défense du territoire, entretien des services publics qui deviennent et doivent devenir de plus en plus nombreux, éducation nationale, etc., les citoyens paient un impôt. Tous les citoyens ont droit à ce qu'il soit exactement proportionné à leurs moyens. Si l'on remarque qu'il est infiniment plus facile de vivre avec ce qui reste d'une fortune de 100 000 francs, sur laquelle on prélève une fraction donnée, le 5 pour 100, par exemple, qu'avec ce qui reste de 1000 francs après un prélèvement dans les mêmes proportions, on voit très vite que l'impôt ne doit pas être proportionnel, mais *progressif* ; on doit prélever selon une *proportion* d'autant plus forte sur le revenu de chacun, puisque c'est ce revenu qui constitue ses moyens d'existence, que ce revenu est lui-même plus fort. En France, *comme à peu près*

partout, l'impôt est d'une *injustice flagrante*. Non seulement il
n'est pas, en général, progressif, mais il est même loin d'être
proportionnel ; les principales ressources de l'État sont fournies
par des *impôts indirects*, portant sur des droits de douane (ou
d'octroi pour les communes) qui frappent les objets de consommation. Or, comme un pauvre a besoin de consommer pour vivre
autant qu'un riche, surtout s'il travaille davantage, on voit que
le pauvre paye sur son revenu, d'après une proportion *effroya-
blement plus forte* que le riche. Ce privilège, lié à tous les autres
privilèges économiques, doit être attaqué particulièrement aujour-
d'hui par la conscience publique, et tous doivent travailler à
l'anéantir. C'est, avec un prélèvement progressif sur les succes-
sions (un grand pas a été fait de ce côté en France), la préparation nécessaire aux réformes économiques et à une solidarité plus
puissante entre tous les citoyens ;

« 5° Tous les citoyens ont droit, selon leurs capacités, à
prendre part aux affaires publiques ; il en résulte une charge
aussi impérieuse que le service militaire ; c'est pourquoi toutes
les fonctions électives doivent être rétribuées justement, et le
vote regardé comme une obligation stricte ;

« 6° Les citoyens ont évidemment droit à ce que l'État qui représente vis-à-vis d'eux la force sociale fasse tout son possible
pour assurer la *justice privée*, la *justice économique* (assistance,
retraite, assurance, protection des travailleurs), la *justice politique*
(libre accession de tous à toutes les fonctions, selon ses capacités,
et uniquement d'après elles), enfin, tout ce qui peut être exigé
par la solidarité et la perfectibilité individuelle ;

« 7° La *liberté de penser* avec ses corollaires, liberté de réunion,
liberté de la presse, liberté d'écrire, mérite une attention spéciale. On l'appelle encore la *tolérance*, et cette liberté comme
cette tolérance sont, bien entendu, des droits stricts du citoyen.
Il faut, pour le *progrès social*, que *toutes* les opinions puissent
être librement exposées et discutées, pourvu qu'elles ne soient
pas sciemment mensongères et calomniatrices. La sincérité dé-
sintéressée mérite tous les respects et le respect de tous. Personne
ne peut se flatter de posséder seul la vérité et la raison, là où il

n'y a pas démonstration évidente, c'est-à-dire en dehors de l'acquis scientifique définitif.

« C'est que pour tendre vers son idéal de justice et de solidarité, et assurer de plus en plus la liberté, l'égalité, la vérité, la protection efficace, la fraternité et le progrès économique, intellectuel et moral de ses membres, la société a le plus grand intérêt à ce que chacun s'enquière et soit tenu au courant des opinions d'autrui, sans en excepter une seule. La vérité jaillit fréquemment de la rencontre des opinions les plus différentes, car celles-ci ne sont souvent qu'une vue partielle de la vérité. Le progrès social dépend donc, dans une large mesure, de la tolérance.

« Bien entendu on a droit à la liberté de penser, dans la mesure où on respecte celle de son prochain, et la solidarité dans l'État résulte, et résulte seulement d'un égal respect pour les droits égaux de tous les citoyens. Et l'on voit de suite, ce qui, au premier abord, pouvait sembler contradictoire, que la liberté complète des opinions ne peut qu'augmenter la cohésion et la fraternité dans le groupe social, tout en préparant par la voie la plus sûre l'acquisition de la vérité. On pourrait montrer, historiquement, que toujours la restriction de cette liberté et l'intolérance furent à la fois parmi les plus grandes fautes et parmi les plus grands crimes. Elles entraînèrent, avec des misères sans nombre, un recul social marqué, et une diminution du sentiment de solidarité nationale (persécutions, guerres de religion, l'État mis au service des intérêts et des passions d'un parti).

« Ce droit, par cela même qu'il est primordial, et pour la perfection de l'individu (qui est en mesure directe de sa largeur d'esprit, de sa culture générale et de la dignité personnelle qu'il puise toute dans la liberté de la conscience) et pour le progrès social, entraîne, de la part de l'État, des précautions et une protection toutes spéciales : on en déduit immédiatement : *a)* sa mission d'instruction et d'éducation ; *b)* la condamnation sévère de toute tentative de corruption consciente de l'opinion, par quelques moyens que ce soit ; *c)* et de tout acte d'intolérance.

« *a*) L'État doit mettre à la portée de tous également — selon leurs aptitudes, bien entendu, mais *sans aucune autre distinction* — les moyens d'instruction et d'éducation. Cet enseignement ne peut être organisé que sur les bases du *libre examen intégral*. Il doit être confié, par conséquent, à des personnes dont les capacités ont été l'objet d'une appréciation approfondie. Elles resteront sous le contrôle direct et constant de la société ou grâce à un service public, organisé tout entier par la Société (Allemagne), ou par l'initiative privée d'après des délégations et des autorisations, maintenant toutes les garanties précitées (méthode de libre examen et capacité). Toutes les questions doivent être examinées au fur et à mesure de la maturité de l'esprit, et toutes les opinions exposées et discutées avec bonne foi. La moindre restriction apportée à la libre critique est un acte d'intolérance, une atteinte directe à la liberté de penser, et doit être punie : elle entraîne la déchéance de l'éducateur. La sollicitude et le contrôle rigoureux de l'État doivent surtout porter sur l'éducation de la jeunesse; l'intelligence faible et malléable de l'enfant pourrait facilement être poussée et rendue intolérante ou sectaire, si on *lui enseignait de parti pris et en dehors de la libre discussion une opinion particulière*. L'enfant est en tutelle permanente, et la société le protégera constamment. Elle veillera à ce que ne soit violé en l'enfant aucun des droits de l'homme futur, en particulier la liberté *absolue* de penser; l'État a le devoir impérieux de surveiller tout *parti*, toute *secte*, toute *autorité*, qu'elle soit *religieuse*, *économique* ou *familiale*, qui abuserait de la faiblesse soit de l'enfant, soit de ceux à qui la loi délègue sa tutelle.

« Il doit en être de la liberté de l'enseignement[1] comme de la liberté de la médecine ou de la pharmacie, comme de la liberté de prétendre aux emplois publics, comme de la liberté du travail et du commerce. Ce sont autant de droits qui ont pour limite les droits d'autrui, notamment les droits de ceux dont l'État est

---

1. F. Buisson. Voir ci-dessus, p. 267, *les Droits de la société en face de la famille.*

le tuteur. C'est ce qui autorise l'État à mettre à l'exercice de chacune de ces libertés un certain nombre de conditions préalables, telles que les garanties de savoir, de compétence, d'expérience, de moralité, de sécurité, etc.

« Le professeur est l'homme de la raison, par conséquent du libre examen. S'engager à être professeur, c'est s'engager à penser et à faire penser librement. C'est promettre d'éveiller et d'exercer le sens critique, l'habitude de la discussion, l'esprit de recherche sans limite et sans réserve ; c'est déclarer que, quelle que soit la vérité, on l'acceptera le jour où la science la fera éclater, dût-elle renverser toutes les théories reçues. »

« *b)* Vis-à-vis du citoyen majeur l'État doit veiller à ce que son opinion puisse toujours libre ment s'exprimer, soit dans les réunions, soit par la presse, soit par le vote, qui a une importance toute spéciale, puisque le Gouvernement et la nature de l'État en dépendent. Là aussi il faut prévenir l'abus de l'autorité, et protéger les faibles contre ceux qui essaient de presser sur leurs opinions par des moyens blâmables (en leur retirant ou leur amoindrissant leurs moyens d'existence, en les menaçant de peines plus ou moins imaginaires et de vengeances prochaines, ou en leur promettant des récompenses plus ou moins réelles). Mais surtout il faut sévir contre la corruption par le *mensonge*, les *accusations calomnieuses*, l'*altération manifeste des faits*.

« *c)* Et enfin, c'est là le plus important, on doit exiger *la condamnation très sévère* de tous les *actes d'intolérance* ; en particulier *des actes publics* (car, en son for intérieur, chacun est libre d'admettre pour soi toutes les restrictions à la liberté qu'il lui plaît), qui tendraient à *imposer* un credo particulier, en faisant appel à d'autres moyens qu'à la libre discussion ou voudraient exclure une partie de la nation de l'usage légitime des droits. »

Tels sont les principes qui ont inspiré la déclaration des droits de l'homme que nous reproduisons sous sa 1ʳᵉ forme — un peu confuse encore et mal dégagée des idées monarchiques encore régnantes — celle de 1789, et sous sa 2ᵉ forme claire et nettement républicaine démocratique, celle de 1793, dans la leçon 67.

Questionnaire.

Quels sont les devoirs du citoyen ? — Doit-il obéir servilement, sans avoir le droit de critique, à la constitution de son pays ? — Comment peut-il créer son droit critique ? — Montrez qu'il est non seulement juste mais indispensable que tout citoyen connaisse ses droits. — Énumérez les plus importants parmi ces droits. — Insistez spécialement : 1° sur la liberté de conscience et le devoir de tolérance qu'elle entraîne. Montrez ses conséquences économiques ; 2° sur le droit de tous à l'instruction.

SOIXANTE-SEPTIÈME LEÇON

L'ÉTAT (*Suite*).

VII. Les déclarations des droits de l'homme votées sous la Monarchie en 1789 et sous la République en 1793.

I. Texte de la déclaration de 1789.

Base de la monarchie constitutionnelle établie par la Constituante le 27 août 1789 et approuvée par le roi le 5 octobre 1789.

Préambule. — Les représentants du Peuple français, constitués en Assemblée Nationale, considérant que l'ignorance, l'oubli ou le mépris des droits de l'homme sont les seules causes des malheurs publics et de la corruption des gouvernements, ont résolu d'exposer, dans une Déclaration solennelle, les droits naturels, inaliénables et sacrés de l'homme, afin que cette Déclaration, constamment présente à tous les membres du corps social, leur rappelle sans cesse leurs droits et leurs devoirs ; afin que les actes du pouvoir législatif et ceux du pouvoir exécutif pouvant être, à chaque instant, comparés avec le but de toute institution politique, en soient plus respectés ; afin que les réclamations des citoyens, fondées désormais sur des principes simples et incontestables, tournent toujours au maintien de la Constitution et au bonheur de tous.

En conséquence, l'Assemblée Nationale reconnaît et déclare, en présence et sous les auspices de l'Être suprême, les droits suivants de l'homme et du citoyen :

ARTICLE PREMIER. — Les hommes naissent et demeurent libres et égaux en droits ; les distinctions sociales ne peuvent être fondées que sur l'utilité commune.

ART. 2. — Le but de toute association politique est la conservation des droits naturels et imprescriptibles de l'homme ; ces droits sont la liberté, la propriété, la sûreté et la résistance à l'oppression.

ART. 3. — Le principe de toute souveraineté réside essentiellement dans la Nation ; nul corps, nul individu ne peut exercer d'autorité qui n'en émane expressément.

ART. 4. — La liberté consiste à pouvoir faire tout ce qui ne nuit pas à autrui ; ainsi l'exercice des droits naturels de chaque homme n'a de bornes que celles qui assurent aux autres membres de la société la jouissance de ces mêmes droits ; ces bornes ne peuvent être déterminées que par la loi.

ART. 5. — La loi n'a le droit de défendre que les actions nuisibles à la société. Tout ce qui n'est pas défendu par la loi ne peut être empêché, et nul ne peut être contraint à faire ce qu'elle n'ordonne pas.

ART. 6. — La loi est l'expression de la volonté générale ; tous les citoyens ont droit de concourir personnellement, ou par leurs représentants, à sa formation ; elle doit être la même pour tous, soit qu'elle protège, soit qu'elle punisse. Tous les citoyens, étant égaux à ses yeux, sont également admissibles à toutes dignités, places et emplois publics, selon leur capacité, et sans autre distinction que celle de leurs vertus et de leurs talents.

ART. 7. — Nul homme ne peut être accusé, arrêté, ni détenu que dans les cas déterminés par la loi, et selon les formes qu'elle a prescrites. Ceux qui sollicitent, expédient, exécutent ou font exécuter des ordres arbitraires doivent être punis ; mais tout citoyen, appelé ou saisi en vertu de la loi, doit obéir à l'instant ; il se rend coupable par la résistance.

ART. 8. — La loi ne doit établir que des peines strictement et évidemment nécessaires, et nul ne peut être puni qu'en vertu d'une loi établie et promulguée antérieurement au délit et légalement appliquée.

Art. 9. — Tout homme étant présumé innocent jusqu'à ce qu'il ait été déclaré coupable, s'il est jugé indispensable de l'arrêter, toute rigueur qui ne serait pas nécessaire pour s'assurer de sa personne, doit être sévèrement réprimée par la loi.

Art. 10. — Nul ne doit être inquiété pour ses opinions, même religieuses, pourvu que leur manifestation ne trouble pas l'ordre public établi par la loi.

Art. 11. — La libre communication des pensées et des opinions est un des droits les plus précieux de l'homme. Tout citoyen peut donc parler, écrire, imprimer librement, sauf à répondre de l'abus de cette liberté dans les cas déterminés par la loi.

Art. 12. — La garantie des droits de l'homme et du citoyen nécessite une force publique ; cette force est donc instituée pour l'avantage de tous, et non pour l'utilité particulière de ceux auxquels elle est confiée.

Art. 13. — Pour l'entretien de la force publique et pour les dépenses de l'administration, une contribution commune est indispensable ; elle doit être également répartie entre tous les citoyens, en raison de leurs facultés.

Art. 14. — Tous les citoyens ont le droit de constater, par eux-mêmes ou par leurs représentants, la nécessité de la contribution publique, de la consentir librement, d'en suivre l'emploi et d'en déterminer la quotité, l'assiette, le recouvrement et la durée.

Art. 15. — La société a le droit de demander compte à tout agent public de son administration.

Art. 16. — Toute société, dans laquelle la garantie des droits n'est pas assurée, ni la séparation des pouvoirs déterminée, n'a point de constitution.

Art. 17. — La propriété étant un droit inviolable et sacré, nul ne peut en être privé, si ce n'est lorsque la nécessité publique, légalement constatée, l'exige évidemment et sous la condition d'une juste et préalable indemnité.

II. La déclaration des droits de 1793.

La déclaration de 89 est nettement *libérale* ; mais elle n'est pas *démocratique* : c'est-à-dire qu'elle donne au citoyen la liberté du *laissez-faire, elle le laisse libre, l'abandonne à sa liberté*; mais elle ne prend aucune mesure pour favoriser son développement et son progrès, pour le pousser à *bien user de cette liberté dans l'intérêt de tous*. Or le *libéralisme* n'est qu'un *mot creux*, une *duperie éhontée*, s'il se borne à édicter théoriquement la liberté, sans donner les moyens pratiques de la réaliser en rendant les citoyens capables *matériellement, intellectuellement et moralement* de l'exercer. Il consacre le privilège des plus forts. Ce sont les *réformes démocratiques* (assistance, instruction, organisation de services publics, etc.) qui permettent à *tous*, même aux plus faibles, même aux plus déshérités, d'atteindre la capacité de la liberté. Ces réformes, la déclaration de 93 en ajoute le principe à celle de 89, et par là lui est incomparablement supérieure. Elle donne à l'égalité un sens *réel, vivant, effectif*; ce qui est le propre du *démocratisme*, et non plus seulement un sens idéal, théorique, stérile, comme le libéralisme. Cette constitution devait être mise en pratique à la paix. Malheureusement la République succomba avant que la paix fut établie. Mais la République actuelle travaille en ce moment même et depuis cinq ans à l'application de cette constitution, votée par la Convention nationale le 23 juin 1793, et placée en tête de la constitution du 24 juin 1793.

Le Peuple français, convaincu que l'oubli et le mépris des droits naturels de l'homme sont les seules causes des malheurs du monde, a résolu d'exposer, dans une déclaration solennelle, ces droits sacrés et inaliénables, afin que tous les citoyens, pouvant comparer sans cesse les actes du gouvernement avec le but de toute institution sociale, ne se laissent jamais opprimer et avilir par la tyrannie, afin que le peuple ait toujours devant les yeux les bases de sa liberté et de son bonheur, le magistrat, la règle de ses devoirs, le législateur, l'objet de sa mission.

En conséquence, il proclame, en présence de l'Être suprème, la Déclaration suivante des droits de l'homme et du citoyen.

ARTICLE PREMIER. — Le but de la société est le bonheur commun.

Le gouvernement est institué pour garantir à l'homme la jouissance de ses droits naturels et imprescriptibles.

ART. 2. — Ces droits sont l'égalité, la liberté, la sûreté, la propriété.

ART. 3. — Tous les hommes sont égaux par la nature et la loi.

ART. 4. — La loi est l'expression libre et solennelle de la volonté générale; elle est la même pour tous, soit qu'elle protège, soit qu'elle punisse; elle ne peut ordonner que ce qui est juste et utile à la société; elle ne peut défendre que ce qui lui est nuisible.

ART. 5. — Tous les citoyens sont également admissibles aux emplois publics. Les peuples libres ne connaissent d'autres motifs de préférence, dans leurs élections, que les vertus et les talents.

ART. 6. — La liberté est le pouvoir qui appartient à l'homme de faire tout ce qui ne nuit pas aux droits d'autrui : elle a pour principe la nature; pour règle la justice; pour sauvegarde la loi; sa limite morale est dans cette maxime : *Ne fais pas à un autre ce que tu ne veux pas qu'il te soit fait.*

ART. 7. — Le droit de manifester sa pensée et ses opinions, soit par la voie de la presse, soit de toute autre manière, le droit de s'assembler paisiblement, le libre exercice des cultes, ne peuvent être interdits.

La nécessité d'énoncer ces droits suppose ou la présence ou le souvenir récent du despotisme.

ART. 8. — La sûreté consiste dans la protection accordée par la société à chacun de ses membres pour la conservation de sa personne, de ses droits et de ses propriétés.

ART. 9. — *La loi doit protéger la liberté publique et individuelle contre l'oppression de ceux qui gouvernent.*

ART. 10. — Nul ne doit être accusé, arrêté ni détenu, que

dans les cas déterminés par la loi et selon les formes qu'elle a prescrites. Tout citoyen, appelé ou saisi par l'autorité de la loi, doit obéir à l'instant; il se rend coupable par la résistance.

ART. 11. — Tout acte exercé contre un homme, hors des cas et sans les formes que la loi détermine, est arbitraire et tyrannique; *celui contre lequel on voudrait l'exécuter par la violence, a le droit de le repousser par la force.*

ART. 12. — Ceux qui solliciteraient, expédieraient, signeraient, exécuteraient ou feraient exécuter des actes arbitraires, sont coupables et doivent être punis.

ART. 13. — Tout homme étant présumé innocent jusqu'à ce qu'il ait été déclaré coupable, s'il est jugé indispensable de l'arrêter, toute rigueur qui ne serait pas nécessaire pour s'assurer de sa personne doit être sévèrement réprimée par la loi.

ART. 14. — Nul ne doit être jugé et puni qu'après avoir été entendu ou légalement appelé, et qu'en vertu d'une loi promulguée antérieurement au délit. La loi qui punirait les délits commis avant qu'elle existât, serait une tyrannie; l'effet rétroactif donné à la loi serait un crime.

ART. 15. — La loi ne doit décerner que des peines strictement et évidemment nécessaires : *les peines doivent être proportionnées au délit et utiles à la société.*

ART. 16. — Le droit de propriété est celui qui appartient à tout citoyen de jouir et de disposer à son gré de ses biens, de ses revenus, *du fruit de son travail et de son industrie.*

ART. 17. — Nul genre de travail, de culture, de commerce, ne peut être interdit à l'industrie des citoyens.

ART. 18. — *Tout homme peut engager ses services, son temps; mais il ne peut se vendre, ni être vendu; sa personne n'est pas une propriété aliénable. La loi ne reconnaît point de domesticité; il ne peut exister qu'un engagement de soins et de reconnaissance entre l'homme qui travaille et celui qui l'emploie.*

ART. 19. — Nul ne peut être privé de la moindre portion de sa propriété, sans son consentement, si ce n'est lorsque la nécessité publique, légalement constatée, l'exige, et sous la condition d'une juste et préalable indemnité.

REY et DUBUS.

Art. 20. — Nulle contribution ne peut être établie que pour l'utilité générale. Tous les citoyens ont le droit de concourir à l'établissement des contributions, d'en surveiller l'emploi et de s'en faire rendre compte.

Art. 21. — *Les secours publics sont une dette sacrée. La société doit la subsistance aux citoyens malheureux, soit en leur procurant du travail, soit en assurant les moyens d'exister à ceux qui sont hors d'état de travailler.*

Art. 22. — *L'instruction est le besoin de tous. La société doit favoriser de tout son pouvoir les progrès de la raison publique, et mettre l'instruction à la portée de tous les citoyens.*

Art. 23. — La garantie sociale consiste dans l'action de tous pour assurer à chacun la jouissance et la conservation de ses droits ; cette garantie repose sur la souveraineté nationale

Art. 24. — Elle ne peut exister, si les limites des fonctions publiques ne sont pas clairement déterminées par la loi, et si la responsabilité de tous les fonctionnaires n'est pas assurée.

Art. 25. — La souveraineté réside dans le peuple ; elle est une et indivisible, imprescriptible et inaliénable.

Art. 26. — *Aucune portion du peuple ne peut exercer la puissance du peuple entier ; mais chaque section du souverain assemblée doit jouir du droit d'exprimer sa volonté avec une entière liberté.*

Art. 27. — *Que tout individu qui usurperait la souveraineté soit à l'instant mis à mort par les hommes libres.*

Art. 28. — *Un peuple a toujours le droit de revoir, de réformer et de changer sa constitution. Une génération ne peut assujettir à ses lois les générations futures.*

Art. 29. — Chaque citoyen a un droit égal de concourir à la formation de la loi et à la nomination de ses mandataires ou de ses agents.

Art. 30. — Les fonctions publiques sont essentiellement temporaires ; elles ne peuvent être considérées comme des distinctions ni comme des récompenses, mais comme des devoirs.

Art. 31. — Les délits des mandataires du peuple et de ses agents ne doivent jamais être impunis. Nul n'a le droit de se prétendre plus inviolable que les autres citoyens.

ART. 32. — *Le droit de présenter des pétitions aux dépositaires de l'autorité publique ne peut, en aucun cas, être interdit, suspendu ni limité.*

ART. 33. — *La résistance à l'oppression est la conséquence des autres droits de l'homme.*

ART. 34. — *Il y a oppression contre le corps social lorsqu'un seul de ses membres est opprimé. Il y a oppression contre chaque membre lorsque le corps social est opprimé.*

ART. 35. — *Quand le gouvernement viole les droits du peuple, l'insurrection est, pour le peuple et pour chaque portion du peuple, le plus sacré des droits et le plus indispensable des devoirs.*

Remarques sur la déclaration de 1793.

Sont soulignés les articles exprimant des idées qui étaient absentes de la Déclaration de 1789 et qui nous semblent essentielles à la moralité du droit civique actuel.

Ces idées sont les suivantes :

1° Le droit qu'ont les individus de lutter contre l'oppression des gouvernements ;

2° Le droit d'user de la *force* pour lutter contre la violence ;

3° L'idée que la peine doit être *utile* à la société en corrigeant le coupable et par suite l'idée de la peine proportionnée aux fautes ;

4° Une conception nouvelle de la propriété qui *doit* être le fruit du *travail et de l'industrie* et non un privilège donné par les hasards de la vie sociale à une minorité qui n'a rien fait pour le mériter ;

5° La réglementation humaine et juste des rapports entre employeurs et employés sauvegardant la liberté et la dignité de ces derniers ;

6° La grande idée de *justice sociale* remplaçant l'aumône humiliante et arbitraire : le *devoir absolu* qu'a la *société* de procurer aux malheureux du travail quand ils sont valides, et de leur fournir la subsistance quand ils ne peuvent travailler ;

7° L'idée toute nouvelle alors du *droit* qu'ont *tous les hommes* aux bienfaits de la *science* et du *devoir* qu'a l'État d'assurer *l'instruction obligatoire et gratuite.* Ceci est une des plus grandes et des plus belles idées de la Révolution, c'est la fin de l'ancien régime, époque d'ignorance et de ténèbres. L'intelligence étant éclairée, l'homme ne peut demeurer asservi;

8° Le droit pour tous les partis d'avoir leur volonté libre et particulière, mais la défense à toute minorité de vouloir outrepasser ses droits et remplacer la majorité. Ce principe consacre *l'autonomie* des groupes et la possibilité d'un fédéralisme qui, en assurant la liberté, mais aussi la stricte égalité de tous les groupes associés, permettrait une liberté générale plus grande et plus riche qu'une centralisation toujours oppressive;

9° Le droit qu'a la nation de se débarrasser *même par les moyens violents* de ceux qui attenteraient à sa liberté. Certes il serait à désirer que toute tentative de coup d'état — c'est le nom donné à l'usurpation de la souveraineté qui n'appartient qu'au peuple — puisse être réprimée par les tribunaux constitués et par des peines autres que la peine de mort qui n'est pas une peine, mais un crime. Seulement un coup d'état toujours s'exécute par la violence, par la guerre civile, grâce à la complicité totale ou partielle de la force publique qui forfait à son devoir, à son honneur, à sa mission. Sans cette forfaiture de l'armée, personne ne pourrait oser usurper le pouvoir. Le peuple se trouvant en présence d'une révolte des agents de la force armée qu'il a préposée au maintien de la constitution n'a plus qu'un moyen: combattre la force armée en révolte par les armes et arrêter dans le sang la rébellion, ce qui entraîne fatalement la possibilité de la mise à mort des usurpateurs;

10° L'idée si juste que *rien ne peut être définitif* — et qu'une Constitution devant répondre aux aspirations d'un peuple, lesquelles peuvent varier avec le temps, ne doit pas être considérée comme un texte sacré, immuable, auquel on ne peut toucher. Le droit de *reviser* les lois, les constitutions assure la marche du progrès, permet d'utiliser les leçons de l'expérience;

11° L'article 32 assure aux citoyens le droit d'arriver jusqu'aux chefs du gouvernement sans que les ambitions et les basses intrigues de leur entourage puissent y mettre obstacle ;

12° L'article 34 exprime la grande idée de la solidarité qui lie les uns aux autres tous les membres de la société et qui fait de celle-ci un *tout* dont chaque individu dépend intimement. Il est certain que lorsque l'état social permet l'oppression d'un seul individu, il permet une oppression analogue pour tous les individus, le cas échéant, et par suite le corps social *tout entier* est opprimé ;

13° L'article final comme d'autres déjà développés plus haut sauvegarde les droits du peuple en affirmant que celui-ci étant libre, indépendant, si ses mandataires trahissent sa confiance, il a le droit et même le devoir de lutter contre eux par tous les moyens efficaces.

Questionnaire.

Que pensez-vous des deux déclarations des Droits de l'Homme ? — Quelle est celle qui vous semble la plus complète et la plus élevée ? et pourquoi ? — Veuillez expliquer l'article 11 ; faites la différence entre l'ordre légal et l'ordre arbitraire ; montrez que la loi oblige sans avilir, et que l'obéissance à l'arbitraire est contraire à la dignité. — Développez l'art. 15 ; que pensez-vous de cette conception de la peine ? quelle sorte de peines condamne-t-elle ? — Développez les art. 21 et 22. Montrez que plus que tous les autres peut-être ils indiquent le grand progrès qu'a fait l'idée de liberté en posant le principe du droit à l'existence et du droit à l'instruction égale pour tous. — Expliquez l'art. 27 en le rapprochant des art. 34 et 35, et montrez comment on peut les justifier, quelque respectueux que l'on soit de la vie humaine, parce que l'usurpation du pouvoir implique toujours un appel à la violence et à la force.

————————

SOIXANTE-HUITIÈME LEÇON

L'ÉTAT ET LES LOIS (*Suite*).

VIII. LES LIBERTÉS PUBLIQUES. DANGERS DE L'ARBITRAIRE ET DE L'ABSENCE DE GOUVERNEMENT.

I. Garantie des libertés publiques. — L'État républicain a pour mission de faire régner la justice entre ses membres. Il n'est ni oppresseur, ni serviteur des individus : il est le gardien des lois et des droits, le protecteur de leurs progrès et le tuteur moral des citoyens.

« *Séparation des pouvoirs*[1]. — Dans tout gouvernement on peut distinguer trois parties distinctes: *les trois pouvoirs publics : pouvoir législatif*, qui fait les lois, *exécutif*, qui les applique, *judiciaire*, qui en punit la violation. Seul, le premier dépend du suffrage universel et contrôle les deux autres puisqu'en définitive tout doit reposer, dans une démocratie, sur la souveraineté du peuple. Mais il est bon, pour empêcher toute oppression, de maintenir ces trois pouvoirs séparés, et de ne faire dépendre directement du suffrage universel que le pouvoir législatif avec droit suprême de contrôle. Le pouvoir exécutif élu au suffrage universel ou confondu avec le pouvoir législatif serait un instrument trop docile de la majorité. Les lois pourraient être exécutées au privilège de cette majorité. De plus la majorité peut paraître elle-même docile aux élus ou à l'élu et celui-ci ou ceux-ci aspirer à la dictature (les Bonapartes en France). Il faut que l'exécutif soit au second plan et un peu loin du suffrage universel, pour faire appliquer

---

1. Extrait des Leçons élémentaires de psychologie et de philosophie de A. Rey (Cornély, éditeur), p. 429.

les lois également et sans parti pris et aussi pour avoir la force de les faire appliquer contre une minorité turbulente et rebelle. Il ne doit pas redouter de mécontenter certains électeurs ou vouloir en favoriser d'autres. Mais de même que les représentants doivent être en contact continuel avec le suffrage universel, il faut que le pouvoir exécutif reste aussi en relation avec lui. Notre Conseil des ministres représente le pouvoir exécutif ; mais il est peut-être trop capricieusement influencé par le législatif. Les constitutions américaine ou suisse paraissent plus démocratiques.

« Si le pouvoir exécutif doit être indépendant du pouvoir législatif, à plus forte raison le pouvoir judiciaire. Ce dernier doit avoir une haute indépendance.

« Il ne faut pas que le juge — dont les grandes qualités sont la clairvoyance et l'impartialité, — puisse être accusé d'être aveuglé par l'esprit de parti. D'ailleurs l'application des pénalités requiert une éducation spéciale qui font de la mission du juge moins un pouvoir qu'une véritable application technique et scientifique. Il faut même regretter que, dans la plupart des pays civilisés, les juges soient aussi peu préparés à leurs redoutables fonctions, et quelquefois si peu désireux ou si peu capables de remédier à cette incapacité. Bien entendu, le juge ne peut changer la loi : il en impose le respect, et doit commencer par la respecter lui-même. À ce point de vue, il est sous le contrôle des deux autres pouvoirs. Mais, il doit l'appliquer humainement, et d'une façon appropriée au caractère de l'individu qu'il juge. »

« L'institution du jury est excellente pour que ce juge reste en contact avec la conscience populaire : son extension est donc souhaitable ; mais il est nécessaire que ce contact soit plus effectif qu'il ne l'est dans nos cours d'assises, que le juge n'ait qu'à éclairer le jury, et que celui-ci soit recruté dans le peuple tout entier et non sur des listes restreintes arbitrairement. »

Si toutes ces conditions sont respectées, l'État républicain se trouvera aussi éloigné de l'arbitraire et de l'oppression qu'entraîne le despotisme que du désordre et des souffrances qu'a toujours entraînés jusqu'à ce jour l'absence de gouvernement.

II. Dangers de l'arbitraire et de l'absence de gouvernement. — A. L'ARBITRAIRE ET LE DESPOTISME [1]. — « Le gouvernement de l'arbitraire ou despotique peut se présenter sous deux formes bien distinctes :

« 1° *Despotisme militaire.* — Le despotisme militaire a été et est encore la forme la plus naturelle du despotisme. L'évolution sociale le présente à peu près partout lorsque la nation se constitue et s'unifie par la guerre et la conquête. L'État ne voit d'autre but que sa propre conservation : [grands empires de l'antiquité (empires sémitiques surtout, empire romain, Islam) ; grands États modernes dans leurs périodes d'unification, ou de centralisation]. L'État n'a qu'à se concentrer fortement pour l'attaque et la défense : c'est la condition suprême de la lutte. Faut-il dire que cette notion de l'État, qui fut peut-être utile et nécessaire à un moment de l'évolution, lorsque des luttes quotidiennes étaient soutenues entre les éléments mal fondus de la nation et entre les nations voisines, ne présente plus maintenant qu'une régression douloureuse et accidentelle, un danger pour l'humanité tout entière ? La théorie de Hegel, qui identifiait la force et le droit, la victoire et la justice, la conquête et la mission civilisatrice, le despotisme militaire et la volonté nationale n'est qu'une déduction toute verbale, car les faits opposent constamment dans la réalité ces termes, comme la raison dans la logique ! Et notre historique montre que, dans ses grandes lignes, malgré bien des reculs et des oscillations, l'État s'oriente peu à peu vers plus de droit et plus de justice, et qu'il acquiert d'ailleurs par là une plus grande stabilité. La guerre a toujours ruiné, et assez rapidement ce qu'elle a édifié (histoire des grands empires). De nos jours la France et l'empire allemand ont senti le besoin de justifier juridiquement leurs actes, l'un par l'œuvre morale de la révolution, l'autre par le principe des nationalités. Le despotisme militaire pur et simple n'existe plus guère que dans les rapports des nations dites civilisées avec les pays dits de colonisation (*im-*

1. A. REY, *Leçons élémentaires de psychologie et de philosophie,* p. 420.

périalisme). Et c'est la tare des États actuels, qui déjà retarde l'évolution de certains, les amène à des sacrifices énormes *(guerre du Transvaal, extension de la Russie en Chine)* et en a ruiné d'autres *(Espagne, Portugal).*

« Ce système ne rencontre plus maintenant de défenseurs déguisés que dans certains esprits aveuglément réactionnaires et égoïstes, qui voient dans la force militaire un moyen commode de sauvegarder les privilèges de leur classe et l'utiliseraient pour la *guerre du dedans* contre tous ceux chez qui ces privilèges injustifiés font naître une révolte légitime. La conception du despotisme militaire, qui eut ses gloires, se rabaisse ainsi à celle d'un despotisme policier dont le but est la guerre civile.

« 2° *L'État-Providence.* — La doctrine de l'État autoritaire prend sa forme la plus acceptable actuellement, en s'inspirant de la prédominance du point de vue économique dans les relations sociales contemporaines. On voudrait voir « l'État se substituer presque en tout à l'initiative des citoyens, faire pour eux et à leur place le plus de choses possibles. Il semblerait... que l'État ait seul la responsabilité de la santé, de la fortune, de la moralité privée et publique. On attend tout de lui ; on croit que du jour où il le voudra, il pourra, par des *mesures d'autorité,* faire régner partout le bonheur et l'abondance, supprimer les maux de toutes sortes, ramener l'âge d'or, faire du pays une *île fortunée,* un *eldorado.* » *(Marion, Morale,* 357.)

« Cette conception se lit fréquemment dans les vieux systèmes de socialisme utopique. On l'a reproché souvent et à tort aux doctrines socialistes actuelles qui, réalistes et scientifiques, s'inspirant uniquement de l'évolution sociale, ne veulent au contraire par les transformations de l'État, qu'émanciper l'individu de toutes les contraintes et lui permettre ainsi le développement de toutes ses virtualités.

« La conception de l'État-Providence conduirait, en effet, à de cruels mécomptes : « On s'aperçoit très vite que l'État ne peut pas tout ; les exigences souvent contradictoires et injustes, qu'on montre à son égard ne font que le troubler dans l'accomplissement de sa vraie tâche et l'ébranler. Quelle stabilité peut-on se promettre, si l'ignorance publique (et la superstition soigneusement entretenue) fait le Gouvernement responsable de la perte des récoltes, d'un été pluvieux... de tous les accidents et de tous les fléaux qui peuvent désoler l'agriculture » (*Id.*). D'autre part, il faut se souvenir que le groupement social ne peut rien faire par lui-même, s'il n'est pas soutenu par la volonté individuelle (Voir *Morale individuelle*). Le rôle de l'évocation individuelle sur l'évolution sociale est indéniable. Et, ce rôle, les conceptions autoritaires n'en tiennent aucun compte, puisqu'elles ne tiennent aucun compte de l'individu. Voilà ce qui explique que souvent les réformes faites par la seule autorité de l'État, sans tenir compte de la volonté et de l'éducation nationale, aboutissent à de lamentables échecs.

« B. Dangers de l'absence de gouvernement. — A l'opposé du despotisme est l'absence totale de gouvernement. Les individus constituent l'État par un libre contrat. Bien que J.-J. Rousseau ait souvent tiré de cette doctrine du *contrat social* dont il est un des fondateurs, d'autres conclusions, on peut en faire une doctrine essentiellement *individualiste*. La base du groupement est ici la volonté de ses membres, leur consentement indépendant et entièrement libre, comme dans une association commerciale ou privée. Tout citoyen peut donc s'en retirer quand il lui plaît, et poser les conditions de son ascension. Ce système a pour lui les progrès considérables faits dans sa direction par l'Europe occidentale.

« Dans presque toutes les relations sociales on a passé de la tradition rigide et immuable au contrat, dont la volonté des parties fait la seule loi (Voyez la *Famille*, le *Droit en général*). Mais ce n'est là qu'un terme idéal, objecte-t-on d'ordinaire. L'État, dans la forme *nationale* qu'il revêt actuellement, sous peine d'être l'organisation la plus instable, partant de ne plus pouvoir rendre les services que lui demande l'individu, ne peut pas admettre que celui-ci, à sa fantaisie, accepte la charge du contrat quand il lui convient et puisse le résoudre dans le cas contraire. *L'existence nationale* exige que le contrat s'impose, en dehors de la volonté explicite des nationaux. Et, en fait, l'idée de *patrie*, qui s'ajoute à l'idée de nation, et le respect que la patrie impose aux individus, le sentiment de patriotisme qu'elle crée dans leurs consciences, n'exprime rien autre que cette charge tacite qui incombe au citoyen, sans son assentiment, par sa naissance. *Nous avons reçu, donc nous devons*, car la nation tout entière a contribué à nous faire dans une large mesure ce que nous sommes. Il faut payer notre dette aux hommes de cette nation, à nos compatriotes. Nous ne sommes pas libres d'appartenir à une nation plutôt qu'à une autre, et bien avant que nous puissions choisir raisonnablement, nous sommes regardés comme ayant une nationalité et une patrie. La théorie du contrat social n'explique pas ce caractère très important de la nationalité et de l'État. Elle ne rend donc pas compte des faits qu'elle néglige pour n'étudier qu'abstraitement les constructions logiques édifiées sur les seules aspirations de la conscience. Si la tradition et les conditions naturelles nous paraissent loin d'être suffisantes pour fonder nation et état, il en est de même du consentement contractuel pur et simple, et il faudra tenir compte des premières.

« Conséquence logique, d'ailleurs, de cet individualisme excessif, la notion d'État, c'est-à-dire de relations juridiques liant les individus dans un groupe national, est détruite. Rien, en effet, ne peut lier l'individu s'il est le souverain et dernier arbitre de ses engagements avec ce groupe. Il peut justifier toutes ses décisions par la formule des anciens despotes : « tel est mon bon plaisir ». Et, de fait, un État de ce genre n'est-il pas, si on le pousse à l'extrême, un despotisme absolu conféré à autant d'individus qu'il y a de citoyens ?

« Les théoriciens ne vont pas jusque-là : ils admettent que le contrat lie pour un certain temps. Que les individus, par leurs analogies naturelles, acceptent d'un commun accord certaines lois qui sont de l'intérêt de tous. Ces lois ont justement pour but de permettre aux individus de jouir de toute leur liberté et d'exercer librement leurs facultés pour leur bon plaisir. Ce sont des règlements de police très généraux. Au delà l'État n'a aucun droit. Il doit tout simplement se borner à garantir l'ordre en laissant les individus faire ce qu'il leur plaît, tant que l'ordre extérieur n'est pas troublé. Voilà l'État, tel qu'il peut résulter du contrat.

« On objecte que ses fonctions ainsi réduites ne viendraient guère en aide au progrès individuel et social et, en outre, que, si réduites qu'elles soient, elles sont encore illogiques avec le principe de la thèse. Un contrat n'est vraiment un contrat que si les conditions de ce lien sont laissées entièrement à la volonté de chaque individu et, en particulier, les conditions résolutoires qui y mettent fin. Il y aura donc encore autant de liens particuliers que de citoyens, c'est-à-dire autant de formes d'états, d'états, en un mot, que d'individus, et des moyens infinis de se dégager de la solidarité nationale.

« Ce serait peut-être l'idéal pour le bien-être de chaque individu, mais est-ce que l'État subsisterait une seule minute sous cette forme ? Il faudrait, en tout cas, des individus à peu près parfaits, comprenant tous complètement et de même façon leurs droits et leurs devoirs. Cette souveraineté individuelle absolue est loin d'être encore réalisable. Songeons à supprimer autant qu'il sera possible *la tutelle* de l'État, mais rendons d'abord le citoyen *majeur*. Et pour cela, nous *avons encore besoin de l'État*, d'un État améliorant sans cesse ses rouages, et devenant de moins en moins oppressif. »

Questionnaire.

Quels sont les trois pouvoirs dans tout gouvernement ? — Qu'appelle-t-on séparation des pouvoirs ? — Pourquoi est-elle nécessaire ? (pouvoir exécutif, pouvoir judiciaire.) — Que pensez-vous du despotisme militaire ? quelles conséquences funestes entraîne-t-il pour une nation ? — Croyez-vous que l'État doive être un « État providence », c'est à dire se substituant en tout et pour tout à l'initiative individuelle ? — La conception individualiste et anarchique, si tentante qu'elle soit, en théorie, peut elle être admise dans la pratique ?

SOIXANTE-NEUVIÈME LEÇON

L'ÉTAT (*Suite*).

IX. La Répression.

I. Légitimité sociale de la peine. — Nous avons
parlé jusque-là de l'autorité de l'État, mais nous n'avons pas dit
de quelle manière cette autorité était garantie, sanctionnée. Les
lois auxquelles doivent obéir les citoyens sont en effet accompa-
gnées de dispositions pénales qui les sanctionnent, c'est-à-dire
qui punissent ceux qui les ont violées.

Un pouvoir spécial, le pouvoir judiciaire, est chargé d'appliquer ces sanctions. Ce pouvoir judiciaire a le devoir d'être juste,
c'est-à-dire de proportionner aussi exactement que possible, dans
les limites que permet la loi (et ces limites tentent à être de plus
en plus larges), les châtiments à la gravité des fautes commises.

Et pour cela le juge ne doit s'inquiéter ni de la situation sociale, ni de la fortune des prévenus. Il doit uniquement peser les
circonstances dans lesquelles la faute a été commise et déterminer
celles qui l'aggravent et celles qui l'atténuent, pénétrer les intentions du coupable, les motifs qui l'ont fait agir, son degré d'intelligence et de responsabilité. Il rend ensuite son jugement en
toute impartialité en cherchant à se dégager de tous les préjugés,
de toutes les influences qui pourraient le fausser.

Il ne doit pas oublier que la peine a essentiellement pour but
l'amélioration du coupable et non on ne sait quelle vengeance
odieuse exercée par la société contre ce coupable. Au point de
vue moral, il doit même moins regarder l'utilité de la peine au
point de vue social que l'utilité de la peine au point de vue du
coupable lui-même.

On résume ces caractères de la peine, de la répression sociale en disant : 1° que tous sont égaux devant la loi ; 2° que la peine *n'est pas une vengeance individuelle ou sociale*. Une situation sociale plus élevée soustrayant en général le coupable à la plupart des tentations criminelles et lui donnant plus qu'à tout autre les moyens de s'éclairer, de développer son intelligence et sa conscience, devrait toujours être considéré comme une circonstance aggravante [1].

II. La Peine. — Ses origines, son développement. — Il ne faut pas croire qu'on s'est toujours fait de la peine et du pouvoir judiciaire l'idée élevée et morale que nous venons d'exprimer.

Dans les sociétés primitives, la peine est toute autre chose : elle est regardée souvent comme une vengeance de celui qui a été lésé par le crime, comme une défense de la victime contre le coupable. En général, ce n'est pas l'individu qui se venge et qui punit : c'est la société tout entière dont il fait partie ; famille, clan ou tribu, lorsque l'offense a été faite par un individu d'une autre famille, d'un autre clan ou d'une autre tribu.

Cela rappelle assez la façon dont encore aujourd'hui nous traitons les offenses qui atteignent suivant nous la nation tout entière. Nous faisons la guerre comme autrefois on se livrait à la vendetta.

Cependant, à côté de cette répression qui est plutôt une vengeance, une défense, un moyen d'intimidation qu'une véritable peine, nous trouvons non plus entre clan ou entre famille, mais dans l'intérieur même du clan ou de la famille, une sorte de pouvoir judiciaire plus moral, lié intimement au pouvoir religieux, et qui est chargé de réprimer les fautes commises par un membre de la famille ou du clan contre un membre de la même famille

---

1. Par exemple, pour un même délit, un officier devrait être puni plus fortement qu'un simple soldat, car il comprend mieux ce que réclament de lui la discipline et la nation ; pour un même délit, un homme riche, qui a eu toutes les facilités pour s'instruire et s'éduquer, devrait être puni plus sévèrement qu'un malheureux. Notons que malheureusement c'est encore le contraire qui se passe fréquemment.

ou du même clan. Ce n'est plus alors une vengeance mais c'est une sorte d'expiation religieuse. Le coupable est considéré comme impur, comme sacrilège. Il a attenté à la majesté des dieux et la punition est faite pour le laver de cette faute, le purifier. (Ex. : La punition d'Œdipe, les bûchers du moyen âge.)

Que la peine soit une purification religieuse ou une vengeance privée, elle est toujours terrible dans les temps primitifs. La mort ordinaire est un des châtiments les plus doux. En général, elle est précédée de supplices qui s'expliquent par ce que nous venons de dire, car la répression est ou un fait de guerre qui, surtout dans les intelligences primitives, abolit toute humanité, ou bien la punition d'un sacrilège, crime qui passait pour le plus épouvantable de tous, puisqu'il atteignait non pas des hommes, mais des dieux et risquait, croyait-on, de compromettre la sécurité de toute la cité. Ainsi, à l'origine, la peine est toujours extrêmement dure. Il est facile de s'apercevoir qu'au fur et à mesure de son développement elle tend à s'adoucir et à devenir plus juste.

La peine de mort est restreinte à un nombre de crimes de moins en moins considérables et réservée pour les fautes qui répugnent le plus à la conscience humaine. Aujourd'hui, elle n'existe en général dans les pays civilisés que pour les assassinats, c'est-à-dire le meurtre d'un homme avec préméditation, et encore lorsqu'il n'y a pas de circonstances atténuantes au crime. Plusieurs pays, comme l'Italie, la Suisse, la Russie (sauf pour les crimes politiques), la Hollande, la Belgique, la Suède, le Portugal, l'ont même supprimée et le nombre des crimes de sang a continué à diminuer de ces pays plus vite que partout ailleurs. Ce qui montre que la peine de mort est non seulement inutile mais encore inefficace et nuisible à cause de l'exemple qu'elle donne, de la gloriole dont elle tend à entourer dans l'esprit de certains détraqués ceux qui la subissent. Elle a enfin contre elle ce grand argument qu'elle est une peine immorale parce qu'elle rend impossible l'amélioration du coupable.

C'est en effet un des caractères, c'est même le caractère essentiel de la peine, qu'elle doive toujours chercher à améliorer le condamné et à le ramener au bien. Aussi à mesure que les peuples plus civilisés et plus intelligents se rendent compte de ce caractère de la peine, ils tendent toujours à l'adoucir, à supprimer toutes les tortures inutiles, à traiter le criminel moins comme un individu dont on se venge que comme un malade qu'il faut guérir. Aujourd'hui, on est près de supprimer la peine de mort et on a supprimé toutes les tortures ; est-ce à dire qu'il n'y ait plus rien à faire pour améliorer nos systèmes de répression ? Nos prisons sont encore souvent des instruments qui servent plutôt à faire souffrir qu'à faire réfléchir, plutôt à inspirer la révolte que l'amour du bien et du prochain. C'est à l'amélioration du régime pénitentiaire qu'il faut maintenant travailler. Au' lieu de considérer le coupable comme un individu en marge de la société et hors la loi, laissé entre quatre murs de cachot, il faut le considérer comme un homme capable de bien faire encore et de se réhabiliter si l'on prend la peine de l'éduquer. Il y a presque toujours un germe de bonté dans les consciences les plus misérables. Ce germe est obscurci par de mauvaises habitudes, l'impossibilité d'opposer à de mauvais penchants un idéal plus noble. Mais une étude attentive du caractère des coupables, des soins vigilants donnés à leur esprit arriveraient le plus souvent à retrouver les bons instincts et à les développer. Si la répression actuelle est impuissante, c'est qu'on mène les prisonniers par la force et la violence, au lieu de les mener avec intelligence et bonté.

D'autre part on doit chercher à approprier la peine au caractère, au tempérament, au degré d'instruction et d'éducation du condamné : de même qu'un même remède ne saurait guérir tous les malades atteints d'un même mal, mais qu'il faut prendre en considération le tempérament, l'âge de ces malades, ainsi devrait-on appliquer les peines selon le coupable et non selon la faute.

Il faut d'ailleurs remarquer qu'en cherchant à amender le coupable, on prend également des mesures de défense et de protection sociale puisqu'on rend le méchant moins nuisible : ce qui fait qu'on réalise du même coup les deux buts que nous a montrés l'analyse de la peine.

Les principaux devoirs que nous indique cette conception de la peine sont :

1° Ne pas maltraiter les coupables ;

2° Chercher à les instruire s'ils sont ignorants ;

3° Leur donner le goût du travail et les mettre en état de se suffire à eux-mêmes par le travail ;

4° Adoucir autant que possible les peines, soigner les coupables plutôt que les punir. Actuellement, en France, la loi pénale qui a donné les meilleurs résultats, c'est la loi Bérenger qui, précisément, ne punit pas immédiatement et donne au coupable le moyen de s'amender.

Questionnaire.

Puisque la société a le droit de faire des lois qui sauvegardent l'intérêt général, n'est-il pas logique qu'elle ait le pouvoir de les faire respecter ? — Quel doit être le caractère de la peine ? — Peut-on fixer des peines immuables pour chaque sorte d'infraction aux lois ou la peine peut-elle varier suivant les individus et les circonstances spéciales à l'acte ? — La peine est-elle un châtiment, une vengeance de la société (et dans ce cas quelle serait son utilité ?) ou doit-elle au contraire avoir pour but le rachat, l'amélioration du coupable ? — Dans ce cas comment doit-on juger ? — Que pensez-vous de la peine de mort ? — Trouvez-vous que la société ait le droit de faire mourir, puisqu'elle pose comme principe fondamental de son code le respect de la vie humaine ? — Croyez-vous que la peine de mort puisse avoir une bonne influence préventive ? — Quels moyens plus efficaces, et moins immoraux, la société peut-elle adopter pour prévenir les crimes ?

SOIXANTE-DIXIÈME LEÇON

LES NATIONS ENTRE ELLES.

Devoirs et droits internationaux. — Solidarité internationale. — L'Humanité. — L'Amour de l'humanité et sa conciliation avec l'amour de la patrie. — Le Droit des gens. — Aspiration a un idéal juridique entre les nations : l'arbitrage.

« Jusqu'ici tous les différends sérieux entre États ont été réglés par la guerre, c'est-à-dire par la force, jamais par le droit. Est-ce là pour les nations une situation normale et définitive ?

I. **La guerre,** prétendue le seul recours d'une nation pour sanctionner sa volonté, bonne ou mauvaise. — Les conceptions autoritaires mènent droit à l'affirmative.

« Pour les individus et les groupements intérieurs à la nation, l'État, qui est le plus fort, impose le droit, afin de maintenir toute la force nationale, car cette force vient de l'ordre, et de la discipline intérieurs. Mais, dit-on, rien n'existe au-dessus de la nation. Elle n'a donc à faire appel qu'à la force.

« D'ailleurs l'usage de la force comme règle de la conduite nationale essaye de se justifier par des raisons *philosophiques et pratiques : philosophiques,* en montrant, d'après la doctrine de l'autoritarisme, que tout droit, toute morale dérive de la force et de l'intérêt de l'État (*Hobbes, Hegel*). *La force crée le droit.* L'État lui-même a la force et l'intérêt pour origine et raison d'être. *La force prime donc le droit,* puisqu'elle lui est antérieure et qu'elle est primordiale. Les actes d'un État doivent donc fatalement n'être que le développement de sa force ; et quand la force décline, ou que l'État s'égare à d'autres fins, c'est qu'il disparaît. L'histoire serait tout entière la confirmation de cette doctrine.

« Quant aux raisons *pratiques*, la principale est que l'emploi courant de la force, c'est-à-dire la guerre ou la préparation à la guerre, est la meilleure école de courage et de vertus pour les individus. Elle serait la grande moralisatrice ; elle seule peut pousser au développement physique, intellectuel et moral de la race, apaiser par la gloire ses souffrances, la discipliner et lui donner le ressort nécessaire aux progrès de la civilisation. Elle ramène la population à une juste moyenne, en la proportionnant toujours aux moyens économiques.

« Ce plaidoyer pour la guerre, alors que l'on connaît par l'histoire les effroyables malheurs, les reculs inévitables auxquels ont amené toutes les guerres, alors que l'ont connaît la faillite de toutes les soi-disant épopées militaires, paraît un *continuel défi au bon sens et à la raison*. Sans nous laisser aller à la réfutation facile d'arguments parfois révoltants par leur imbécillité féroce, essayons d'aviser aux remèdes ; car l'histoire, si elle n'est que la suite des avatars de la force, ne montre malheureusement — ou peut s'en faut — que le recours à la force.

II. Le droit international. — 1° *Constitution d'un droit international public ou droit des gens.* — « La paix est certainement l'*idéal* de tous les individus aussi bien à l'intérieur d'une nation qu'au dehors.

« La paix ne peut être établie que si on substitue le *droit* à la *force* dans les relations internationales. Ce droit sera le *droit international*. On doute de son existence ; et c'est mal examiner les faits ; il s'élabore lentement, mais il s'élabore.

« Les relations privées des citoyens de nations différentes sont d'ores et déjà réglées par le droit international privé, qui dérive de traités, de contrats passés entre les nations civilisées. C'est un progrès très grand, car les tribus antiques et les nations du moyen âge n'en avaient aucune idée. Étranger, ennemi, homme hors la loi, autant d'expressions alors synonymes.

« Quant au droit international *public*, qui règle les rapports des nations, le xix⁰ siècle a vu dans sa dernière moitié, et nettement rattachées aux progrès de la raison et du droit, s'instituer plusieurs conventions, relatives à l'État militaire de certains pays (neutralités de la Suisse, de la Belgique, de la Savoie, convention du Danube, du Bosphore, du canal de Suez, du canal interocéanique), des conventions relatives aux droits des neutres, à la prohibition de la course, à des règles universelles à suivre en cas de guerre entre belligérants (convention de Genève de 1867).

Aspiration à un idéal juridique entre les nations. — L'arbitrage. — « Mais les tentatives les plus hardies et les plus heureuses sont celles faites pour substituer l'arbitrage à la guerre, c'est-à-dire un examen des droits, conforme aux principes du droit, un tribunal arbitral.

« Un grand nombre d'arbitrages ont été faits depuis trente ans. De plus des traités permanents d'arbitrages commencent à être institués entre certaines nations de façon que les litiges qui peuvent survenir entre ces nations soient résolus par des tribunaux pacifiquement et non par le droit du plus fort, par la guerre. Le temps n'est certainement pas loin où toutes les nations auront entre elles des traités d'arbitrage.

2° *Fédération des différents États. — Solidarité internationale. — L'humanité.* — « On oppose d'ordinaire à cette conception d'un droit et d'une justice internationale fondée sur des principes moraux, les raisons suivantes : Les États n'y ont aucun intérêt, car jusqu'à présent l'histoire ne semble pas morale, et les États payent plutôt leur faiblesse militaire ou diplomatique que leurs fautes morales. C'est exact ; mais un corollaire qui s'en déduit immédiatement ne l'est pas moins : c'est que l'emploi unique de la force, et ses abus inévitables ont affaibli tous les États qui ont existé jusqu'à ce jour et les ont menés rapidement à la décadence. La force ne se modère qu'en se mettant au service du droit, et alors elle favorise notre conception d'un droit international, loin de la ruiner. L'usage de la force mène au contraire à des fautes autant matérielles que morales, et c'est pourquoi jusqu'à ce jour les États les plus puissants se sont effondrés, à l'apogée même de leur force, et avec une rapidité soudaine. Les fautes matérielles auraient été évitées, si l'on avait évité le crime moral.

« Ensuite, ajoute-t-on, un droit n'existe que s'il est garanti. Or il ne peut y avoir de garantie au droit international, puisque rien n'est au-dessus de la nation.

« Nous répondrons : au-dessus des nations, il y a l'*humanité*. Et ce n'est pas une vue théorique. L'histoire nous montre que les nations sont allées normalement en se fédérant et en s'élargissant : à l'état sauvage, des multitudes de petites tribus, dans l'antiquité demi-cultivée, dans l'antiquité classique, au moyen âge, de petits peuples (les grands empires ont été factices et transitoires, car ils ne persistaient que par la force). Ces petits peuples, tous, ont été les fédérations des clans et des tribus de l'époque antérieure. Aujourd'hui, les grandes nations sont les confédérations des petits peuples du moyen âge.

« Que conclure de là ? C'est que peu à peu nos nations modernes tendront à se confédérer, grâce à des lois communes qui domineront chacune d'elles. Cet avenir dans l'Europe occidentale est peut-être plus rapproché qu'on ne croit, grâce aux conditions économiques de la vie nationale. Que le droit fasse encore quelques progrès dans les constitutions particulières des peuples, et les États-Unis d'Europe seront une réalité.

3° Abolition de la paix armée et de la guerre économique. — « Ce qui maintient encore au-dessus de nos têtes cette menace de la guerre, honteuse pour des civilisés, c'est d'abord le souvenir de conflits résolus par la force, donc non résolus [1] (et c'est là que s'identifient faute matérielle et faute morale); ils ne pourront l'être définitivement que par l'arbitrage fédéral. C'est ensuite que la nécessité de recourir à une véritable guerre économique, à une guerre de tarifs, pour supporter les charges formidables de la paix armée, de la force permanente destinée à

---

1. Question de l'Alsace-Lorraine, de la Pologne, des pays chrétiens dans l'empire ottoman, etc.

détruire et à terroriser. Nos nations actuelles entretiennent sous les armes le dixième des hommes valides ainsi enlevés à tout travail productif ; elles dépensent, d'autre part, un tiers de ce qu'elles demandent aux citoyens, pour préparer la guerre. De plus, il faut entretenir la caisse de l'État, et en même temps permettre, pour le cas de guerre, à la nation de se suffire en tout à elle-même. Il faut donc protéger dans la nation les cultures et les industries pour lesquelles elle est en situation désavantageuse, restreindre des forces qui seraient indéfiniment plus productives, et qui ne peuvent s'employer, car elles trouveraient à l'exportation les barrières douanières des autres États. De là un *protectionnisme* à outrance, conséquence du *nationalisme* intransigeant (l'ensemble aboutissant à ce qu'on appelle l'*impérialisme*, si viennent s'y ajouter les rêves d'accaparement universel, rêves éternels de la force sans frein).

« Heureusement les nations écrasées, par ces charges, tendent toutes à les diminuer, timidement encore. Les autocrates eux-mêmes, qui se réclament surtout de la gloire et de la force militaires, aspirent au désarmement. Le fédéralisme sera encore ici le moyen de substituer les milices nationales aux armées permanentes ou prétoriennes, tout en respectant l'indépendance et le caractère national ».

4° *L'amour de l'humanité et sa conciliation avec l'amour de la patrie.* — Il ne faut pas croire d'ailleurs que l'amour de l'humanité ne s'accorde pas avec l'amour de la nation à laquelle on appartient : « Chacun a deux patries, a-t-on dit, la sienne et l'humanité. » L'une n'exclut pas l'autre, pas plus que l'amour de la patrie n'exclut l'amour filial. On conçoit très bien que tout en se fédérant, chaque nationalité garde sa physionomie spéciale, son esprit particulier, ses tendances et ses goûts. Une fédération n'est pas une confusion de tous les pays dans une seule nation homogène où tout le monde pense et agit de même, telle que la conçoivent les nationalistes. C'est une alliance perpétuelle où chaque nation garde son individualité, là où ses intérêts ne se confondent pas avec les intérêts de toutes les autres.

On comprend alors qu'un homme ait plus d'affinité et d'attachement pour ceux qui ont le même tour d'esprit, le même passé, le même caractère que lui. Il se trouve rapproché de ses compatriotes, par tout un héritage moral et matériel qu'il a reçu en commun avec eux, comme il se trouve rapproché de sa propre famille. Il sent en lui l'esprit national, et cet esprit crée dans son cœur un sentiment d'attachement à sa nationalité, un sentiment patriotique, au sens noble et généreux du mot, qui s'alliera tout naturellement au sentiment humanitaire.

Questionnaire.

Que pensez-vous de la guerre comme moyen de régler les différends entre les peuples: la raison du plus fort peut-elle être la meilleure ? — La guerre n'est-elle pas un dédain monstrueux des règles fondamentales de la morale ? — Comment pourrait-on établir la paix entre les nations ? — Qu'est-ce que le droit international? — Qu'est-ce que l'arbitrage et qu'en pensez-vous ? Une nation a-t-elle le droit, le devoir, d'intervenir dans des questions qui ne visent pas ses intérêts ? — Qu'est-ce que le système de Fédération des états ? — Quelles sont les charges onéreuses, et inutiles que la crainte de la guerre fait peser sur les nations ? quels avantages présenterait leur abolition ?

TROISIÈME ANNÉE

COMPLÉMENTS THÉORIQUES

« Le professeur suit à peu près le même ordre que dans les deux années précédentes..... mais il doit approfondir les principes de la morale (Extrait du programme). » Ces compléments résument les questions *théoriques*, les questions de *principe* auxquelles le programme fait une part dans cette revision des cours des deux premières années, cours d'où elles avaient été éliminées.

SOIXANTE-ONZIÈME LEÇON

L'AMOUR DU BEAU, L'AFFIRMATION DU VRAI, LA VOLONTÉ DU BIEN.

TROIS ORDRES DE FAITS QUI NE TOMBENT PAS SOUS LES SENS.

I. « En observant la conscience, nous voyons qu'elle nous fait connaître des *impressions* venues du monde extérieur : ces impressions déterminent une certaine *tonalité* dans notre vie psychologique, une attitude de bien-être ou de mal-être ; puis nous dirigeons nos *mouvements* et réagissons sur les causes extérieures de ces impressions, en vertu de la connaissance que nous en avons et de la tonalité qu'elles ont déterminée. On peut donc dire que, plus ou moins clairement, l'analyse d'un moment assez durable de notre vie psychologique nous amène à constater *trois ordres de phénomènes bien distincts* : les phénomènes de connaissance ou *représentatifs*, parce que ces phénomènes *représentent* et nous font connaître les impressions qui agissent sur nous ; les phénomènes *affectifs* qui manifestent l'effet de ces impressions sur notre vie intérieure, et comment nous sommes *affectés* par elle ; et les phénomènes *actifs* ou *moteurs* qui sont des *mouvements de réaction* sur le milieu.

« Si nous approfondissons nos observations, elles déterminent dans chacun des groupes que nous avons tracés un caractère essentiel : tous les faits affectifs sont des états agréables ou pénibles ; tous ils se ramènent *au plaisir ou à la douleur* qui sont les affections fondamentales de notre être interne et *subjectif*. Aussi sont-ils essentiellement *subjectifs*. Les faits de connaissance se ramènent aux impressions qui nous viennent des *objets*, ils ont donc tous un caractère *objectif*. Quant aux phénomènes d'activité, comme ce sont toujours des réactions sur nous-mêmes, ou sur le milieu ambiant, ils s'accompagnent d'un sentiment d'*effort* qui caractérise une dépense au dehors, de quelque chose de nous : il y a ici comme une extériorisation de nous-mêmes. Donc vie intérieure, puis vie de relation avec l'extérieur, et expansion de la vie à l'extérieur : voilà les trois grandes divisions de la vie psychologique sous lesquelles peuvent se grouper tous ses états [1]. »

II. — On divise ordinairement les règles qui concernent l'individu moral suivant la classification naturelle de ses fonctions psychologiques. *Règles concernant l'affectivité, l'intelligence et la volonté :*

a) AFFECTIVITÉ. — NOTRE NATURE AFFECTIVE NOUS PORTE A AIMER LE BEAU. — 1° *Rôle pratique du plaisir et de la douleur : Optimisme et pessimisme, au point de vue psychologique et moral.* — Le plaisir et la douleur sont comme un guide qui indique l'acte à faire ou à éviter : « L'homme est un apprenti : la douleur est son maître. » Ce serait facile à vérifier au point de vue physique comme au point de vue intellectuel, moral, et social : on ne comprend pas ces états tant qu'on les isole complètement de la volonté.

« Le plaisir amène un effort pour maintenir et s'approprier ce qui l'excite et toute action proportionnée à la force de l'individu est associée à un plaisir ; la douleur nous amène à nous soustraire à ses causes, et à nous protéger contre elles » (*Höffding*, p. 345).

---

1. D'après A. REY, *Leçons élémentaires de psychologie et de philosophie* (Cornély, éditeur).

Mais ce ne sont que des guides *momentanés et partiels*, qui expriment des résultats dont les causes ont déjà agi. De là vient qu'ils nous renseignent imparfaitement et toujours trop tard. De plus « l'observation a révélé que le plaisir ou la douleur ne correspondent pas à la grandeur absolue du bien ou du mal extérieur auquel l'individu participe ». « C'est pourquoi des désordres très nuisibles mais qui envahissent lentement l'organisme (maladies graves à marche lente), ne causent que peu de douleur, tandis que des désorganisations soudaines partielles sont au contraire ressenties vivement, le rythme y étant beaucoup plus inégal. En un mot le plaisir et la douleur sont toujours relatifs, et par suite ne doivent jouer qu'un rôle relatif dans la direction générale de l'être.

« Mais, quelle que soit la relativité de ce guide, il n'en reste pas moins que le plaisir est le signe d'un progrès, la douleur celui d'un recul, et que la vie est orientée nécessairement et doit être orientée dans le sens *de la durée et de la victoire finale du plaisir*. L'état normal de la vie physique est et doit être l'état de plaisir, comme l'état normal de la vie morale est et doit être celui de la joie. La douleur, quoi qu'en disent les pessimistes, est une anomalie et le signe d'une déchéance. Vivre, c'est essayer de l'éviter, et si la vie se maintient, c'est qu'en général elle parvient à l'éviter. La douleur n'est et ne doit rester que l'aiguillon qui nous invite à retourner aux conditions normales de l'existence.

« Ainsi le pessimisme, qui le plus souvent n'est que le dédain superficiel du dilettante, ne saurait s'appuyer sur l'existence de la douleur, d'une façon sérieuse, pour en conclure l'inutilité des efforts de notre vie. La douleur a un « pouvoir caché de formation », elle est un remède et un avertissement. Elle est la condition et l'agent direct d'une victoire plus complète, d'un bonheur final. Elle est un état transitoire et temporaire, tandis que le plaisir normal et la joie sérieuse sont des états durables.

« 2° *Rôle normal du sentiment et de la passion.* — De ce point de vue la vie affective jouerait, dans le développement général de l'activité consciente, le rôle d'un guide ou d'un agent de progrès.

« Mais c'est un guide relatif, insuffisant et aveugle, ce qui explique que les effets sur nous soient souvent disproportionnés avec leurs causes. *Notre vie affective doit donc toujours être tenue sous la dépendance de notre vie intellectuelle, surtout de la raison si l'on veut qu'elle soit utile pour l'individu comme pour la société.* C'est dans la raison qu'en dernière analyse les états affectifs nous invitent à chercher la règle de notre activité, puis qu'ils se développent eux-mêmes grâce aux états intellectuels qui s'associent à eux, et dont la raison est l'expression la plus élevée.

« Les passions qui ont pour caractéristique essentielle de paralyser l'activité intellectuelle, d'empêcher la libre réflexion propre à l'activité rationnelle, sont par conséquent *toujours dangereuses.* Et c'est ce que montre l'observation la plus élémentaire : la passion, nous enlevant la maîtrise de nous-mêmes, nous ramenant à une activité déréglée et automatique, ne peut, quel que soit son objet, être acceptée pour guide.

« Mais, malgré les stoïciens et un rationalisme exagéré, le sentiment a sa place légitime dans toute vie morale, à condition qu'il reste *sous la direction de la raison,* car il a une bien plus grande puissance d'action que les idées abstraites ou générales. C'est un ressort dont nous ne pouvons nous passer ; et c'est en ce sens que Pascal disait : *les grandes pensées* (c'est-à-dire les conceptions d'actes héroïques) *viennent du cœur.* User de cette force morale incomparable et bien en user, c'est-à-dire conformément à la raison, constitue la vertu que les sages antiques appelaient la *tempérance* [1]. »

Atteindre la beauté sous toutes ses formes voilà la satisfaction complète et normale de notre vie affective. Elle nous présente sous une apparence attrayante, qui, au degré le plus haut, nous entraîne d'un élan irrésistible, ce que la raison nous présenterait seulement sous la forme d'une froide et sèche vérité. En aimant le beau, ce qui est le rôle de la sensibilité, nous aimons le vrai et le bien, car le beau n'est que l'impression sensible, affective, traduite par le vrai et le bien. Il est le sentiment du vrai et du bien.

1. D'après A. REY, *Leçons élémentaires de psychologie et de philosophie.*

« *b*) L'INTELLIGENCE. — NOTRE NATURE INTELLECTUELLE NOUS PORTE A AFFIRMER LE VRAI. — L'intelligence nous pousse à connaître pour éclairer nos actions. Connaître a un but et un seul : l'exactitude rigoureuse de la connaissance ou la *vérité*.

« Il n'y a qu'un seul moyen d'atteindre ce but : l'application aussi complète que possible des procédés *scientifiques*. En particulier dans les choses de la vie courante, qui sont loin de se prêter à une science exacte et étendue, on cherchera à pratiquer les méthodes de description et d'observation en usage dans les sciences sociales : c'est-à-dire la critique impartiale. On repoussera, au nom de l'amour de la vérité et des procédés critiques qui en sont la seule garantie, tout ce qui se fonde sur *l'opinion courante, le préjugé, la coutume irraisonnée, la superstition, tout ce qui se dérobe à la libre discussion, et s'appuie sur autre chose que la raison éclairée,* en un mot tout ce qui fait appel à *l'autorité,* sous quelque forme qu'elle se cache, et n'accepte pas pleinement *le libre examen avec toutes ses conséquences.* Il est contraire à la dignité humaine, et immoral d'agir autrement. *Pour guider nos actes, des faits et des raisons, rien d'autre.* L'acceptation entière de ces règles donne à l'individu cette vertu que les anciens appelaient *prudence ou sagesse.*

« *c*) LA VOLONTÉ. — NOTRE ACTIVITÉ NOUS PORTE A VOULOIR LE BIEN. — La volonté ne décide rien par elle-même ; elle se détermine d'après les mobiles affectifs et les motifs intellectuels. Elle est une puissance d'exécution. Il s'agira donc pour l'individu de renforcer en lui, autant qu'il le pourra, *la ténacité, l'opiniâtreté,* qui entraîne *l'exécution complète* des décisions une fois qu'elles ont été *mûrement délibérées. Résister* à l'entraînement de *l'habitude et du préjugé pour agir* selon la libre raison, être énergique, *courageux* (le *courage* est la vertu de la volonté), voilà la règle morale. Il ne faut pas qu'on puisse dire : « Je vois le bien, mais fais le pire. » Il ne faut pas que l'action dévie, quand la raison voit droit. Il ne faut pas surtout que des obstacles prévus ou imprévus nous fassent déchoir et commettre la lâcheté de mentir à ce que nous estimons le vrai. Car ce même courage, qui nous fait tenir nos résolutions, grâce à *l'audace* qu'il nous communique, doit nous faire surmonter les obstacles. Pour vaincre où que ce soit, « de l'audace, encore de l'audace, et toujours de l'audace », selon l'heureuse formule de *Danton* : oser, à condition d'avoir estimé moral ce qu'on ose. » C'est ainsi.

III. LA VIE NORMALE : L'INITIATIVE. — En somme, toutes les fonctions, toutes les énergies de notre être, doivent être tournées vers notre perfectibilité propre ; cette règle générale nous apparaît comme voulue par notre dignité et la conscience de notre autonomie relative. Et cette perfectibilité a une orientation déterminée par le progrès social. « Sois un agent conscient de l'évolution », voilà la règle suprême de notre conduite. Il faut donc que, par nos sentiments et notre raison, nous ayons une initiative effective et utile, et que, par notre volonté, nous accomplissions l'effort nécessaire pour la réaliser.

Cette initiative ne dépend pas du caprice individuel, mais de la marche des faits sociaux : « Tout réformateur, comme *Socrate*, sacrifie un coq à Esculape, c'est-à-dire demeure attaché par quelque côté aux opinions courantes que son influence transforme à d'autres points de vue... La doctrine de *Jésus*, si originale au milieu des systèmes de morale antique, est cependant encore, sur bien des points, un judaïsme à peine dissimulé... Mais, si l'indépendance de l'esprit à l'égard du passé est si difficile à conquérir que les meilleurs penseurs n'ont pu l'obtenir tout entière, il n'est pas moins véritable que l'individu réagit à son tour sur le milieu, comme un ferment plus ou moins énergique, et peut déterminer, par son action, de nouveaux courants de pensée, des formes de sentiment inconnues jusqu'alors... Ce ne sont pas seulement les grands génies et les hommes dits providentiels qui peuvent agir sur la masse, sur ses habitudes, sur ses dispositions conformistes. Tout agent moral est en mesure d'appliquer son énergie au monde où il vit. Nos actes ont tous des conséquences plus ou moins éloignées... Ainsi non seulement faire œuvre d'initiative est permis et possible à chacun de nous, mais j'ajoute que c'est un devoir. Il ne faut pas s'attendre à la force des choses et croire que l'avenir se fera de lui-même sans notre participation » (*Jules Thomas, Philosophie morale*, 100 et 192).

C'est un lieu commun, réactionnaire et autoritaire que l'initiative doit être bornée très étroitement, et que nul n'a le droit de s'élever au-dessus des conditions sociales où il est né. Il est facile de montrer, *par le fait même*, que la société a surtout progressé grâce à l'initiative de ceux qui, placés au bas de l'échelle, ont pu, par leur effort, réfléchir les aspirations inconscientes de leurs frères et accroître la dignité de tous en les imposant. C'est qu'en général les privilégiés tiennent à la conservation de l'état de choses qui, par le malheur de la masse, favorise leurs privilèges. Aussi, bon nombre de stoïciens de la Grèce et de Rome, les premiers chrétiens *Jésus* et *Pierre*, sont-ils nés parmi les déshérités. Et, plus près de nous, la plupart des philosophes du xviii⁰ siècle, des savants et des artistes du xix⁰, *Pasteur*, *Michelet*, *Prud'hon*, *Rude* sont sortis de la classe sociale la plus humble, et par cette initiative ont été des initiateurs.

IV. Conclusion : vertu et vice. — Le mal est un désordre contre nature. — Lorsque l'individu pratique les règles que nous avons indiquées, il réalise peu à peu en lui tout le progrès moral dont il est susceptible, toute sa perfection propre. Il présentera par suite à la société toutes les qualités que celle-ci peut lui demander pour remplir les différentes charges qu'elle lui impose. Et il les remplira nécessairement par l'effet de sa nature individuelle, à mesure qu'il les apercevra et que les circonstances le demanderont. L'individu moral, par cela même, est le meilleur ouvrier du progrès social. On dit d'un tel individu qu'il est *vertueux*, puisqu'il pratique toutes les *vertus* que nous venons d'énumérer et se trouve en même temps pratiquer de tout son possible les différentes vertus sociales.

Cette pratique générale de toutes les vertus individuelles et sociales est ce qu'on nomme la *justice*, observance rigoureuse de toutes les règles morales : droits établis ou qu'il nous paraîtrait raisonnable de voir établis *(Justice et Charité)*.

La *vertu*, dans son sens général, peut donc être définie la pratique de toutes les règles morales. Le *vice*, c'est la violation habituelle de ces règles.

Comme on le voit, la vertu n'est que la satisfaction normale de toutes nos inclinations naturelles, la vie physique, affective, intellectuelle, et volontaire, dans toute leur plénitude et dans toute leur santé. Aimer le beau, affirmer le vrai, vouloir le bien, c'est vouloir réaliser toutes nos opérations, c'est vouloir vivre notre vraie vie, dans son équilibre harmonieux. Le mal au contraire, le vice, c'est le désordre introduit dans toutes nos fonctions physiques et morales, c'est suivre les penchants contraires à la saine nature. *Désobéir à la morale c'est désobéir à la nature.*

Questionnaire.

Veuillez expliquer le mot de Musset : « l'Homme est un apprenti, la douleur est son maître ». Pouvez-vous l'accepter entièrement ? — De quelle utilité peut être la douleur ? — Ne pensez-vous pas que le bonheur puisse être un maître bienfaisant ? — Que pensez-vous de ces expressions : « Le courage du bonheur », « la joie féconde » ? — Faites la différence entre le sentiment et la passion ; montrez que celle-ci est dangereuse et mauvaise, comme toute anomalie. — Quelle discipline devez-vous exercer sur vous-même pour arriver à connaître la vérité? de quoi faudra-t-il vous garder sans cesse ? — Qu'entendez-vous par « initiative » ? — Montrez que vous devez être vous-même, et vous garder de toute passivité, même dans les faits les plus ordinaires de votre vie. — Montrez que la vertu est une harmonie, le résultat d'un équilibre parfait de notre être, et que par suite elle est le *bonheur* au sens le plus *complet* du mot.

SOIXANTE-DOUZIEME LEÇON

LIBERTÉ ET RESPONSABILITÉ.

Do la liberté et de la responsabilité : leurs conditions, leur degrés, leurs limites ; danger de s'accoutumer à douter de la liberté et à méconnaître la responsabilité.

Compléments :

I. Les degrés de la liberté et de la responsabilité. — La liberté et la responsabilité humaines vont de pair, mais elles ne sont pas les mêmes chez tous les hommes ; elles ne sont pas une qualité invariable, toujours la même ; elles sont susceptibles de degrés, depuis l'abolition absolue jusqu'à la réalisation complète. Le fou, l'idiot n'ont aucune liberté et aucune responsabilité : ils ne savent pas ce qu'ils font, ils ne peuvent distinguer le bien du mal : être intelligent, raisonnable, et savoir distinguer le bien du mal, voilà les deux conditions essentielles de la liberté et de la responsabilité : il les faut toutes deux. Le sauvage qui croit plaire aux dieux en sacrifiant son semblable n'est pas plus responsable de cet acte que le fou. Il peut être intelligent, mais il n'est pas instruit du véritable bien. Les degrés de l'intelligence et de l'instruction, voilà donc aussi les degrés de la liberté et de la responsabilité. On doit juger les gens d'après l'intelligence et l'instruction qu'ils ont — et d'autant plus sévèrement qu'ils sont plus intelligents et plus instruits.

II. Méconnaissance de la liberté et de la responsabilité : ses dangers. — a) Système théologique[1]. — Le

---

1. D'après A. Rey. Leçons de psychologie, etc.

système qui nie le plus nettement la liberté et la responsabilité individuelle est le système de certains théologiens catholiques. Il va jusqu'à nier l'existence des devoirs de l'homme envers lui-même, c'est-à-dire l'existence d'une morale individuelle : « L'abbé *Bautain* condamne les ouvrages religieux qui, « reconnaissant les devoirs de l'homme envers lui-même, admettent avec le *principe chrétien de l'abnégation du moi et de la dépendance entière de la créature, le principe païen de l'autonomie de la volonté et de son indépendance* ». Cette opinion, ajoute-t-il, opposée à l'esprit de l'Évangile, est encore contraire au bon sens : 1° parce que le devoir envers soi ne peut être une dette ; 2° parce que la loi perd son autorité si j'en suis le sujet et le législateur ; 3° parce que l'homme, selon saint Paul, n'ayant rien de lui, pas même une bonne pensée, mais tenant tout du Créateur, ne se doit rien à lui-même. » Se déduisent de là des conclusions naturelles contre l'initiative individuelle, les idées d'affranchissement et d'émancipation qui ont soulevé tout le XVIII° et le XIX° siècle.

Ce système est en contradiction avec tout ce que nous savons de l'évolution de l'humanité. Il est décourageant en pratique, où il amène à poser l'inutilité de l'effort personnel. Il n'est même compréhensible et défendable que si l'on se propose pour fin, en sacrifiant la moralité des moyens, l'asservissement de toutes les intelligences à un absolutisme théocratique. En tout cas, il reste toujours foncièrement immoral, car il nie la perfectibilité de l'être humain, qu'il considère comme irrémédiablement perdu. La doctrine de *Jésus* semble, du reste, le contredire, puisqu'elle est la doctrine du rachat, par le repentir et *l'effort* individuels.

b) L'INDIVIDU, REFLET DE LA SOCIÉTÉ : LES DEVOIRS INDIVIDUELS, CONSÉQUENCES DE L'AUTORITÉ SOCIALE. — Plus sérieuse et plus positive est la thèse qui, niant, elle aussi, la responsabilité propre de l'individu, fonde tous ses devoirs sur l'autorité sociale, et admet qu'il n'y a pas lieu de s'occuper de l'individu en lui-même et pour lui-même. Elle est, du moins, compatible avec la perfectibilité de l'homme, puisque l'autorité sociale peut le transformer progressivement ; mais l'homme n'est pas l'agent de la perfectibilité, il subit et ne réagit pas : comme dans la théorie précédente, il n'est rien par lui-même. Il *est ce que le font la société et le milieu*. Par suite, faire appel à son initiative est un leurre ; lui proposer un idéal personnel, une chimère. Il faut, au contraire, agir sur lui de l'extérieur. C'est en lui imposant des lois qu'on le réformera : c'est en faisant régner la justice et le droit dans les conditions sociales qu'on fera des hommes justes et honnêtes. *L'individu n'est rien, le milieu social est tout : point de responsabilité véritable.*

Ces théories ont été reprises avec plus de rigueur scientifique par les *criminalistes* dits de *l'école italienne : Lombroso, Ferri* et *Garofalo*. Cette école envisage tout acte humain (et en particulier le *crime*, qui nous intéresse ici spécialement, puisque nous étudions la sanction et les idées corollaires d'obligation et de responsabilité) « comme la résultante de facteurs purement naturels qui ne laissent plus aucune place pour l'idée de liberté. Pour *Lombroso*, ces facteurs sont presque purement anthropologiques. Pour *Ferri*, ils sont plus spécialement sociologiques, mais peu importe... L'homme ne peut rien sur la direction de ses instincts ou de ses facultés morales. Le crime est chez lui le produit fatal soit de son tempérament pathologique... soit de son milieu social et des conditions économiques qui dominent son existence... Donc la peine ne peut plus avoir le caractère ni de *sanction*, ni de *réprobation* sociale... La peine n'est plus qu'une mesure de défense et de sécurité publiques analogue aux mesures préventives prises à l'encontre d'un animal dangereux ou d'un fou. » (*Saleilles*, L'individualisation de la peine, 106.)

Dans ce système, on voit donc que l'on fait, comme dans le droit pénal objectif des premiers hommes, *abstraction de toute responsabilité, de toute obligation et même de toute sanction*. On soigne des consciences malades : il n'y a pas lieu de les punir. Les données populaires de la conscience morale seraient donc *illusoires*. Les règles morales sont uniquement des contraintes sociales en vertu desquelles la société défend ses lois d'existence et qui, par réfraction, ont fait *imaginer* aux hommes les idées de responsabilité, d'obligation et de sanction expiatoire.

Certes, le nombre des faits sur lesquels s'appuie ce système est imposant. Ne voyons-nous pas historiquement se transformer peu à peu l'esprit général sous certaines influences, par l'application de certaines lois, même par la force.

Mais combien de lois tombent-elles caduques avant d'avoir été appliquées, parce que les individus ne sont point prêts à les accepter? *A quoi servent les lois sans les mœurs ?* Tous les agitateurs savent que la meilleure propagande est la propagande individuelle, et l'on crée un courant d'opinion par l'éducation directe d'un certain nombre de citoyens. On ne change pas artificiellement l'esprit social, en transformant le droit écrit. Le droit écrit apparaît la plupart du temps comme la consécration des tendances de l'esprit social. Et qu'est-ce que cet esprit social, sinon la somme des consciences individuelles? On voit donc que le point de vue peut être complètement renversé. Si nous réfléchissons en partant des données de notre conscience, *l'individu est tout, la société n'est rien*, car la société n'est compréhensible que comme la résultante des individus.

Douter de la valeur de l'individu, méconnaître sa responsabilité et sa liberté morale, c'est-à-dire son pouvoir de réaction sur le milieu, c'est nier les faits les plus faciles à observer et détruire toute initiative et tout progrès.

Il ne faut pas confondre pourtant la question de la liberté et de la responsabilité morales avec la question philosophique de la liberté. Cette dernière, comme toutes les questions d'ordre philosophique, est insoluble et la morale pratique n'a pas à s'en préoccuper. Tout ce que la morale postule, c'est que l'individu ait le pouvoir d'améliorer par lui-même son caractère, et qu'en face d'un acte à accomplir, il sente que sa réflexion, ses désirs, ses efforts, sa volonté ont un effet direct sur cet acte et peuvent le modifier. Peu importe que, dans l'absolu, cette puissance de choisir entre plusieurs alternatives soit maîtresse d'elle-même (théorie métaphysique du libre-arbitre), ou obéisse elle-même à des causes plus hautes (théorie métaphysique du déterminisme ou de la négation du libre-arbitre). Il suffit à la morale que cette puissance existe en fait, et que la réflexion de l'individu ou les conseils qui lui sont donnés puissent modifier sa façon d'agir. Or cela, l'observation le montre tous les jours.

Questionnaire.

Croyez-vous être libre et responsable, par suite perfectible? — Sur quels faits de votre expérience journalière pouvez-vous vous appuyer pour l'affirmer? — Montrez à quels désordres moraux l'on aboutirait si l'on acceptait les systèmes opposés à la liberté morale. — Que pensez-vous de cette phrase de Renan : « La liberté est en apparence un allègement, en réalité c'est un fardeau », montrez qu'elle est en effet la condition nécessaire de tout progrès.

SOIXANTE-TREIZIÈME LEÇON

DEUX FINS DE LA VIE HUMAINE: L'INTÉRÊT PERSONNEL ET LE DEVOIR. — L'AMOUR DE SOI ET L'ESTIME DE SOI.

L'idéal moral tel que l'humanité l'a successivement conçu, tel qu'elle le conçoit dans le monde moderne ; il implique l'idée d'une amélioration sociale incessante. L'idéal social aux différents âges de l'humanité.

1° L'AMOUR DE SOI ET L'INTÉRÊT.

1. Deux fins de la vie humaine : l'intérêt personnel et le devoir. — Les moralistes de tous les temps ont essayé de déterminer sous les règles particulières de la morale pratique (que l'on a examinées dans tout ce qui précède) un principe général qui serait la justification ultime de ces règles et qui servirait en toutes circonstances à distinguer nettement le bien du mal.

Tous les systèmes qu'ils ont construits pour découvrir ce principe général peuvent se ramener à deux grandes catégories : 1° les uns affirment que l'homme n'a d'autre but dans la vie que satisfaire son égoïsme, rechercher ce qui lui est *utile*, poursuivre partout et toujours son *intérêt* : ce sont les *systèmes utilitaires.* 2° Les autres proposent à l'homme de se *sacrifier* à un *idéal*, d'obéir, même s'il le faut contrairement à ses intérêts les plus directs, à un *devoir* que lui révèle sa conscience. Ce sont les *morales du sentiment* et les *morales du devoir.*

Examinons-les afin de pouvoir juger en connaissance de cause et méthodiquement lequel des deux il faut choisir, ou ce que nous devons retenir de chacun d'eux.

II. L'amour de soi. Systèmes utilitaires[1]. — Si nous observons les actes des êtres vivants en général, nous sommes frappés par un *fait* capital. Tous les êtres recherchent ce qui leur est utile, évitent ce qui leur est nuisible. Et comme le plaisir est attaché aux actes utiles, tous les êtres recherchent le plaisir. On voit donc que malgré la différence superficielle que l'on fait d'ordinaire entre la morale du plaisir et celle de l'intérêt, ce sont des systèmes de même origine. L'intérêt n'est que la monnaie du plaisir. Il n'existe qu'à condition de pouvoir s'échanger contre le plaisir. Rechercher le maximum d'utilité et par suite le maximum de plaisir, voilà la loi universelle de nos actions. Mais comment atteindre ce maximum. Les divers systèmes utilitaristes ou hédonistes vont essayer de nous l'apprendre, en restant toujours purement objectifs, c'est-à-dire en ne tenant compte que des faits observés.

a) Morales antiques : Aristippe, Épicure. — Les plus anciennes formes de ces doctrines posent que tout plaisir est bon à prendre et nous présente au moment même un égal intérêt ; nous devons nous borner à posséder le plaisir qui se présente et à ne pas être possédés par lui, pour que nous puissions chercher d'autres plaisirs, au fur et à mesure des occasions (*Aristippe*). Mais on s'aperçoit de suite que tout plaisir n'est point bon à prendre, car certains sont suivis d'une douleur beaucoup plus grande. Il faut faire un choix entre les plaisirs. *Épicure* l'essaye : pour lui, le plaisir fondamental est le plaisir de la chair, le plaisir du ventre. Mais celui-ci n'est pas toujours à notre disposition ; de plus, il est variable (*plaisir en mouvement*) et se change facilement en douleur. Ce à quoi il faudra nous tenir, c'est bien plus au souvenir laissé par ce plaisir dans notre mémoire, nouveau plaisir toujours à notre disposition celui-là, et toujours identique : *plaisir en repos ou plaisir de l'esprit*. Se créer une vie intérieure de beaux souvenirs et ne la compromettre en rien par

---

[1]. D'après A. Rey : Leçons de psychologie, etc.

notre vie active, voilà le dernier mot d'Épicure, qui aboutit à une morale contemplative et esthétique, comme toutes les morales helléniques — très haute et très pure dans ses conclusions pratiques.

b) UTILITARISME MODERNE. — Les morales antiques, tout en dégageant cette loi objective que l'homme vit pour le plaisir, restent trop placées au point de vue individuel. En fait, l'homme vit en société : la plupart de ses actes, sinon tous, dérivent de considérations sociales et la morale qui s'appuie sur l'expérience générale doit faire une place prépondérante à ces considérations. L'utilitarisme tend donc à devenir beaucoup plus social qu'individuel, et donne naissance aux systèmes de l'intérêt général. *Hobbes* montre que, pour vivre, les hommes ont dû abdiquer leur individualité, devant l'autorité sociale, gardienne de l'intérêt général : obéir passivement à cette autorité, voilà le principe de la morale ; et *Helvétius*, ainsi qu'un grand nombre de juristes, adoptent à peu près cette manière de voir.

Pourquoi abdiquer son intérêt privé devant l'intérêt général. Le principe est à coup sûr tiré d'une observation exacte, mais encore avons-nous besoin d'expliquer cette loi pour bien comprendre les actes que nous faisons instinctivement en ce sens. *Bentham* répond à la question, en *identifiant l'intérêt privé à l'intérêt général*, en montrant que l'égoïsme bien entendu aboutit à sacrifier à l'intérêt de tous. Grâce au rôle énorme que la *vie sociale* joue dans la vie de chacun, les individus sont d'autant plus heureux que la somme du bonheur collectif est plus grande. Nos plaisirs et nos peines peuvent être chacun affectés d'un coefficient qui détermine leur juste valeur. En présence d'un acte à accomplir il n'y a qu'à faire la balance de ces coefficients, l'envisageant jusque dans ses conséquences les plus éloignées. Il faut se décider toujours pour l'acte donnant le plus grand excès de plaisir. Or, comme l'avantage social n'est que la *somme* des avantages particuliers, il résultera immédiatement que cet acte sera celui qui servira aussi le mieux l'intérêt général. Telle est *l'arithmétique du plaisir* exposée par Bentham dans sa *Déontologie*. Mais est-il bien vrai que les actes qui apporteront le plus de bonheur à l'individu, en se combinant, seront toujours ceux qui amèneront le plus de bonheur total? Notre intérêt privé est souvent en contradiction avec l'intérêt du reste des hommes. Et n'y a-t-il pas des exigences sociales devant lesquelles l'individu doit se sacrifier? Le sacrifice d'une vie, c'est-à-dire de toute participation au bonheur à venir, peut être dans certains cas l'acte le plus utile à tous.

C'est cet accord entre l'intérêt particulier et l'intérêt général dont *Stuart Mill* essaye de montrer la nécessité absolue, en faisant appel aux lois psychologiques de la mémoire, de l'habitude et de l'association des idées. Bentham avait eu le tort de ne considérer les plaisirs qu'au point de vue de la *quantité*, et c'est pourquoi il avait échoué. Mais les plaisirs diffèrent au point de vue de la *qualité*, de la *dignité*, et ces différences ont beaucoup plus d'importance dans la vie sociale et la conscience communes que les différences quantitatives : « Tout le monde préférerait être un Socrate mécontent qu'un pourceau satisfait. » Il y a donc des plaisirs plus *satisfaisants* que d'autres et que l'on doit rechercher de préférence, et ces plaisirs sont liés aux actes désintéressés, féconds, aux actes altruistes et non aux actes égoïstes. Comment cela se fait-il ? Allons-nous introduire une règle de choix autre que celle de l'intérêt et du plaisir ? En aucune façon. *Stuart Mill* reste logique avec le point de vue utilitaire et objectif. C'est par l'*habitude* et *l'association des idées* que l'égoïsme devient altruisme en *transférant* le plaisir qui résulte de l'utilité individuelle, à l'acte qui sert l'intérêt général, parce que souvent les individus les voient liés l'un à l'autre. Ce système est beaucoup plus cohérent et plus complet que les autres ; mais les exceptions que l'individu peut remarquer à cette liaison entre l'intérêt particulier et l'intérêt général empêcheraient forcément l'association inséparable et le transfert affectif. De plus on ne découvre que fort tard cette liaison et par la réflexion. Elle n'est pas spontanée ; elle n'est donc pas la règle universellement suivie, *en fait*, ce qu'exigerait le point de vue objectif.

CRITIQUE GÉNÉRALE. — Si les morales utilitaires, si développées qu'elle soient, ont échoué, c'est qu'elles appliquent impar-

faitement leur méthode. Elles devraient être la transcription
rigoureuse des faits. Elles en sont au contraire une interprétation
fragmentaire. Elles construisent imaginativement une société
basée sur la lutte des *individus* entre eux et la poursuite des
intérêts *individuels*. Elles négligent complètement les facteurs
sociaux qui dépassent l'individu. La raison en est que tous ces
systèmes datent d'une époque où les sciences sociales n'existaient
pas, où on ne connaissait nullement les phénomènes de vie collective, leur évolution et leurs lois, dont la première est de
montrer une sympathie, une solidarité presque organiques, de se
développer avec, et peut-être avant l'égoïsme.

Questionnaire.

Montrez le défaut des morales de l'intérêt individuel et des morales
d'intérêt purement général — N'oublient-elles pas chacune un facteur
indispensable, et par cela même ne sont elles pas artificielles et boiteuses?
— L'individu peut-il à votre sens se séparer de la société? Et la société
peut-elle méconnaître l'individu? — La morale de Stuart Mill vous
semble-t-elle plus logique? — Pourquoi? — Pouvez-vous cependant
l'accepter entièrement? — Une morale qui poserait avant tout le principe de solidarité ne vous semble-t-elle pas plus conforme aux intérêts
à la fois individuels et généraux? — Pourquoi cela?

SOIXANTE-QUATORZIÈME LEÇON

L'ESTIME DE SOI ET LE DEVOIR[1].

Comment en réalisant le devoir chaque homme réalise, autant qu'il est en lui, la perfection humaine ; comment, en sacrifiant le devoir à l'intérêt, il diminue en lui la dignité humaine. — Autorité propre du devoir. — Caractères qui la distinguent en théorie et en pratique de tous les autres mobiles. — Le bien distinct de l'utile et de l'agréable. — Dignité et autonomie de la personne humaine.

2° L'ESTIME DE SOI.

I. Morales du sentiment. — C'est au XVIIIe siècle surtout que se sont développées les morales du sentiment. Ce siècle, qui posera les droits naturels sacrés, imprescriptibles de l'homme, qui, avec Kant, poussera aussi loin qu'il est possible les déductions formelles et abstraites de la raison pure en matière pratique, et tirera de la conscience de l'individu toute la morale, donne avec la plupart de ses penseurs des indications très nettes en cette voie.

Shaftesbury découvre en la conscience un sens qui nous fait connaître le bien et le mal en toute action, plus délicat, plus doucement remué par les joies intimes du sacrifice que par les satisfactions brutales de l'égoïsme. *Hume* prétend qu'il y a des inspirations du cœur qui, par delà l'égoïsme, nous poussent aux actes désintéressés et d'un intérêt universel. *Hutcheson* développe

1. D'après A. REY : Leçons de psychologie, etc.

les doctrines du *sens moral* en le ramenant à un instinct de *bienveillance* qui n'apprécie que les actes désintéressés.

Enfin *Adam Smith* formule le premier avec précision une morale du sentiment ; son système consiste à tirer la règle morale du sentiment de la *sympathie*. Par sympathie, il entend l'*émotion communiquée à notre âme par toutes les émotions d'autrui*. Ce sentiment nous conduit à condamner en nous tout ce qui fait souffrir les autres, à rechercher tout ce qui adoucit cette souffrance ou la change en plaisir, et à formuler la règle morale primordiale : « Agissons toujours de telle sorte que nous excitions la sympathie de nos semblables » comme si un *spectateur impartial* voyait tous nos actes.

Pourquoi suivre ce sentiment plutôt qu'un autre, et l'ériger en principe souverain de la morale ? La théorie de *J.-J. Rousseau* complète sur ce point celle de Smith. La nature est essentiellement bonne, nous retrouvons la *bonté* dans notre *cœur*, dès que nous éliminons la froide et égoïste raison qui nous égare par ses sophismes, comme la civilisation qu'elle a édifiée nous e   le de ses erreurs et de ses maux. Nous devons donc suivre l'élan inné de générosité qui est en nous, c'est lui qui est *naturel* et *primitif*.

Or il ne suffit pas d'affirmer que la nature est bonne ; il faut le démontrer : *Jacobi*, qui a subi l'influence de Rousseau, cherche dans des idées mystiques et métaphysiques plus profondes cette démonstration. La raison logique est un signe de notre imperfection fondamentale ; elle trompe l'homme, car rattachant toutes choses les unes aux autres elle lui fait nier liberté et moralité. La nature, au contraire, ne raisonne pas : elle crée d'instinct, et, comme elle, le sentiment procède par créations intuitives : il nous révèle, sans erreurs possibles, notre nature, par suite le modèle idéal que nous devons tous imiter.

Ce qui laisse à désirer dans toutes ces morales, c'est non pas les conclusions qui sont généreuses et belles, mais la justification du principe. Malgré *Rousseau* et *Jacobi*, malgré la théorie de la *bonne nature*, nous nous demandons si vraiment le sentiment est un guide aussi sûr et aussi solide.

II. Morale de la raison. — La morale de Kant. —

Autorité propre du devoir. — Kant, qui avait profondément subi les influences du xviiie siècle, a voulu préciser cette intuition obscure du sens moral en la rattachant à un ordre clair et distinct de la raison.

Pourquoi le sentiment est-il un principe obscur et inintelligible ? C'est qu'il est par nature *particulier, individuel,* incommunicable, inexprimable. Dès qu'on essaye de le mettre en formule explicite, on lui enlève les nuances qui lui sont essentielles : on ne peut donc le *démontrer* et en faire une règle *générale.* Mais si par hasard le sens moral n'était que la perception confuse d'une règle rationnelle cachée au fond de la conscience individuelle... La raison, au lieu d'être particulière en son essence comme le sentiment, est au contraire *universelle,* étant identique chez tous. Une démonstration rationnelle, mathématique, s'impose à tous irrésistiblement. Il en serait de même du principe moral, si on pouvait le trouver dans une de ces notions de la raison.

Kant va s'élever de la connaissance vulgaire et de la conscience commune à ce principe supérieur.

L'analyse de la conscience commune nous révèle que, de tout ce qu'il est possible de concevoir dans le monde et hors du monde, il n'y a qu'une chose qu'on puisse tenir pour bonne. C'est une bonne *volonté ?* Qu'entend-on par *bonne volonté ?*

a) La volonté peut viser dans son acte à se satisfaire par quelque chose d'agréable (elle obéit alors à un mobile sensible) ou quelque chose d'utile (elle poursuit une fin intéressée).

b) Mais la volonté peut agir en s'affirmant à elle-même, et sans aucune autre condition, qu'elle *doit* agir ainsi. *Je dois obéir au devoir pur,* sans aucune autre considération, voilà le principe suprême de la bonne volonté. Le principe est trouvé : c'est le devoir.

Caractères qui le distinguent de tous les autres mobiles. — *Dignité et autonomie de la personne humaine.* — Lorsque la volonté agit *uniquement* pour satisfaire la conscience, lorsqu'elle ne se subordonne à aucune fin intéressée, la personne morale se sent indépendante et souveraine maîtresse d'elle-même. Elle est *autonome,* et ce sentiment de l'autonomie, de l'action faite envers et contre tous les intérêts misérables, ou les dangers possibles, distingue nettement l'acte moral de tous ceux qui ne le sont point. « Fais ce que dois, advienne que pourra. »

« La loi morale n'est ni un acte d'une volonté extérieure, ni une certaine impression mystérieuse, ni une déduction d'une conception universelle... Il faut qu'elle repose sur un fait avéré... Ce fait, c'est que l'homme est un être sensible et responsable, c'est-à-dire une *personne*, ou du moins qu'il se conçoit comme tel ; que, comme tel, tout être humain se révolte contre toute contrainte, toute violence, sous quelque forme que ce soit. De là le sentiment de sa *dignité, du respect qu'il se porte à lui-même*. Mais ce *respect de soi*, l'homme, en présence de l'homme, l'exige pour sa *personne*... Cette notion de personne implique celle d'un être capable de s'élever au-dessus de toutes les forces qui le constituent, de les contenir ou de les laisser aller à son gré, de dominer ses pensées, ses sentiments, ses volitions, de leur tracer des limites, de les fixer dans une sphère déterminée ; elle implique la notion d'un être maître de soi, ne relevant que de *soi*, d'un être *libre* en un mot... En d'autres termes, l'homme en face de l'homme affirme la *dignité*, l'inviolabilité de la personne humaine en soi et en autrui. Là est le *principe* de nos droits et de nos devoirs, la règle de nos mœurs, la *base de la morale*. » (*Marsol, Morale indépendante.*)

Questionnaire.

Croyez-vous que l'on puisse se laisser guider uniquement par le sentiment ? — Citez des cas où il pourrait être un mauvais conseiller ? — Qu'entendez-vous par « bonne volonté » au sens où l'emploie Kant ? — Quels seront les traits caractéristiques d'un être qui suivra les préceptes de Kant ? — Croyez-vous qu'on puisse aisément pratiquer cette morale ? — Ne vous semble-t-elle pas oublier un peu trop les conditions de la vie sociale ?

SOIXANTE-QUINZIÈME LEÇON

DE LA PERSONNALITÉ MORALE, DU CARACTÈRE. — DE LA CONSCIENCE ; ELLE SE PERFECTIONNE PAR L'ÉDUCATION[1].

La Morale de Kant est admirable, comme détermination de l'idéal de la volonté humaine ; mais comme tout idéal, n'est-elle pas à la fois trop vague, trop abstraite, trop générale, trop inaccessible aussi ? Kant ne tient pas assez compte de l'imparfaite nature humaine, et des conditions plus malheureuses encore de la vie sociale. On ne doit pas légiférer pour une volonté idéale, libre de toute contrainte, mais pour la faible volonté humaine opprimée par toutes les contraintes naturelles et sociales. « En réalité, la conscience, les relations des consciences entre elles sont des faits naturels. L'homme à tout le moins doit-il agir dans et sur la nature, par l'intermédiaire d'un organisme rigoureusement assujetti aux lois naturelles. Il est donc chimérique et dangereux d'aller chercher en dehors de la constatation exacte des faits, et des données brutes de la science, des règles d'action. Le danger est même considérable : on *ne dompte la nature qu'en lui obéissant*. Qui se révolte contre elle est vaincu d'avance. Allez donc essayer de violer les lois de la pesanteur ! Or, aujourd'hui, *psychologie* et *sociologie* établissent à notre égard des lois aussi inflexibles. La morale en doit être l'*application technique* immédiate et directe, comme l'art de l'ingénieur ou du mécanicien, l'industrie du chimiste, la thérapeutique du médecin sont l'appli-

1. D'après REY, Leçons de psychologie, etc.

cation des lois mathématiques, physiques, chimiques et biologiques. »

Certes notre conscience n'est pas restée inerte vis-à-vis de ces influences extérieures. Ce n'est pas *spontanément, indistinctement* que s'est accompli le progrès moral, comme le prétendent l'utilitarisme et l'évolutionnisme conséquents ; — et c'est là leur erreur. Non. — En vertu de son *pouvoir conscient*, l'individu a réfléchi sur ses actes et leurs conditions ; il a conçu peu à peu un idéal qui va se précisant, et réagit sur son milieu grâce à cet idéal. Voilà la part de la conscience individuelle, la mesure dans laquelle les moralistes intuitifs ont raison, en tenant compte de ses aspirations. Leur erreur, à leur tour, c'est de négliger *l'influence incontestable des faits* sur ces aspirations, *l'évolution historique et sa continuité nécessaire.* Mais les conclusions des morales intuitives peuvent nous *guider* pour formuler notre idéal, une fois que nous avons reçu l'enseignement des faits et vu leur *devenir réel.*

Développement objectif des *faits* en dehors de nous-mêmes, et *conscience* subjective de nos tendances individuelles ne sont nullement contradictoires. Les deux termes s'impliquent mutuellement et se réfléchissent l'un l'autre. La *raison,* ce n'est que la réfraction nécessaire en chaque individu de l'évolution de la nature ; plus précisément, au point de vue moral, de l'évolution de l'humanité. Ce que nous avons appelé les *faits* et ce sur quoi reposaient les morales utilitaires, c'est l'acquis, le passé social. Ce que nous appelons les *tendances de l'individu,* les *exigences de la conscience,* c'est l'idéal construit par l'imagination, et qui réfracte ces faits antérieurs. La morale fondée sur la raison n'exclura donc pas l'une de ces considérations aux dépens de l'autre, mais elle en préparera l'accord, car les opérations de la conscience ne sont que le prolongement, souvent trop lointain et trop confus, par suite paradoxal, des directions naturelles présentées par les faits. La morale théorique s'inspirera des faits que nous révèle l'observation scientifique et formulera, à l'aide de la RAISON, ce qui paraît, *en conséquence de ces faits,* devoir et pouvoir être exigé dans l'avenir pour satisfaire notre conscience. Ainsi, se

poursuivront le *progrès général de l'humanité et la perfection indi-*
viduelle qui sont corollaires. Perfection individuelle et progrès
social réciproques déterminés par l'expérience et par les exigences de la raison, constituent le *souverain bien* ou *l'idéal moral* :
idéal qui doit servir de but à tout individu raisonnable.

L'obligation morale. — L'influence de cet idéal sur notre
conscience, la part qu'il prend à la *motivation* de tous nos actes,
constitue le sentiment de *l'obligation morale* ou du *devoir*, sans
qu'il soit besoin de rompre le déterminisme naturel, pour expliquer cette notion et son pouvoir. Elle est *le produit de la réflexion
consciente sur les conditions naturelles et sociales de l'existence
humaine et de son développement.*

Si les êtres vivants ont une conscience, si celle-ci semble s'élever
avec eux, devenir plus claire et plus précise, si elle acquiert des
données morales, c'est qu'apparemment sans cette conscience et
ces données, l'évolution, le progrès eussent été impossibles.

Il fallait à l'homme une *réflexion* toujours plus profonde sur
ses actes, et leurs conditions, pour qu'il pût agir l'une façon
mieux adaptée, plus satisfaisante. Cette *réflexion* a créé, au contact des faits, en même temps qu'un idéal à réaliser, le sentiment
d'obligation envers cet idéal. Ce sentiment n'est pas surnaturel
et inné (morales intuitives), mais il n'est pas non plus un résidu
de l'expérience (morales objectives). Il provient d'une *réaction
consciente sur les données de l'expérience.*

Le bien : l'eudémonisme rationnel. — Cette solution,
terme de tous les systèmes rationalistes qui ont conçu la raison
comme un fait naturel, lié à tous les autres faits naturels, a
l'avantage de garder tout ce qui est conciliable des systèmes de
morale, soit objectifs, soit subjectifs, puisqu'elle établit une synthèse étroite des deux points de vue. C'est ainsi que le principe
du plaisir et de l'utile rentre dans la conception de l'idéal moral ;
« le progrès de l'humanité et la perfection individuelle » ne
peuvent, en effet, conseiller que des actes utiles, et, par suite,
sont la source la plus réelle, la seule source de plaisirs véritables :
sont conciliés aussi plaisirs individuels et bonheur collectif. Les
élans du cœur, la voix de la conscience ne sont pas éliminés non

plus ; seulement, au lieu de rester inexpliqués et inexplicables, comme dans les morales sentimentales et religieuses, comme dans la morale kantienne, ils sont fondés, en fait et en droit, par une vue rationnelle de la nature. Nous arrivons ainsi à construire un *eudémonisme rationnel*, c'est-à-dire une doctrine qui doit donner à l'humanité, tout le *bonheur* réalisable, en montrant clairement à la raison qu'il est réalisable.

Si le bonheur n'est que la réalisation de l'activité la meilleure que la raison conçoive, il n'y a plus contradiction ou indépendance, il y a corrélation intime entre le bonheur et la moralité : ce sont deux aspects du *souverain bien*, du *progrès* ou de la *perfection*.

Questionnaire.

Croyez-vous que l'homme puisse se croire absolument libre ? — N'obéit-il pas à des lois indépendantes de sa volonté ? — Peut-on cependant parler de liberté morale ? — Quelle sera sa nature, comment peut-elle s'exercer ? — Montrez que la morale doit s'appuyer sur l'expérience en même temps que sur la raison. — Qu'est ce en somme que le sentiment du devoir ? — Comment peut-il s'allier avec la croyance au déterminisme ? — Qu'est ce que le *bien* ? — Montrez que ce mot est synonyme de bonheur.

SOIXANTE-SEIZIÈME LEÇON

LES SANCTIONS DE LA MORALE.

I. — Les sanctions de la morale sont les peines et les récompenses attachées à la violation des règles de la morale ou à leur obéissance parfaite.

On distingue quatre sortes de sanctions : la sanction intérieure (satisfaction morale ou remords); la sanction naturelle (conséquences de notre bonne ou mauvaise conduite pour nous et pour les autres, quant au corps et quant à l'âme); les sanctions sociales (estime ou mépris public) ; enfin les sanctions légales (punitions attachées par la loi à certains actes).

Pour qu'une sanction fût complètement juste et morale, il serait nécessaire qu'elle rétribuât exactement tous les hommes selon leurs mérites. « A chacun selon ses œuvres », voilà la formule idéale.

Il est à peine besoin de dire qu'aucune des sanctions que nous avons énumérées ne peut être considérée comme suffisante — même de très loin.

1° La sanction intérieure, le remords, est une sanction qui est essentiellement à l'usage des honnêtes gens, c'est-à-dire de ceux qui en ont le moins besoin, comme l'a dit un humaniste. La conscience morale s'endurcit en effet, et s'oblitère chez le criminel récidiviste, chez le criminel le plus dangereux, puisque sa conduite est le résultat d'un parti pris volontaire, ou d'une tare indélébile.

2° Les sanctions naturelles, les douleurs et les souffrances que nous attirent certains de nos actes, ne punissent qu'un nombre

très restreint de nos vices (ceux qui altèrent notre santé physique
ou morale, comme l'alcoolisme). Elles les punissent sans aucune
mesure, certaines fautes légères (comme une étourderie), pouvant
amener des souffrances physiques très graves, même la mort ;
alors que d'autres très graves ne produisent que des châtiments
insignifiants. Et puis, la douleur, la souffrance ne sont pas une
sanction.

La sanction morale n'a pas pour but de faire souffrir ; elle ne
doit jamais être une représaille, mais une réparation pour autrui
et pour soi.

3° Les sanctions sociales (estime ou mépris public) portent
presque toujours à faux. Les héros de la civilisation ont tous été
en butte au mépris imbécile de leurs contemporains, et pis
encore, à leur haine sauvage (Socrate, Jésus).

Des criminels ont été portés aux nues par la populace (Alci-
biade, un grand nombre d'hommes barbares et cruels pour des
succès de guerre). La foule admire la force et la violence ; elle
ne comprend pas la grandeur et la beauté morales

4° Les sanctions légales sont aussi insuffisantes ; elles ont trop
encore l'aspect de représailles, de vengeance sociale (la peine
de mort, la dureté de certains emprisonnements, et dans beaucoup de pays encore les supplices corporels, le knout en Russie,
certaines punitions militaires presque partout).

II. — De tout cela il résulte que les sanctions de la loi morale sont insuffisantes, parfois même injustes. Le sage, l'honnête
homme doit prendre pour lui la fière devise du stoïcien : « Fais
ce que dois, advienne que pourra » ou la devise moderne plus
modeste : « Bien faire et laisser dire ». Il doit trouver une récompense suffisante dans le bien qu'il fait, à lui-même et à autrui,
car le bien individuel est inséparable du bien social. Quant aux
châtiments, la morale, vraiment digne de ce nom, ignore le
sens de ce mot, qui est emprunté au langage de la lutte, de la
force et de la violence. Tout châtiment est une immoralité. On
ne peut, on ne doit moralement avoir qu'un but : améliorer le
coupable, l'instruire et l'éduquer ; car selon le beau mot de
Socrate : « Nul n'est méchant sciemment et consciemment. »

C'est en faisant progresser l'état social vers plus de justice et plus d'humanité, c'est en réalisant chaque jour une égalité plus complète, par suite plus de liberté puisqu'on supprime l'écart entre la force et la faiblesse, plus d'harmonie enfin entre tous, que se résoudra indirectement le problème des sanctions de la loi morale. Chacun, sous un règne de justice politique et sociale, recevant selon ses œuvres, aura par la force même des choses, la sanction de ses efforts ou de ses défaillances. Sanction morale, sanction sociale, sanction légale, prendront ainsi un sens plus profond, et suffiront de mieux en mieux à assurer, dans une humanité plus éclairée et plus harmonieuse, la victoire du bien sur le mal, des forces de progrès sur les forces régressives.

Questionnaire.

Qu'entendez-vous par « sanction » ? — Que pensez-vous des différentes sanctions ? — Quelles conditions seraient nécessaires pour qu'elles aient un sens véritable ? — Que devez-vous faire pour trouver en votre conscience une sanction suffisante ? — Développez le mot de Socrate « Nul n'est méchant sciemment ».

TABLE DES MATIERES

DEUXIÈME ANNÉE

MORALE SOCIALE

Généralités. — Le droit.

L'État.

Les nations entre elles.

TROISIÈME ANNÉE

COMPLÉMENTS THÉORIQUES